近代中国的转型与乡村社会的变动

Transformation of Modern China and Changes in Rural Society

渠桂萍 著

商务印书馆

图书在版编目(CIP)数据

近代中国的转型与乡村社会的变动 / 渠桂萍著. — 北京:商务印书馆,2022
ISBN 978-7-100-21630-2

Ⅰ.①近… Ⅱ.①渠… Ⅲ.①农村社会学—研究—中国—近代 Ⅳ.① C912.82

中国版本图书馆 CIP 数据核字(2022)第 160744 号

权利保留,侵权必究。

近代中国的转型与乡村社会的变动

渠桂萍 著

商 务 印 书 馆 出 版
(北京王府井大街36号 邮政编码100710)
商 务 印 书 馆 发 行
北京顶佳世纪印刷有限公司印刷
ISBN 978-7-100-21630-2

| 2022年11月第1版 | 开本 880×1230 1/32 |
| 2022年11月北京第1次印刷 | 印张 9⅜ |

定价:58.00元

目 录

绪 论 / 001

第一章 皇权下了县——中国历史上基层治理的变革 / 011
第一节 从历史的维度审视政府在基层社会治理中的作用 / 011
第二节 "一人政府"的终结
　　　——20世纪二三十年代山西的县政革新 / 030

第二章 基层政制变动秩序中的地方名流 / 059
第一节 财富、文化、社会关系与声望的聚合体
　　　——20世纪前期村庄领袖权威生成要素 / 060
第二节 20世纪二三十年代地方名流在基层政治中的变动趋向
　　　——以山西省为例 / 076

第三章 20世纪前期中国乡村权力主角的变动 / 102
第一节 20世纪前期中国基层政权代理人的"差役化"回归 / 102

第二节　20世纪二三十年代中国基层代理人"差役化"的防范
　　　——以山西"村制"革新为例 / 138
第三节　中共抗日根据地乡村权力结构的变动（1937—1945）
　　　——以晋西北抗日根据地为例 / 166

第四章　乡村教育现代化的阙失及矫正尝试 / 187
第一节　20世纪前期乡村教育现代化的历史阙失 / 187
第二节　乡村振兴视阈下陶行知乡村教育思想的再审视 / 201

第五章　变动秩序中的乡村危机 / 225
第一节　晚清民事官司"安全阀"机制的破坏与乡村教案危机 / 225
第二节　现代化的压力与乡村危机
　　　——20世纪二三十年代乡村危机的一个分析视角 / 280

后　记 / 293

绪 论

近代中国城乡现代化是在特定历史条件之下的社会历史变迁。一百多年前，沿海城市在列强炮火的逼迫下被迫启动了向现代社会转型的步伐，中国广大乡村社会也渐次被裹挟到现代化的大潮中。1901年，清末"新政"愈加触发了中国政制系统与经济结构前所未有的变动，中国近代社会转型向纵深推进。然而，与百年中国社会转型同步的却是城乡社会差距的逐步拉大。沧海桑田，几经坎坷，城市与乡村在现代社会转型的进程中命运迥异。现代都市的崛起从某种意义而言可谓"华丽转身"，呈现出的是一派表象的繁华：行人如织，人声鼎沸，灯火通明，商业兴盛，现代工业出现，新鲜事物层出不穷；而广大乡村却是经济萧条，乡民离村，手工业破产，乡民贫而又贫，乡村文化凋敝。两种迥然不同的结果不禁让人们思索其背后的原因。近代以来，在中西文明的交汇碰撞下，中国的社会转型具有"被动性"与"畸形性"，城市现代工业步西方"后尘"，发展能力"先天不足"；与此同时，广大乡村负载了中国现代化转型的巨大资源成本，却难以分享到现代化的成果，自身的家当"残破不堪"，无以维持。城乡面貌殊为不同。

面对乡村的"衰败趋势"，各界人士奔走呼号，提出各种"救济方案"，为乡村"寻找出路"。国家层面亦从制度变革入手，试图推动乡村社会走向现代。从"皇权不下县"到"国家政权拓展",从"一人政府"到"县制革新",从"传统私塾"到"新式教育",从"传统保甲制度"到"乡绅自治",各项新政纷至沓来,而施政结果往往事与愿违,难尽如人意。20世纪二三十年代,乡村社会一片凋敝,甚而演绎为乡村危机,成为"历史上的'三农'问题"。

从研究历史时段而言,"长时段"的历史考察是本书的一个特色。布罗代尔在《论历史》的前言中写道:"研究历史的主要途径就是将它视为一个长时段。这当然不是唯一的途径,但借助它,可以揭示出无论过去的还是现在的所有重大的社会结构问题。它是唯一一种能将历史与现实结合成一个密不可分整体的语言。"① 前近代时期,中国的基层社会具有超稳定的社会结构。秦始皇专制主义中央集权制度建立,"皇权不下县"的基层治理构成基层政制的主线。上层政治兴衰变乱,"帝王将相"朝代更迭,纷繁复杂、血雨腥风、波谲云诡的重大历史事件不时掀起惊涛骇浪,冲刷拍打着底层社会秩序的礁石;但是,巨浪之后,社会结构与基层秩序运作机理未有实质性改变,故而整个社会秩序总能恢复如常。只有置于历史长时段的"时光隧道"中,才可能观察、把握这样一种超稳固的结构秩序。

在中国社会漫长而厚重的历史长河中,"基层社会"是历代统治者治理"天下"最敏感与最关键的环节,也是治理的"难

---

① 〔法〕费尔南·布罗代尔著:《论历史》,刘北成、周立红译,北京:北京大学出版社,2008年。

点"与"痛点"。历史经验教训给后人留下了大量值得思考与借鉴的内容。全书以历史上"皇权下了县"——中国基层超稳定秩序中的几次"异动"与"变革"作为开篇章节，讨论了前近代社会中基层治理中的"不变"之"变"，从宏观历史视野中呈现中国政制秩序的基本特征，是全文的"史学溯源"。

本研究尽管时间跨度大，但重心仍是中国近代转型与乡村变动，涉及近代乡村社会治理、乡村教育、乡村危机、乡村秩序、社区精英等话题，不仅自上而下地论述政府施政构想与蓝图，亦以自下而上的视角分析施政的过程中各阶层民众的反应。

本书没有战火纷飞、恢宏震撼的历史场景，没有惊心动魄的历史大事，鲜有精英贤达的一家谱牒，而是更多从普通乡民的历史事实中观察乡村社会的变动，倾听底层，关注千千万万普通乡民的话语表达，体会普通民众的感受，描摹"芸芸众生"的喜怒哀乐与所思所想，呈现普通乡民的"智慧"与"无奈"，亦揭示乡村亚文化群体的"狡黠"与"横暴"。

本书共五个章节，各章节体现了整体与个案分析的统一，宏大历史与微观史的照应，自上而下与自下而上研究方法的结合，历史与现实的互动。

一、皇权下了县——中国历史上基层治理的变革

晚清民国以来，现化化国家政权建设的一个突出表现是国家欲加强对基层社会的控制，将权力的触角向下拓展，其实，在中国两千年的基层治理长河中，国家此类意图与举措并非首次出

现。本章第一节对历史上国家试图越过"县域的边界"向下拓展的几次施政变革进行了探讨。

纵观历史可见，前近代传统皇权国家有过商鞅变法、王莽改制、桑弘羊理财以及王安石变法等典型"干预主义"行为，清代早期也出现过"早期现代化"的迹象。综其特质可以发现，国家每欲近距离与基层社会接触时，实践的结果与理想初衷总有一定差距。究其原因，大致有三：其一，治理地域上幅员辽阔、信息不对称、技术手段不发达；其二，国家整齐划一的预想常常与民间瞬息万变的秩序脱节；其三，官僚集团"唯上"的运行逻辑及天然的"谋利"特质。当前，国家已经具备了超强的社会动员能力，国家行使其治权时，仍需保持冷静、理性的品格，科学分析，谦虚审慎，充分尊重民众的理性，这是历史经验中所传承的智慧，是"打造共建共治共享的社会治理格局"的必要前提。

进入民国以来，山西地方自治建设可谓中国基层政制现代转型的"典范"，也是1928年以后南京国民政府在全国范围实行地方自治的"蓝本"。对此，本章第二节进行了讨论。

20世纪20年代，在空前的民族危机意识刺激之下，山西地方政府在"一省范围内"启动了县政革新，从形式上终结了有清一代"一人政府"的治理模式。阎氏政权以欧美、日本等国家为参照，转换消极主义的执政理念，推行积极主义的扩张型行政，一方面提倡官吏主动负责的精神，引入现代行政分工、考试制度、警察制度，消除官民隔阂；另一面努力根除胥吏痼疾，以创立焕然一新的现代行政模式。然而，阎锡山终结"一人政府"的举措更多流于形式，并未导致县域治理的彻底变革。官吏与乡村民众呈现出不同程度的"不适症"与"新问题",胥吏借办公事任意需索的习惯依旧存在。阎锡山积极主义县政的现代化革新举步维艰。

二、基层政制变动秩序中的地方名流

本章第一节站在乡民的立场上,分析了地方权威地位的形成要素。在广大乡民看来,地方权威仍是一乡之望,拥有较高的凝聚力与感召力,在社区内占统治地位、支配地位。领袖权威可谓经济、政治、文化与声望资本的聚合体,他们既是村中相对富裕的阶层,也是基层文化权威,同时,其社会资本、象征资本的拥有量在社区中也处于绝对优势。他们是经济资本、文化资本、社会资本以及象征资本等多种乡土资源的共同载体。拥有多种资源是地方权威领袖区隔于其他阶层的重要指征,其领袖地位的确立也是多种稀缺资源共同作用的结果,而非任何一种所能单独决定。

第二节以20世纪二三十年代的山西"新政"为例,探讨了基层社会秩序变动中地方名流的转变。

晚清社会,保甲制度"积弊丛生",有识之士要求"士绅"参政、主持地方事务的呼声不绝于耳。清末"新政"以及国家现代化政权建置,给士绅"参政"提供了重要契机。阎锡山政府迎合现代的潮流,顺应历史的要求,倚靠地方士绅名流主持地方自治事务。地方士绅名流参与地方自治,成为体制内成员,一定程度上推动了阎锡山"新政"的展开,随之,地方士绅的身份也在发生静悄悄的变动，由"士绅"向"权绅"转变。这种现象成为山西地方自治中地方权威变动的趋向。

"权绅"有如下特点：在基层政治中，由于服务方向转向赋予其"权力资本"的上级政府，与乡村社会联系纽带弱化，但其也未成为阎氏政府在乡村社会中完全意义上的合格代理，而是在基层政治的运作中表现出巨大的主动性。他们时而与阎氏政权抗衡，成为其施政障碍；时而又扮演阎氏政权的基层代理角色，把控地方社会。"权绅"实质上蜕变为只代表本阶层利益、独立于国家与社会之外的"权力精英"。他们在基层社会"上下其手"的行为成为阎锡山统治时期的制度之痼。

三、20世纪前期中国乡村权力主角的变动

本章共有三节内容，第一节将乡村体制内权力主角置于长时段历史中予以观察，揭示出有清一代基层政权代理人"差役化"的演变趋向。

清入关以后，着手从顶层构建其统治的制度架构。在其制度蓝图中，欲借助保甲、里甲、乡约等组织在治安、税收与社会教化等各个层面，实现对乡村社会的全方位有效管理。为此，"基层代理"的选举虽然将"士绅阶层"排斥于权力体系之外，但仍然希望富有的、行为品格正派、有一定影响力的人出任基层社会代理。然而，在历史的演进中，清统治者的希望逐渐落空。皇权国家不断将资源汲取的压力负载于"基层代理"，迫使"基层代理"沦为"官之差役"。普通乡民对此职务避之不及，乡村无赖

痞棍却异常活跃。

清末民国以来，随着国家政权的建立，国家以从未有过的姿态主动吸纳"士绅名流"进入体制。"士绅名流"以地方自治领袖的身份成为基层社会权力主角。但是，国家向乡村汲取资源的压力不断增大，"地方自治领袖"被迫作为国家汲取资源的代理，其社区声望地位无法维持，纷纷躲避"公职"。国家欲借助士绅精英阶层进行前所未有的乡村政权重构的希望落空，如同清代的乡村控制组织人员一样，新的地方自治领袖亦成为"官之差役"，历史的轨迹固执地沿着自有的方向回归传统。

第二节以山西"村制"为研究个案，阐述了民国时期国家对于"权力主角差役化"蜕变趋向所进行的干预、防患与抵制，但是，由于国家汲取资源的角色没有发生变化，其抵制防范措施难以奏效。

与上述情状不同的是，抗日战争时期中国共产党在抗日根据地通过对基层政权的根本改造，较好地解决了基层干部"差役化"的问题，达到了对乡村社会的有效控制。本章第三节以晋西北抗日根据地权力结构的变动为例，对中国共产党如何改造基层政权、避免重蹈"差役化"覆辙进行了论述。

晋西北抗日民主政权是"晋西事变"后，在打退国民党顽固势力进攻的基础上正式建立的。晋西北抗日民主政权以民主"村选"的方式对基层政权进行了重构，权力主角由传统的集"官授的正规权力、地主士绅、家长"于一体的乡村权威转向中农、贫雇农为主的"基本群众"代表。权力主角构成来源转变的同时，抗日民主政权还对"新的权力精英"进行了培训，使其转变工作作风,完成上级的各项任务时多用说服教育的民主的方式。"新的权力主角"既完成了抗日动员、资源汲取的任务,又使民众在理解的基础上尽可能接受,从而消除了政府与地方社会的隔膜,成为抗日民主政府与基层社会上下沟通的"桥梁"。

四、乡村教育现代化的阙失及矫正尝试

本章第一节从乡村民众的视角自下而上地分析了近代新式学堂教育给乡村带来的影响。我们看到,20世纪前期新式学堂在国家"求才"与教育现代化的背景下被注入乡村社会,却表现出种种的不适应,乡民最初的反应是回避、抵制与抗拒;私塾在草根社会则以其极强的适应性与灵活性受到乡民的青睐。乡民对待私塾与新式学堂的不同态度是他们对教育现代化阙失的回应,是他们对受"教育权"遭遇剥离的一种"理性"抗争。

第二节以民国教育家陶行知为研究个案,探研了人们对乡村教育现代化的阙失努力"矫正"的教育思想与实践。对于乡村教育的现代化阙失,20世纪二三十年代许多人士业已觉察。其中,以陶行知为代表的乡村建设派尝试对现代教育带给农村的"伤害"进行"矫正",并展开乡村教育的重建工作。他总结了一整套符合中国国情与乡村社会实际的乡村教育理论,其理念与乡村生活"合体",与乡村实际"合拍",极富前瞻性与先知先觉性,同时也具有时代穿透力,对当前乡村振兴战略的实施不无借鉴启迪。

五、变动秩序中的乡村危机

本章包括晚清民教冲突下的乡村危机与民国时期现代化压力下的乡村危机两个话题。

第一节讨论了19世纪60年代以来因民教冲突而产生的乡村秩序危机。

清代乡村民事官司主要涉及户婚田土债偷等细故。乡民发生日常争执时,"打官司"是解决纠纷的常见方式,也是怨忿化解的重要通道,是社会秩序的"安全阀"。如果州县官对民事细故处置不当,极可能演变成乡村秩序危机。19世纪60年代以来,在不平等条约体系下,西方传教士深入华北乡村腹地传教。他们为了尽可能多地吸纳教民,给教民提供了"司法庇护",同时在对中国本土文化缺乏充分了解的情况下深度干预民教诉讼官司。传教士还往往带有"西方中心"的傲慢,一厢情愿地将"干预"行为视为"保护弱者",结果却破坏了中国乡村秩序的"安全阀",造成了民教官司中平民受屈的普遍"冤抑"。平民产生共仇情绪,仇怨积久难平,终致火山喷涌,酿成义和团暴力惨祸。

第二节论述了20世纪二三十年代现代化压力下的乡村危机。

义和团运动失败,社会秩序产生剧烈震荡,清统治集团再也无法按照传统老路抱残守缺,维持旧制;各界精英要求变革改制的呼声不断。1901年,清政府被迫启动了"新政",从政治、社会、经济、文化等多个层面进行现代化革新。然而,对于广大乡村而言,现代化的转型并不一定会带来福祉,社会转型所需的巨量资本压在了仍停留在糊口生活水平的小农身上，现代化的行政权力、新式教育借助国家强力向乡村渗入。在外来的种种压力下，小农生活滑向贫困的深渊，乡村内生的自治力受到削弱，基层政权出现"痞化"，乡村原有的文化调节机制亦受到破坏。随着现代化"负面"效应的不断累积，20世纪二三十年代，中国乡村社会的经济、政治、文化陷入了全面的生态危机。

第一章
皇权下了县——中国历史上基层治理的变革

第一节 从历史的维度审视政府在基层社会治理中的作用

习近平主席在十九大报告中，提出了"打造共建共治共享的社会治理格局"。多数学者认为，治理应含纳分权与授权、合作与协商、多元与互动、适应与回应等关键元素，构建政府、市场、社会相互联系、相互影响的横向框架。从基层社会治理的历史经验而言，政府在构建与市场、社会的和谐互动中，如何把握与维持好"干预度"，在基层社会治理中应当扮演什么角色，是值得深思与探究的。中国两千多年官僚主义国家的治理长河，给后人提供了丰富厚重的成败得失经验，对当前的社会治理无疑是重要的参照，是提高现时国家治国理政能力的智慧源泉。

当今时代，社会治理中的一个突出现象是国家具备了超过以往任何时候的强大的动员能力。那么，国家超强的社会动员能力是否只发生于现时？传统社会治理结构中，国家对基层社会的动员能力如何？国家是如何行使其治权的？

一、"皇权下了县"的历史遭遇

一些学者认为,国家对基层社会"控制"能力的增强始于晚清民国时期的现代政制革新,是国家现代化政权建置结果。费孝通、黄宗智、杜赞奇等学者,以各自的研究视角不约而同地指明了一个趋向,即 20 世纪以来,国家不断强化自身权力,向基层拓展权力的触角,加大对基层资源的摄取量,其结果,在很大程度上改变了基层秩序。[①]

站在国家现代化政权建置的视角,国家寻求对基层社会深度控制是伴随着近代现代化的政制革新而发生的。但是,如果放宽历史的视界,则可看到,国家试图控制基层秩序的"干预主义"行为在中国两千多年的历史演绎中并不罕见,早已有之。诚然,不少学者指出了两千多年以来,皇权国家对基层社会干预较少的历史现象,如吕思勉述道:"秦汉而后,幅员太大了,中央政府的权力,无论其为好坏,都不易无孔不入……秦汉以后,中央政府之影响,所能及于社会者实微","政府所加以干涉,求其统一者,只在一极小的范围内,而其余悉听各地方之自由。"[②] 韦伯也

---

① 参见〔美〕杜赞奇著:《文化、权力与国家:1900—1942 年的华北农村》,王福明译,南京:江苏人民出版社,1994 年;〔美〕黄宗智:《华北的小农经济与社会变迁》,北京:中华书局,2000 年;费孝通:《乡土重建》,上海:上海观察社,1948 年。
② 吕思勉:《中国古代政治的特点》,张耕华编注:《吕思勉集》,广州:花城出版社,2011 年,第 5、6 页。

指出:"正式的皇权统辖只施行于都市地区和次都市地区。"①

中央政府对基层社会影响"实微",此种情形出现在历史的大部分时间内,但并不能就此否认国家有过强化对基层社会管控的努力。从某种意义上说,国家从未放弃将权力的触角延伸到基层、直接控制社会、欲全面包揽事务的企图,始终怀有由一个强有力的好政府出面包揽一切社会经济问题的愿望,只要机会成熟,或者面临开疆拓土、巨额财政支出、资源缺失的压力,国家就会以改革的面目进行尝试。商鞅、桑弘羊、王莽、王安石等的变法革新,实质上就是传统专制主义皇权国家试图加大对基层社会干预控制的典型。

不仅如此,近年来兴起的新清史研究也指明,早在17世纪和18世纪的清代,就出现了中央政府不断扩大其控制能力的积极有为行为,这种现象被学者定义为"早期现代化因素"。罗友枝在《清的形成与早期现代》曾谈到,"早期现代时期包括其他许多重要的历史变迁,特别是中央集权制国家的出现。虽然17世纪和18世纪早期的国家与19世纪的民族国家完全不同,但像政府权力的高度集中、国家征税能力的突然扩展,并且渗透到它所控制的人口的生活中——也许,至少在17世纪和18世纪的大部分时间里,他们仍然是'臣民'还不是'公民'——但这些历史发展都标识着极为重要的政治发展,其结果对于现代性来说就和工业化一样是根本性的"②。高王凌的研究也指出,在1840年之

---

① 〔德〕马克斯·韦伯著:《儒教与道教》,洪天富译,南京:江苏人民出版社,2003年,第77页。
② 罗友枝:《清的形成与早期现代》,〔美〕司徒林主编:《世界时间与东亚时间中的明清变迁》下卷,赵世瑜等译,北京:生活·读书·新知三联书店,2009年,第255页。

前,清代社会就开始了诸多有趣的变化过程,这些变化往往被笼统地归纳为各类"现代性"的表现。①

因此,近代以来发生的国家政权向下的拓展,加深对基层社会的渗透程度,其实在两千年前社会治理模式中业已出现,无论是商鞅变法、桑弘羊理财,还是王莽新政、王安石变法,抑或乾隆"新政",此类政治行为与近代所谓"现代化国家政权建置"本质是相通的,或谓一脉相承,只不过干预社会的程度有所不同。

于是我们看到,近代国家积极主义的政治革新,在某种意义上被视为商鞅、王安石变革的重新焕发与勃兴,钱穆说:"至晚清而主变法者,争言荆公政术。"②阎锡山将政治区分为安民政治与用民政治,他直言其所推行的"用民政治",不过是成周、管子时代政治的复兴,与王安石变法同质:"成周之时,井田制度,用民政治之最善者也;其次则战国时代之管子,管子寄军令于内政,亦用民之精义也。"王安石变法,其实也是推行"用民政治",但变法终究失败,"非用民政治"不足,只因为处于"安民时代",所以没有成功。③

与以往不同的是,近代以来的国家政权向基层社会延伸,是在遭遇前所未有的民族危机背景下展开的,含有强烈的挽救民族危亡的动机,"列强环立,伺以谋我;眈眈逐逐,朝不保夕"④,

---

① 参见高王凌:《乾隆十三年》,北京:经济科学出版社,2012年。
② 钱穆:《中国近三百年学术史》,北京:商务印书馆,1997年,第336页。
③ 阎锡山:《为各官吏第十次讲演词》,1918年6月14日,《阎督军讲话辑要》卷二,北京日报馆承印,出版年代不详,第23页,山西大学图书馆藏。
④ 阎锡山:《官吏必要之觉悟——旧知识当牺牲者》,1928年7月24日对各官吏第二次讲话,《阎伯川先生言论类编》卷三上,第二战区司令长官司令部出版,1939年刊行,第35页。

只有"用民政治"①才符合时代潮流。国家试图增加向基层汲取资源的能力,增强整个社会的动员能力,同时,亦深受西方民族现代化国家形成模式的影响,这一点,系历代所罕有的外来影响因素。

需要反思的是,几乎所有的事实表明,两千多年来国家"近距离"治理基层社会的尝试,其结果大都与初衷本意有一定距离,甚或以失败终结,"可以毫不夸张地说,中国的治理史乃是皇权试图将其统辖势力不断扩展到城外地区的历史。但是,除了在赋税上的妥协外,帝国政府向城外地区扩展的努力只有短暂的成功,基于其自身的统辖力有限,不可能长期成功"②。林语堂将商鞅变法、桑弘羊理财、王莽改制以及王安石变法的性质,归纳为集权主义与国家资本主义,认为是中国历史上四次未完成的大改革,每一次都以惨败而终。即使是通过商鞅变法而建立发展的强大军事系统使秦国统一了全中国,但是此一政治理论刚遍行全国,不到几年就完全崩溃。③

类似的现象也发生在近代以来的"国家政权建置",国家权力尝试以前所未有的规模大举向基层社会渗透的过程,也非一帆风顺,其结果不是导致基层政权的"内卷化",就是带来经济发展的"过密化",抑或基层主角因"差役化"而"劣化",基层政

---

① 阎锡山:《官吏必要之觉悟——旧知识当牺牲者》,1928年7月24日对各官吏第二次讲话,《阎伯川先生言论类编》卷三上,第二战区司令长官司令部出版,1939年刊行,第35页。
② 〔德〕马克斯·韦伯著:《儒教与道教》,洪天富译,南京:江苏人民出版社,2003年,第77页。
③ 林语堂:《苏东坡传》,长沙:湖南文艺出版社,2016年,第146页。

权成为地痞流氓的渊薮。①

那么，何以国家权力每每"近距离"接近基层社会，欲增强对基层的"控制"时，总是不尽如人意，难度重重，令人失望呢？

二、"皇权下了县"缘何不尽如人意

（一）国家政权对基层社会实现"近距离"控制与治理的行为，往往建构于局部成功经验与其追求社会治理的理想基础上

毋庸置疑，在国家预设的政策架构中，中央政府通常会进行精心的"人工"布局、周密的计划与最大程度的考量，但由于整个国家幅员辽阔，信息占有有限，民间秩序瞬息万变，事实证明，中央政府很难预估到现实秩序中各种复杂的毛细现象。自发的社会秩序并非是有意安排的结果，精心构筑的或塑造人类行为的结构，是机械而僵化的。国家充满自负的预设，无法确保每一个社会结构中人的能力最大化地发挥。但是，国家在试图全力控制社会的征途中，有时难以意识到自身对社会治理与生俱来的"短板"，总是表现出"极度的自信"，怀抱与坚信着美好的理想。两千年以来，不同历史时期政府干预社会的典型改制，都或多或少地呈现出中央政权对社会"干预不当"的窘境，甚至带来社会动荡。

---

① 参见〔美〕杜赞奇著：《文化、权力与国家：1900—1942年的华北农村》，王福明译，南京：江苏人民出版社，1994年；〔美〕黄宗智：《华北的小农经济与社会变迁》，北京：中华书局，2000年；费孝通：《乡土重建》，上海：上海观察社，1948年。

西汉桑弘羊积极的理财新政中,最重要的两项内容为"均输""平准",政令本意为"所以平万物而便百姓,非开利孔而为民罪梯者也"①。但其结果,却给民间带来诸多不便,甚至加重百姓的负担,对此"盐铁大会"上文学贤良有所指责,他们认为,古时向百姓征收赋税,百姓生产什么,朝廷收什么,所谓"因其所工,不求所拙。农人纳其获,女工效其功"。而实行了均输政策后,百姓所生产的物品朝廷不去征收,反而向百姓征收他们所没有的东西。于是百姓不得不"贱卖货物,以便上求。……行奸卖平,农民重苦,女工再税",本意为"均输",却"未见输之均也";同时,朝廷官员垄断了商品货物,"阖门擅市,则万物并收",导致物价上涨,"物腾跃"。物价上涨,"则商贾公侔利。自市,则吏容奸。豪吏富商积货储物以待其急,轻贾奸吏收贱以取贵",本意为平抑物价,其结果是"未见准之平也"。②

　　又如盐铁官营政策,桑弘羊的出发点除了解决武帝征伐匈奴的财政开支,还意欲抑制地方豪强,给民以便,"令意总一盐铁,非独为利入也,将以建本抑末,离朋党,禁淫侈,绝并兼之路也"③,"盐铁令品,令品甚明。卒徒衣食县官,作铸铁器,给用甚众,无妨于民"④。然而,当这一精心的设计推至民间时,表现出"水土不服",常常难以适应自然环境、生产生活、风俗习惯各不相同的多样社会需求,在一定程度上还影响了正常生产,

---

① 陈桐生译注:《盐铁论·本议第一》,北京:中华书局,2015年,第14页。
② 同上注,第16页。
③ 陈桐生译注:《盐铁论·复古第六》,北京:中华书局,2015年,第59、60页。
④ 陈桐生译注:《盐铁论·禁耕第五》,北京:中华书局,2015年,第59页。

百姓苦之，产生"一官之伤千里"的消极作用："夫秦、楚、燕、齐，土力不同，刚柔异势，巨小之用，居句之宜，党殊俗易，各有所便。县官笼而一之，则铁器失其宜，而农民失其便。器用不便，则农夫罢于野而草莱不辟。草莱不辟，则民困乏。故盐冶之处，大傲皆依山川，近铁炭。其势咸远而作剧。郡中卒践更者，多不勘，责取庸代。县邑或以户口赋铁，而贱平其准。良家以道次发僦运盐铁，烦费，百姓病苦之。"①

官营铁器，不仅大小"笼而一之"，而且质量参差不齐，"县官鼓铸铁器，大抵多为大器，务应员程，不给民用。民用钝弊，割草不痛，是以农夫作剧，得获者少，百姓苦之矣"②。"今总其原，壹其贾，器多硷，善恶无所择。"③

同样的现象在近一千年之后王安石变法中再度出现。北宋王安石变法，本意为抑制地方豪强兼并，给民众提供方便，"务在优民，不使兼并之家，乘其急以邀倍息，皆以为民，公家无所利其入，谓先王散惠兴利，抑民豪夺之意也"④。

于是，政府看到了民间社会农人贫困，靠借高利贷周转的行为，"富民假贷贫民，坐收倍称之息，是以富者日富，贫者日贫"⑤，遂发放青苗钱，收取较低的利息，取代"不甚合理"的高

---

① 陈桐生译注：《盐铁论·禁耕第五》，北京：中华书局，2015年，第57页。
② 陈桐生译注：《盐铁论·水旱第三十六》，北京：中华书局，2015年，第366页。
③ 同上注，第369页。
④ [清]黄以周等辑：《续资治通鉴长编拾补》（电子书）卷七，二月壬戌朔，公共版权。
⑤ [宋]苏辙：《苏辙集》，陈宏天、高秀芳点校，北京：中华书局，1990年，第618页。

利贷,一则缓和农贷困窘,二则政府借以生利,缓解国家财政危机:"今官散青苗,取息二分,收富人并兼之权,而济贫民缓急之求,贷不异于民间,而息不至于倍称,公私皆利,莫便于此。"① 然而,在推行青苗法的过程中,政府把目光更多聚焦于青苗钱的积极功效上,民间秩序中的复杂毛细现象却没有预估到,例如,政府没有考虑到"公家"轻易将钱贷给农人后,农人没有经过"付出与努力"就能"侥幸得钱"的后果,没有预料到对民间社会所奉行的"凭能力与信用"借钱的固有法则所产生的冲击,没有评估农人所能承受的金融风险能力,以及"人弊"等各个方面的问题。在青苗法施行的后期,政策出现"病民"的迹象,苏辙言道:"以钱贷民,使民出息二分,本非为利。然出纳之际,吏缘为奸,法不能禁;钱入民手,虽良民不免非理费用;及其纳钱,虽富民不免违限。如此则鞭笞必用,州县多事矣。唐刘晏掌国计,未尝有所假贷。有尤之者,晏曰:使民侥幸得钱,非国之福;使吏倚法督责,非民之便。"②

当政府精心设计的政令遭遇坎坷时,一开始为治理者并未看好的自发民间秩序被重新审视。韩琦、苏辙对官营与民间借贷的利弊进行了鞭辟入里的分析,韩琦道:"大凡兼并所放息钱,虽取利稍厚,缘有逋欠,官中不许受理,往往旧债未偿其半,早已续得贷钱,兼并者既有资本,故能使相因岁月,渐而取之,今官贷

---

① [宋]苏辙:《苏辙集》,陈宏天、高秀芳点校,北京:中华书局,1990年,第618页。
② [元]马端临:《文献通考》卷二十一,市籴考二(22),《摛藻堂钦定四库全书荟要》史部,影印版,长春:吉林出版社,2005年。

青苗钱则不然,须夏秋随税送纳,灭伤及五分以上,方许次科催还,若连两科灭伤,则官必无本钱接续支给,而官本因而浸有失陷也。"① 苏辙指出:"公家之贷其实与私贷不同。私家虽取利或多,然人情相通,别无条法。今岁不足,而取偿于来岁;米粟不给,而继之以刍藁,鸡豚狗彘皆可以还债也。无岁月之期,无给纳之费,出入闾里,不废农作,欲取即取,愿还即还。非如公家,动有违碍,故虽或取息过倍,而民恬不知。"②

王安石变法中的另一举措——保甲法,其初衷本为"寓兵于农",试图以此改革北宋的冗兵,节俭财用,增加作战能力,"倘能信之有效,确为当时匡时济世,祛弊图强之良策"③。然而,在其制度设想中,对于民风民俗、农时习惯等考虑存在罅漏,在推行的过程中,"政府毫不注意客观条件,只凭着主观的见解,雷厉风行地办下去,两丁抽一的办法太苛,操练的时间太多,结果懦弱的人民受不住压迫,有的残毁身体,以免抽丁;有的全家逃走他乡,不能安居乐业"④。

乾隆执政初年,雄心勃勃,志向远大,他在全国范围实行大规模的"粮政",主动采取了一系列积极措施意欲充盈仓储,显示出早期现代化政府欲全面控制的意图,"朕御极以来。曾议直

---

① [清]黄以周等辑:《续资治通鉴长编拾补》(电子书)卷七,二月壬戌朔,公共版权。
② [宋]苏辙:《苏辙集》,陈宏天、高秀芳点校,北京:中华书局,1990年,第619页。
③ 《王安石保甲法之利弊和唐代兵制——贺学海在河南行政督察区陕县师资训练所讲演》,《国光杂志》1936年第18期,第45页。
④ 同上。

省仓贮。宽裕买补"①。然而,经过大规模经济积极干预以后,"盖以小民未获将来籴贷之利,而先受目前食贵之艰。旋闻市价增长,即令停罢"②。之后,乾隆对其干预经济的种种措施进行了反思,认识到情势变易,"何如即以此留之民间"③,又说:"人君以养民为急务。养民之道,在使之上顺天时,下因地利,殚其经营力作,以赡其室家。非沾沾于在上之补苴救恤,遂长恃为资生之策也。"④乾隆在积极干预政策遭遇挫折后,才感叹道先人能够了然养民政治的治理韬略,实为不易:"在昔善图国是者,谓以君养民则不足,使民自养则有余,诚不易之论。"⑤

阎锡山执政时期,在山西推行"六政三事"等新政革新,本意为利民,被官员"生硬"地执行后,有些政策成为"病民"的"弊政","种树,本为生利,然若其地不能种,则当然不必种,竟有几处明明树不能栽,偏令百姓栽,是利民者,反病民矣,种棉亦然。……又如知事随便下一命令,民间已栽之树,三日一浇,究竟树必须三日一浇与否,并未研究。于是距水太远之村民,非常困难,明明使民生利事,反将民力用于无益之地"⑥。

20世纪40年代,中国共产党在抗日根据地一些政策的成功推行,正是政府基层组织与民众之间不断互动调整的结果。如

---

① 《清实录乾隆朝实录》695卷,乾隆二十八年己卯。
② 同上。
③ 同上。
④ 《清实录乾隆朝实录》213卷,乾隆九年三月辛丑。
⑤ 同上。
⑥ 阎锡山:《第四十一次为各官吏之讲演词》,1919年6月30日,《阎督军讲话辑要》卷四,北京日报馆承印,出版年代不详,第87页,山西大学图书馆藏。

中国共产党的减息废债政策，消除剥削，解放劳动者，耕者有其田，是中国共产党崇高革命理想的一贯追求。然而，当这一政策在根据地大力倡导与雷厉风行地执行后，虽然极大冲击了高利贷剥削，"但同时也成为农民借贷困难乃至停滞的一个重要因素"。为了缓解这一困局，中国共产党对传统民间借贷与高利贷开始尊重、妥协并利用。1942年1月28日，中共中央下发《中央关于抗日根据地土地政策的决定》。在"附件"中，中共中央明确要求："抗战（爆发后）的息额，应以当地社会经济关系，听任民间自行处理，政府不应规定过低息额，致使借贷停滞，不利民生。"①

（二）官僚系统与民间社会的运转逻辑各不相同，各自有独特的自转轨道，互不统属

长久以来，有一种观点认为，无论是桑弘羊理财，还是王安石变法，忧国忧民，用心良苦，其设计不可谓不细心周密，其推行不可谓不审慎，但仍然产生诸多不利，实毁于"不肖官员"手中，②"吏或不良,禁令不行,故民烦苦之"③。解决的办法就是："今者，广进贤之途，练择守尉，不待去盐铁而安民也。"④

无论是桑弘羊理财，抑或王安石变法，将失败原因归罪于"不肖官吏""吏或不良"，固然反映出问题的一面，但尚未指明

---

① 江苏省财政厅、江苏省档案馆、财政经济史编写组合编：《华中抗日根据地财政经济史料选编》第1卷，北京：档案出版社，1986年，第25页。
② 许华振：《王安石青苗法的研究》，《农村经济》1934年第1卷第7期，第30、31页。
③ 陈桐生译注：《盐铁论·禁耕第五》，北京：中华书局，2015年，第59页。
④ 陈桐生译注：《盐铁论·复古第六》，北京：中华书局，2015年，第60页。

实质。在中国历史治理的长河中,官僚系统与民间社会二者主流的关系是彼此尊重,互不干扰,"经年的实践,这两种秩序在各自的领域中形成了各自的权威中心,并学会了在礼节性的交往之外,小心避免触及他人领地,这在两种秩序中间形成了安全的隔层"①。官方除了完成税收、治安、词讼等任务,对近距离地控制民间社会介入总是小心翼翼,这种谨慎不仅缘于传统皇权国家治理技术手段与获得信息能力的有限,还在于二者运行的逻辑各不相同。

对于专制主义中央集权国家,官僚政治是专制政治的副产品和补充物,王亚南对经久不变的官僚集团运行规则分析得极有见地,他说官僚集团"不是对国家人民负责,而只是对国王负责。国王的语言,变为他们的法律,国王的好恶,决定了他们的命运、结局,他们只要把对国王的关系弄好了,或者就下级官吏而论,只要把上级官吏的关系弄好了,他们就可以为所欲为地不顾国家人民的利益,而一味图其私利了"②。孔飞力指出,清代官僚(主要是地方官)具有难以改变的"恶习"(或曰外省陋习):他们"迎合上意""毫无定见",对新事务"懦弱怯惧""畏难裹足",奉行"无事为福""多事不如少事"的宗旨;"因循""无能""敷衍了事",以至"知情不报""掌控信息、欺瞒上司",或"有意延搁公事",僚属之间,"上下通同,逢迎挟制","上和下睦""官官相护";甚至用它的"颟顸迟缓"及各种手段来抵制皇

---

① 张静:《基层政权——乡村制度诸问题》,杭州:浙江人民出版社,2000年,第19页。

② 王亚南:《中国官僚政治研究》,北京:中国社会科学出版社,2012年,第4页。

帝的"专制权力"。①

即便到了20世纪二三十年代，阎锡山仍指责他的官员有"因循守旧""支吾搪塞""虚以应付""虚伪造假""粉饰业绩"等恶习："凡关于办理一切新政事件，一展卷牍，无不成绩卓著，灿然可观，夷考其实，则无不腐败已极。所谓在文章上看之，则百废俱举，在事实上看之，则百举俱废，此无他，虚伪之过也。"②

官僚集团显而易见的逻辑首先是满足官僚体制内上级的要求，符合上级的意志，即可受到升迁提拔，整个官制系统的运行模式是机械而僵化的，以业绩、冷冰冰的数字为考核标准，为了满足数字的要求，官员们执行政策时总是表现出"强制"特征，常常忽视民间的感受；而民间自发的经济纽带、社会关系、家族主义、血缘伦理，以及市场的"需求"、人与人之间的信用、伦理、价值观等，费孝通称之为"差序格局"，杜赞奇总结为"权力的文化网络"，这些逻辑与官僚系统的运行原理截然不同。当两个自我运转的系统近距离地接近时，中间缺乏有效而健全的缓冲组织，往往会发生冲撞，导致对立与不和谐。

韩琦的一段陈述可以看出王安石变法中，官员为了完成上级的要求，片面追求"政绩"的后果。他说，青苗法开始实行之初，尚能"听民便"，但是官员们在推行的过程中，发现"上户不愿请，下户与无业客户虽或愿请"的现象，如此"听民便"下

---

① 参见〔美〕孔飞力著：《叫魂——1768年中国妖术大恐慌》，陈兼、刘昶译，上海：上海三联书店，1999年。
② 阎锡山：《为各官吏第三次讲演词》，1918年4月19日，《阎督军讲话辑要》卷一，北京日报馆承印，出版年代不详，第17页，山西大学图书馆藏。

去，必然无法完成任务。有司考虑其"政绩"，不得不"以多散为功"，于是强行发放青苗钱，进行"抑配"。①

司马光则指出了政府官员为了追求政绩，完成上任，强制借贷于民，不仅不能救济贫民，还有可能造成富民变穷的消极影响。他分析道，贫穷的人之所以贫穷，向富者告贷，是因为他们"啙窳偷生"，"急则取债于人，积不能偿，至于鬻妻卖子，冻馁填沟壑，而不知自悔也"；富者之所以富，则是"忧深思远，宁劳筋骨，恶衣菲食，终不肯取债于人"。现在政府借贷于民，收取利息，"民之富者皆不愿取，贫者乃欲得之"，但是提举官为了追求政绩，"欲以多散为功，故不问民之贫富，各随户等抑配与之"。并且，为了保证贷出的钱能够如数收回，"州县官吏恐以逋欠为负，必令贫富相兼，共为保甲，仍以富者为之魁首"。结果，"贫者得钱，随手皆尽，……吏督之急，则散而之四方"。而富者不会逃跑，承担了数家的负担，"力竭不逮，则官必为之倚阁，春债未了，秋债复来。历年浸深，债负益重，或值凶年，则流转死亡"，于是，司马光忧心道："贫者既尽，富者亦贫，臣恐十年之外，富者无几何矣。"②

又如王安石的农田水利法，"安石之兴农田水利以足食，在原则上不能加以非议，而其任用不肖官员，以操切邀功，不惜人民倍尝力役之苦，即苛扰病民，与初衷不无径庭"③。诚如朱熹所

---

① ［元］马端临：《文献通考》卷二十一，市籴考二（22），《摘藻堂钦定四库全书荟要》史部，影印版，长春：吉林出版社，2005年。
② 同上。
③ 张熙：《王安石之粮食政策》，《新福建》1943年第4卷第4—5期，第74页。

言,青苗法之所以失败,是因为推行青苗法的官员,"以官吏而不以乡人士君子"①。换言之,比起官员,乡中士子作为乡村权威,更能从百姓而不是上级的立场出发,掌握新法的步骤尺度,切合乡中需求。

乾隆在理政过程中也看到官僚集团的弊端:"大概市井之事,当听民间自为流通,一经官办,本求有益于民,而奉行未协,转多扞格。"②"若概欲官为经理,势必有所难行。"③

阎锡山推行"种树养蚕"的新政,本意为繁荣经济,但屡屡出现官员为了追求政绩,枉顾民意的现象。如安泽县,商家向以经营商业为主,而且非常忙碌。官员们为了执行"上峰"政令,强行督促商家必须入蚕桑传习所学习两个钟点。而当地桑树甚少,人们一向不养蚕,对于蚕桑事业之信仰也不高,官家的行为令民众深感不愉快。④为此,阎锡山进行实察时,特别强调对于政府的政令,一定要根据实际出发,如"种树可种,是必须种,不可种则不必种,如养蚕不宜则不必也,但是,各知事尚多有不明此意,强民为无益者,真不知其必用在何处"⑤。

政府精心设计的统一划齐的政令必须经由官僚系统层层向下贯彻,官员们"对上负责""完成上峰任务""唯命是从"的机

---

① 朱熹:《晦庵集》卷79,《婺州金华县社仓记》,四川大学古籍整理研究所编纂:《宋集珍本丛刊》59册,北京:线装书局,2004年,第31页。
② 《清实录乾隆朝实录》314卷,乾隆二三年五月乙丑。
③ 《清实录乾隆朝实录》1281卷,乾隆五十二年五月甲申。
④ 阎锡山:《为各官吏第八十九次之讲演词》,1921年3月18日,《阎督军讲话辑要》卷六,北京日报馆承印,出版年代不详,第62页,山西大学图书馆藏。
⑤ 阎锡山:《为第四次实察员之训话》,1919年8月1日,《阎督军讲话辑要》卷五,北京日报馆承印,出版年代不详,第34页,山西大学图书馆藏。

械僵化特质，使得政令无法根据千差万别、情形各异的基层实际进行变通，当政令与地方实际差距很大时，"强迫"推行往往在所难免。此种行为非官员主观所愿，势之所然也。官员们推行政令，以官僚系统的业绩考核规则为指南，其行为在某种意义上实无可厚非；官员们个人的"私德"与"为官之道"，不应成为变法失败的主要原因，制度设计者对官僚机构与民间社会两个系统的运行规则缺乏深刻洞悉，或许才是真正的原因。

专制主义集权国家的官僚集团除了"唯上是从"的特质之外，还有一种天生的品格，即"谋利性"，吕思勉认为官吏其实就是一种谋生的职业，"官吏是权力在手，可利用之牟利的人，所以做官与作弊两个名词，几乎常相联带"[1]。"官僚阶级的性质，从理论上说，往往是如此的：（一）所尽的责任，减至最小限度；（二）所得的利益，扩充至最大限度，此特性好比商人天生谋利的特质一样，有其必然性。"[2] 因此，政府的任何一项政令法规从中央下达到民间社会时，在缺乏有效监督的环境中，都有可能成为官吏谋利的机会。

桑弘羊盐铁官营的目的之一为抑制地方豪强，结果却产生了新的"权豪"，他们以权谋私，富可敌国，比当年的齐国的田氏大臣还要势大，致使勤于劳作的民众非常不满，产生消极懈怠的行为："自利害之设，三业之起，贵人之家，云行于涂，毂击于

---

[1] 吕思勉：《论王莽改革》，张耕华编注：《吕思勉集》，广州：花城出版社，2011年，第70页。
[2] 吕思勉：《帝制成功 君政废坠》，张耕华编注：《吕思勉集》，广州：花城出版社，2011年，第11页。

道,攘公法,申私利,跨山泽,擅官市,非特巨海鱼盐也;执国家之柄,以行海内,非特田常之势、陪臣之权也;威重于六卿,富累于陶、卫,舆服僭于王公,宫室溢于制度,并兼列宅,隔绝闾巷,……是以耕者释耒而不勤,百姓冰释而懈怠。何者?己为之而彼取之,僭侈相效,此百姓所以滋伪而罕归本也。"①

王安石在推行保甲法时,"一部分土豪劣绅便乘机窃夺保正保长等位置,作他们鱼肉乡愚的凭借,人民对于他们,婚冠丧祭要送礼,四节要送粮食,如果不满足他们的欲望,便借事挑剔,捆骂辱打,无所不至,所以有好些民众,因为受不了痛苦,有希望早死去的,混乱黑暗,可想而知了"②。

阎锡山"新政"的各项政策,也成为基层代理"攫取利益"的借口,如保卫团,"据报该县保卫团丁,良莠不齐,商民过境,每有借名搜查烟丹,实行勒索情事,以致人民啧有烦言。会匪借端生事"③。"禁烟、禁缠足、兴学校等政,办事者或蒙混隐瞒,或藉端敲诈,流弊甚多。……虽是善政,难免流弊。"④

---

① 陈桐生译注:《盐铁论·刺权第九》,北京:中华书局,2015年,第94页。
② 《王安石保甲法之利弊和唐代兵制——贺学海在河南行政督察区陕县师资训练所讲演》,《国光杂志》1936年第18期,第45页。
③ 《训令壶关、平顺县办理保卫团意在团结好人,查治匪类,务令各区长逐村查察,将行为不端团丁一律删除文》,1927年2月15日,山西村政处:《山西村政汇编》,沈云龙主编:《近代中国史料丛刊》第98辑,台北:文海出版社,1973年,第215页。
④ 祝君达:《山西村政的检讨》,《新农村》1934年第9期,第13、14页。

三、"皇权下了县"的历史思索

政府在基层治理中究竟应当扮演什么角色,任何时期都需要深思与谨慎对待。亚当·斯密在《国富论》中,论及资本应当投资于何种产业才最有价值时述道:"显然,处在自己环境的个人所做出的判断,要比任何政治家或立法者为他做出判断好得多。如果政治家企图指导私人运用他们的资本,那不仅是多此一举,而且是在僭取一种他既不愿放心地交给任何个人,也不愿放心地交给任何委员会或参议院的权力。把这种权力交给一个荒唐的、自以为是的认为自己有资格行使它的人,是再危险没有的了。"[①]虽然亚当·斯密更多从经济领域阐释资本投资的观点,但对政府治理社会,也具有触类旁通的启示。

当今时代,随着现代工业和科技革命的发生,新兴计算机网络通信信息渠道的畅通,以及大数据的建立,政府拥有了无可比拟的超强的"干预社会"的能力,国家已不可能"放下"干预之手,基层社会秩序更离不开现代国家的有效整合功能的发挥。然而,历史的经验提醒着人们,政府干预基层秩序的企图虽然通常都抱有美好的愿望,所谓"良法美意",但结果常常并不能达到人们的预期。民间自发的秩序千差万别,丰富多样,包含任何执政者都无法预知的许多事实与大量信息。即便是信息渠道畅通无

---

① 〔英〕亚当·斯密著:《国富论》,谢宗林、李华夏译,北京:中央编译出版社,2010年,第775页。

阻，动员力量无比强大的现代国家，也无法替代瞬息万变、生机勃勃的民间自发秩序，政府机构与民间秩序仍然是两个互不相同、互不统属、各自为政的系统，无法彼此替代与完全融合。因此，国家能力越是强大，越要谨慎合理地利用其治权，即使具备了超强干预社会的能力，在社会治理中也应充分尊重民间秩序，尊重民众的理性，小心翼翼地行使其治权，应当在与社会不断沟通、对话、互动中推进政策，如此，才能达到共建共治共享的社会治理格局。

第二节 "一人政府"的终结
——20世纪二三十年代山西的县政革新

近年来，20世纪前期的县政问题日益成为学界关注的热点，综合观之，现有的研究成果较集中于县政建设的讨论，[①] 涉及县政如何由传统模式转变为现代行政此一转捩结点上的讨论，尚付之阙如。关于传统地方政府，瞿同祖"一人政府"的概述极经典，[②] 这种治理模式的特征可大致归纳为四点：1."政简刑清""无

---

① 主要有王奇生的《民国时期县长的群体构成与人事嬗递——以1927年至1949年长江流域省份为中心》，《历史研究》1999年第2期；翁有为的《国民政府县政问题探析》，《史学月刊》2011年第1期；曹天忠的《新县制"政教合一"的演进和背景》，《近代史研究》2008年第4期；刘海燕的《30年代国民政府推行县政建设原因探析》，《民国档案》2001年第1期；魏光奇的《官治与自治——20世纪上半期的中国县制》，北京：商务印书馆，2004年等。
② 瞿同祖认为，州县政府的所有职能都由州县官一人负责，其运作方式是：1.州县官是地方一切事务的唯一受托人和责任人；2.县衙属吏辅助州县官治理地方社会，但他们不是现代意义上的政府成员，仅仅是州县官行（转下页）

为而治"的治理理念；2. 十分有限的行政功能；①3. 政治冷漠的民众意识；②4. 饱受诟病的胥吏制度。③20 世纪前期，在社会剧变的洪流中，诸如"无为而治"的理念、有限行政功能、民众消极的政治观，以及胥吏制度均发生了根本变动，那么，这些内容是如何转变的？换言之，"一人政府"是如何终结的？终结之后的新县政治理绩效如何？本研究尝试以阎锡山 20 世纪的县政革新为例，揭示"一人政府"的终结过程及其困顿。

民国时期，南京国民政府一系列政制革新或多或少地都以山西为制度蓝本，"各省考察之使，络绎于途。章则法令，多资仿效"④。为此，阎锡山县政革新，以小见大，恰可作为观察民国县政转型的窗口与典型，堪称理解 20 世纪前期中国现代县级行政制度建置的一把钥匙。

（接上页）使权力的走卒或工具，内部分工不明晰，呈现混沌一体的权力结构；3. 县衙属吏的职能严重重叠；4. 州县衙门没有法定的财政收入。（瞿同祖著：《清代地方政府·序》，范忠信等译，北京：法律出版社，2003 年，第 7—10 页。）

① "县级行政官员的主要兴趣是收税、处理民事纠纷与刑事案件，以及维护和平。"Sindey D. Gamble, *North China Villages: Social, Political and Economic Activities Before 1933,* Berkeley and Los Angeles: University of California Press, 1963, p. 2.

② 除了完粮纳税，"官"与"民"很少直接发生关系，"民"逐渐养成了"有家无国"的政治观念："我国百姓，向来专重家族，把国家看的与己无干。"阎伯川先生纪念会编：《民国阎伯川先生锡山年谱长编初稿》（一），台北：台湾商务印书馆，1988 年，第 307 页。

③ 法律上规定地方事务全部由知县一人负责，且奉行"回避制"原则，官员对"在任地方的民俗并不熟悉"。并且大多出身科举，缺乏实践经验，遂不得不事事依靠县衙属吏。胥吏薪金微薄，地位低贱，没有品流，作奸犯科，习以为常。陈宏谋：《在官法戒录·序》，李梦苏主编：《中华典藏名家藏书》22 册，呼和浩特：内蒙古人民出版社，2003 年，第 5 页。

④ 屈起：《山西之模范村政与日本优良自治团体》，《浙江民政旬刊》1929 年第 2 期，第 32 页。

就阎锡山研究而言,虽然成果不菲,但是涉及其政制变革,学界更多将关注目光驻足于阎锡山的"村治",对县政有所忽视。事实上,阎锡山的政制变革是一个自上而下的"系统工程","山西村治"的展开依靠新的县政行政系统的全面推动,而新县政最主要的施政内容就是"村治"。本研究将有助于深化对"山西村治"问题立体多维的认识。

一、山西"新县政"与传统"一人政府"县政的终结

20世纪初期,山西省的政制改革,在阎锡山执掌大权之前业已开始。但是民国初期的行政组织改制只有"名称"上的变化,"于行政实权,初无二致"[①]。阎锡山认为,要想进行彻底的行政整饬,对于行政体系必须要进行"彻底改造,而加以崭新精密之组织不为过"[②]。因此,山西省真正意义上对旧制进行系统的改制,始于阎锡山县政的现代化革新。

(一)积极主义的扩张型县政改革

传统皇权时代,"一人政府"之所以能够实现对一县数十万民众的治理,与传统消极无为的治理理念不无关系。摒弃传统治理思维,倡行积极主义的行政治理理念,是阎锡山推行新县政根本性的思维转型。

---

① 《关于吏治之具体的整饬——改组县公署》,周成编:《山西地方自治纲要》,上海:泰东图书局,1921年,第95页。
② 同上。

20世纪初期，列强环伺的政治格局以及海外留学的亲身经历，使阎锡山产生了强烈的民族危机感与忧患意识，他痛彻地认识到，国家的振兴首在政治，如果政治不良，将有亡国灭种的威胁，"处今日之时代，国家若受不良政治之结果，必至亡国"①。阎锡山的治理理念，虽有传统法家思想的痕迹，更直接取法于欧美、日本等国家主义、干预主义的理论与历史经验。

西方国家的治理方式中，包含"干预主义"与"放任主义"两种模式。清末民初，中国改革家、知识群体大多倡导德、日的积极干预主义行政模式。梁启超认为，干预主义比放任主义更为趋新，更为进步，甚至是大势所趋，代表未来的方向："放任论者，以国民主义为其基础者也；干涉论者，以国家主义为其基础者也。放任论盛于十八世纪末与十九世纪初，干涉论则近数十年悖兴焉。行放任论以致治者，英国与美国也；行干涉论以致治者，德国与日本也。……斯二说者，皆持之有故，言之成理，不容以相非。然以今后大势之所趋，则干涉论必占最后之全胜，盖无疑矣！"②有论者指出，工业革命后，电报、电话、无线电的发明，铁道、汽车、飞机等的革新，以及现代经济模式的发展，国家社会主义思潮与势力的磅礴兴起，"无为而治的理念已被政治家所唾弃……政府的事业加重了，员吏的地位也便一日重要了一日"③。

在这种大势潮流的背景下，阎锡山的行政革新也刻着鲜明的

---

① 《阎伯川先生言论类编》卷三上，1939年刊行，第40页。
② 梁启超：《管子传》，《梁启超全集》，北京：北京出版社，1999年，第1867页。
③ 龚祥瑞、楼邦彦：《欧美员吏制度》，上海：世界书局，1934年，第4页。

时代烙印，其内容以倡行积极主义的行政扩张与干预主义行政治理模式为特征。

前清时代奉行"政简刑清"的治理理念，州县官的主要职能是维持清朝的统治秩序，以及为官员、吏役、士绅带来收益，却极少为居民提供"公共产品"。对一般庶民的权责主要是管治而已。① 不同于传统的治理模式，阎锡山的新县政，县政府"应办"的行政工作大大超过了前清时代，逐步着眼于"民生"与"建设"，诸如"六政三事"②、义务教育普及、村本政治，囊括了社会改良、生产建设、义务教育、社会道德建设、治安管理、民间纠纷，乃至民主选举等内容，事无巨细，涉猎繁多。县知事工作的内容因之急剧攀升，"山西自新政推行以后，各知县事事繁重"③。县知事们往来乡间，工作颇为繁忙："上直接对阎锡山负责，下直接与村民接触，县知事和小段主任在督导检查时，也都直接到户，而且每月要下乡20天，此来彼往，应接不暇。"④

积极主义扩张型县政从观念上要摒弃传统"一人政府"治理模式下"消极无为"的治理理念，落实到具体实践，阎锡山要求他的官员们必须以积极负责、主动热情的态度全力以赴地投入

---

① 邱捷:《晚清官场镜像——杜凤治日记研究》，北京：社会科学文献出版社，2021年，第447页。
② "六政三事"指水利、种树、蚕桑、禁烟、剪发、天足等"六政"与种棉、造林、畜牧等"三事"。
③ 郭葆琳:《山西地方制度调查书》第3编，山东公立农业专门学校农业调查会出版，第1页。
④ 刘建生、刘鹏生等著:《山西近代经济史》，太原：山西经济出版社，1997年，第423页。

工作。他认为，数千年来中国的政治处于消极时代，采取愚民政策，官吏们将守成、安享尊荣视为常态；而现时欧风东渐，民智渐开，风云激荡，旧有的消极政治不能再持续下去，否则将有亡国灭种的危险，一旦亡国，官吏将为此负担最重的责任。①基于此，阎锡山规定，官吏要扫除昔日八项不良作风："（一）应扫除嗜好。（二）应扫除虚伪。（三）应扫除懒惰。（四）应扫除敷衍。（五）应扫除侥幸之心。（六）应扫除揣摩之风。（七）应扫除混事之见。（八）应扫除自满之念。"②

（二）现代行政网络的编织

"一人政府"的特征之一就是州县政府几乎所有职能由州县官一人负责，其他不同类助员没有现代横向行政权力职能的分工分类，只有在一人政府或一人权力思路下的事务分源。③德国、日本等现代化国家的行政体系，以横向细密的行政分工与现代科层制为内容，以对基层社会极强的渗透力与整合力为特质。阎锡山在多种场合表达了对这种治理组织模式政令穿透力的赞许与羡慕："外国与中国较，其疏密之程度，外国至于一人，中国则及于一县，其优劣尚待较耶？"④日本之行政纲，"真能使全国之人，无一人吃烟，无一人赌博，政令行，征兵即无一人不入伍。政令

---

① 《阎伯川先生言论类编》卷三上，1939年刊行，第57页。
② 周成编：《山西地方自治纲要》，上海：泰东图书局，1921年，第97—99页。
③ 瞿同祖著：《清代地方政府·序》，范忠信等译，北京：法律出版社，2003年，第8页。
④ 《阎伯川先生言论类编》卷三中，1939年刊行，第60页。

行,普通教育,即无一人不入学校。此日本行政纲之程度也。"①

以德国、日本等后发现代国家为参照,阎锡山在"用民政治"的框架下,构建了一个严密的"行政网","用民政治之构造,鄙人亦有一语足以概括之,则'行政网'是已"②。此种举措,意味着阎氏政府试图突破传统"皇权不下县"的樊篱,改变昔日皇权国家对地方社会控制软弱无力的旧弊,实现对地方有效控制。然而,阎锡山又看到,县域行政级别的治理范围区域太大,如果实行保育与干涉政治,"断非知事一人所能治理"③。只有终结县知事"一人控制"的"一人政府",才能更好地让政令贯通。他寻找到"替县知事一人分劳的三种办法",即推行村制,创设区制,以及通过考试选拔掾属。④

就推行村制而言,阎锡山首先进行了大规模的"编村"。"编村"制度实行后,山西105个县被编为合计11038个主村,33364个附村。村长、副村长、闾长、邻长的人数合起来达到501359人。⑤这50多万人也就是山西行政纲中一个一个的组成单位。编村的最大目的是通过"村—闾—邻—户"这样的"行政纲",将原来止于县级单位的国家支配权延伸到社会的各个角落。

---

① 阎锡山:《为各官吏第五次讲演词》,1918年5月3日,《阎督军讲话辑要》卷一,北京日报馆承印,出版年代不详,第29—32页,山西大学图书馆藏。
② 《阎伯川先生言论类编》卷三上,1939年刊行,第60页。
③ 阎锡山:《为各官吏第二十次之讲演词》,1918年10月18日,《阎督军讲话辑要》卷三,北京日报馆承印,出版年代不详,第21页,山西大学图书馆藏。
④ 阎锡山:《莅山西旅京同乡欢迎会之讲演词》,《阎督军讲话辑要》卷三,北京日报馆承印,出版年代不详,第34页,山西大学图书馆藏。
⑤ 《各县主附村及村长副闾邻长统计表》,山西村政处:《山西村政汇编》,沈云龙主编:《近代中国史料丛刊》第98辑,台北:文海出版社,1973年,第995—1007页。

在村制的推行过程中，阎锡山遇到一个新问题，山西省105个县一共编成一万多个行政村。一个县知事平均管辖的行政村有近百个，在当时交通、通信极不发达的状况下，省政府的命令要想经过县知事迅速地传达给各村长是非常困难的。为了解决这个问题，阎锡山在县和村之间新设了一个行政机构"区"，"合无数人民而成一县，地情睽隔，靠知事一人势难遍及，兼顾一区之中"①。他希望"区"这个行政机构能够帮助县知事，成为沟通县与村的中间行政环节，"上辅佐知事，下扶助村长副"②，将信息传达到县知事传达不到的地方。

阎锡山改革县政府机构，委派拥有正式编制、具有现代公职人员身份的掾属，替代原有衙门胥吏，是其"细密行政网"又一重要环节。他废除了清朝的三班六房制度，改为在行政官厅之下设置第一、第二、第三科，各科科长及科员分别承担民治、财政、司法、教育各项职责，③结束了"一人政府"模式下行政分工"混沌整体"的现象，县府中的掾属分工明确，各司其职，具备了现代科层制度的特征。如下表：④

---

① 大任：《十一年来国庆与十一年来山西政治之全盘的观察》，《申报》，1922年10月15日，第10张。
② 阎锡山：《视察晋北各县官绅军警学商各界各村长副等讲演词》，1918年11月19日—12月1日，《阎督军讲话辑要》卷三，北京日报馆承印，出版年代不详，第37、38页，山西大学图书馆藏。
③ 《满铁北支农村实态调查临汾班参加报告第二部（上）——山西省临汾县一农村的基本诸关系》，东亚研究所，昭和十六年（1941）四月，第57页。
④ 同上注，第58页。

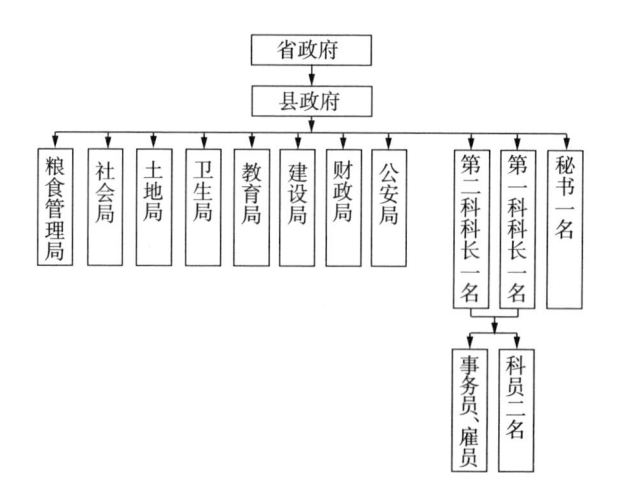

```
                    ┌─────────┐
                    │ 省政府  │
                    └────┬────┘
                         ↓
                    ┌─────────┐
                    │ 县政府  │
                    └────┬────┘
    ┌────┬────┬────┬────┼────┬────┬──────┬──────┬────┐
    ↓    ↓    ↓    ↓    ↓    ↓    ↓      ↓      ↓    ↓
  粮食  社  土  卫  教  建  财  公   第     第    秘
  管理  会  地  生  育  设  政  安   二     一    书
  局    局  局  局  局  局  局  局   科     科    一
                                     长     长    名
                                     一     一
                                     名     名
                                            ↓
                                         ┌──┴──┐
                                         ↓     ↓
                                       事务   科
                                       员、  员
                                       雇    二
                                       员    名
```

在村长副、区长、县级掾属的通力辅助下，县知事的权力轨道铺设到了一家一户，较之以往，也得以处理大量的行政事务。

（三）传统胥吏痼疾制度根除——事务官的设置

重构县级组织机构，必然要对附着在"一人政府"肌体上的"胥吏制度"毒瘤进行彻底摘除。阎锡山提出两项举措：一是除却县衙门的署中左右积弊，二是根除衙门当差供役者的积弊。①具体而言，阎锡山通过委派有固定薪水的编制公职人员，即事务官，逐步取代衙门僚属与当差供役者。

1. 考试铨选的引入

按照西方现代的行政分工原则，官吏类别一般分为负责政治决策的政务官与负责具体执行事务的事务官。阎锡山在县知事下面，设立了承政、主计、承审、视学、宣讲、实业技士、收发

---

① 《阎伯川先生言论类编》卷三上，1939 年刊行，第 65、66 页。

等 7 个部门作为事务官横向分工①,不同部门的事务员职责界限明确,克服了胥吏制度下吏员职能"混沌整体""叠床架屋"的现象,成为现代行政意义的分工。

传统官僚制度下,"从中央到各级政要都由考试出身而非经选举,各衙门的办事员即所谓刀笔吏者之流并不通过考试,而是由种种不规范途径产生"②。与之相反,现代官员的选用,"政务官(掌权者)直接或间接由选举产生,与政党共进退;事务官(办事者)多由考试录用,按业绩或年资晋升,具有职业化、专业化特点,不受政党进退的影响"③。

阎锡山取消了县知事"自辟属僚"、个人任命的资格,引入了考试制度,"阎督对于各官吏,既加以政治方针之抽象的训话,复授以地方情形之具体的整顿,先以改组县公署,次则养成佐治掾属,切实考试,分别派委"④。他认为,承政员、主计员、承审员、县视学等"佐治掾属"若只凭县知事遴选任用,难免会有请托引荐之风,导致掾属成员鱼目混杂,真正有才干的人才无法崭露头角,只有引入考试机制,才能堵截旧式胥吏之风。⑤同时,考试选拔而来的事务官不以政务长官升降为进退,有利于养成纯熟的专业技能,安心供职,从而克服传统官制中衙署幕僚以"官

---

① 山西日报馆编:《山西用民政治述略》,山西日报馆,1919 年,第 5 页。
② 秦晖:《科举官僚制的技术、制度与政治哲学涵义——兼论科举制与现代文官制度的根本差异》,《战略与管理》1996 年第 6 期。
③ 同上。
④ 周成编:《山西地方自治纲要》,上海:泰东图书局,1921 年,第 133 页。
⑤ 《养成佐治掾属》,周成编:《山西地方自治纲要》,上海:泰东图书局,1921 年,第 98 页。

为传舍""承长官为进退"的弊端。①

2. 从陋规浮收到固定薪水

传统"一人政府"治理模式下，州县官"自辟僚属"，衙役幕僚只是州县官的"走卒"，他们虽有薪金，但薪金的发放从州县官个人的收入中支出，中央财政并不负担，薪金微薄且不固定，胥吏们往往只能靠"陋规"养家糊口。樊象离在一篇演说文中指出胥吏们靠"浮收"维持生计的制度之弊："说到房书衙役等，究竟是不是替公家办事，如果不是替公家办事，就应该将他裁去，如果是替公家办事，公家又不给他薪饷，难道他能从他家里拿钱来当差。还是他真能果腹从公呢？这分明是公家赋予了他一种索诈良善的职权。"②

阎锡山主政初期，山西省颁布县公署整顿吏治的具体方案，以现代文官制度取代旧日的胥吏制度，政府开始给专职的"事务官"发放固定薪水，"俾其各负专责，至书记录事、检验吏、夫役，亦均各定名额薪水，使一人有一人之用，而知事亦得专心于地方行政，不致因案牍劳形，事多丛脞"③。

阎锡山将县掾属职员、佐治人员、吏警纳入正式编制，给予固定薪金，发工资、订月饷、限定征钱里数，以薪"养吏"，试图从制度上断绝胥吏任意需索的源头："民国以来，因仍旧习未尽革除，是非根本解决，摧陷廓清不可。阎督有鉴于此，于是特定

---

① 《对县长训练班学员四次讲话》，1936年8月，《阎伯川先生言论类编》卷三中，1939年刊行，第238—252页。
② 樊象离：《考镜：革新县政计划》，《山西村政旬刊》1929年第34期，第31页。
③ 《关于吏治之具体的整饬——改组县公署》，周成编：《山西地方自治纲要》，上海：泰东图书局，1921年，第95页。

县公署吏警处务规则二十二条,首分承发吏与司法警察名称,各订月饷,分配名额,而差役冗滥之弊,藉以铲消。限定里数,按里征钱,而差役勒索之弊,亦可免除。"①

有人对县属吏员厘订薪饷提出质疑,认为给吏员发工资太奢侈,阎锡山反驳道:"区区二百万元,仅一师之兵费耳,用之图治,何奢之有?况今世军国主义,尤以国民教育实业地方警察自治为根本,若内政不修,军事亦无从着手,何惜用此一师之兵费乎?"②

阎锡山县级政府组织的吏治革新,试图以现代文官制度根治沉疴日久的胥吏痼疾,堵截胥吏弊病的制度源头,以创立焕然一新的现代行政模式,为其积极干预主义行政铺平道路,有人赞誉道:"山西自创办新政以来,素以吏治著称,固由各县知事之洁己奉公,实缘在上者之立法能善。……三晋吏治良善之声誉,远近著称也。"③

二、传统"一人政府"县政转型的曲折

(一)基层官员对"积极主义"新县政的"不适症"

受到现代西方行政扩张主义的革新思潮影响,阎锡山从组织结构上终结了传统意义上的"一人政府",重构了现代行政网络,并尝试将"消极俭用"的"安民政治"改造为"积极进取"的"用民政治",通过分工明晰的现代吏员替代混沌一体的胥吏

---

① 《县公署吏警处务规则及吏警约束规则》,周成编:《山西地方自治纲要》,上海:泰东图书局,1921年,第112页。
② 阎锡山:《政治刍言》,《阎伯川先生言论类编》卷三上,1939年刊行,第9页。
③ 周成编:《山西地方自治纲要》,上海:泰东图书局,1921年,第133页。

幕僚,这一系列革新从理念、制度设计到具体实践,可谓思路清晰,目标明确。然而,"一人政府"组织结构与形式上的终结并不意味着"一人政府""消极执政理念"的彻底转变与"执政能力"有效提高。传统官僚体制运行日久,官民之间长久的隔阂非几道政令可以改变。基层行政架构上,无论是官员还是吏员,对于诸多积极干预主义政令都呈现出一系列的"不适症",有的"不适"令阎锡山始料未及,有的令他异常懊恼与沮丧。阎锡山积极主义的县政革新举步维艰。

1. 基层官员由"消极被动"向"积极主动"转变的艰难

传统社会,中国的统治者向来仰承儒表内法的治国学说,安于裁冗简政,渗入低层地方事务的程度很低。① 阎锡山称之为"休息政治""夜间政治"。② 中国两千年专制主义集团皇权国家造就了独特的官僚体系,官僚政治则是专制政治的副产品和补充物,官僚集团"不是对国家人民负责,而只是对国王负责"③。在此制度之下,官员唯命是从,服务对象是上级政府,他们只须满足上级的需要,即可受到升迁提拔,对于地方民生事业,"不求有功""但求无过",办事多"率由旧章""循例办理"。④ 同时,地方官员专业行政素养不高,执行能力较为有限,与"民"上下

---

① 〔美〕吉尔伯特·罗兹曼主编:《中国的现代化》,国家社会科学基金"比较现代化"课题组译,南京:江苏人民出版社,1995年,第225页。
② 阎锡山:《为各官吏第十次讲演词》,1918年6月14日,《阎督军讲话辑要》卷二,北京日报馆承印,出版年代不详,第23页,山西大学图书馆藏。
③ 王亚南:《中国官僚政治研究》,北京:中国社会科学出版社,2012年,第4页。
④ 〔清〕顾炎武著:《日知录集释》卷9《守令》,黄汝成集释,吕宗力、栾保群校点,上海:上海古籍出版社,2006年,第541页。

相隔，有学者指出，"科举制造就的多数地方官员，缺乏专业训练和实际经验；铨选回避制及过短的任职，又使其难以也无信心、无兴趣对其任所实情体察明晰"①。

"消极主义"治理模式下，"懒政""懈怠"的地方官并不鲜见。前清州县官杜凤治日记中，就记载了不少"懒"官，如广宁县饶继惠，"闻柳夫高卧衙斋，未申间始起，懒于行动"。因其不愿下乡催征，离任时就严重亏累。②

与"消极主义"的无为政治不同，阎锡山所奉行与倡导的是"积极主义""干预主义"的现代化行政。这就要求地方官员工作积极、主动，热心而富有创见，以及具有充沛的工作精力，然而，阎锡山治下有的基层官员却常常表现出深居简出、清静无为、工作懈怠、敷衍应付、虚伪造假等"不适症"，这些恰恰是昔日的"一人政府"传统时代痼疾的延续，如下史料：

> 祁县，掾区各员办理村政，均属懒于下乡，各村贩烟民簿，均系多年旧册，模糊不清。③
>
> 离石县，第一区行政长李利仁、二区行政长景广厚、三区行政长任某、四区行政长文某，下乡不勤、督办欠力，以致各项村政成绩均形退步。④

---

① 张研：《清代知县的"两套班子"——读〈杜凤治日记〉之二》，《清史研究》2009年第2期，第81页。
② 《杜凤治日记》，同治七年（1868）十月十五日，桑兵主编：《清代稿钞本》第1辑第11册，广州：广东人民出版社，2007年，第182页。
③ 《山西村政旬刊》1929年第2卷第25期，第3页。
④ 《山西村政旬刊》1928年第1卷第11期，第6页。

寿阳，警佐兼第一区行政长赵国贤办事推诿，深居简出，凡事多派助理员到村办理。①

当然，阎锡山政府的地方官员对"积极主义行政"的"不适症"，不仅是自身工作习惯的延续问题，客观而言，与工作强度激增不无关系。传统皇权时代，"知事应办之事，仅有三种：（一）听断；（二）征收；（三）缉捕"②。而积极干预主义行政治理领域范围极大扩展，除了传统的治理内容，还增加了"富强与文明"。③"应办之事"所囊括内容之多，工作强度之大，历史上地方官员前所未遇："今日之官吏如欲创造政治，不但内而总理外而首长，俱属为难，即至知事亦必费十分力量。……是以非有强健之体格与极热之心肝，绝对不能尽责任。"④

除了工作强度，工作的难度也使基层官吏对于"新政"表现出"不适"。阎锡山政府在山西省大力推行各项"新政"事业，无论是禁足、禁烟、剪发等除弊事业，还是种树、养蚕等兴利工程，抑或村民会议、保卫团、息讼会等村本政治，对于基层官员而言，都是全新的领域，工作面临着极大挑战，常常令一些官员无所适从，不知如何开展工作。

消极主义，在奉行积极主义的共和国家中是不允许存在的。⑤

---

① 吴树滋、赵汉俊辑：《县政大全》第四编，上海：普益书局，1930年，第132页。
② 阎锡山：《为各官吏第四次讲演词》，1918年4月26日，《阎督军讲话辑要》卷一，北京日报馆承印，出版年代不详，第26页，山西大学图书馆藏。
③ 同上。
④ 同上。
⑤ 吴树滋、赵汉俊辑：《县政大全》第四编，上海：普益书局，1930年，第123页。

阎锡山终结"一人政府",重新编织了严密的行政网,在制度的压力下,多数官员已不可能保持"清静无为"、安于清闲的状态。然而,阎锡山自上而下的制度设计与积极主义政治革新,只强调了态度的"积极",却未能有效提升基层官员的工作能力,许多官员对于一系列前所未有的工作内容缺乏创造性开展工作的能力,致使"消极主义"工作作风仍在延续。山西省政府给猗氏县知事去函,批评该县知事因难而退的消极主义:"据查知事对于烟禁以进行为难、肃清不易,遂持消极主义。椽区各员因鉴于知事之消极,均抱冷静态度。"① 又如晋城:"该县缠足之风甚炽,该县长因前知事严办天足,致遭反感,遂一味敷衍态度,所定查禁缠足办法,概未实行。各区女稽查员形同虚设。前次解放女子至今,多感出聘困难等情。"②

更重要的是,阎锡山的"新政"革新未能剔除基层官员"唯上"的制度土壤,上级政府的考核与评价仍是官员提拔与升迁的主要依凭,不折不扣地执行上级政令是多数官员履行职责的动力。问题是,阎政府的各项政令是整齐划一的,而基层社会的实际情况千差万别,当统一政令下到地方时,出现与基层具体状况不符合的情形在所难免。当上级政府政令与基层社会实际相错位时,居于中间环节的基层官吏本应进行有效调节,力求弥合政府与社会之间的裂缝,使政令能够顺利贯彻。然而,阎锡山的许多官员在基层执行政令时,由于工作"动力源"在上级政府,遂单

---

① 《山西省政府致猗氏县知事对于烟禁应努力前进函》,吴树滋、赵汉俊辑:《县政大全》第四编,上海:普益书局,1930年,第123页。
② 《山西村政旬刊》1929年第2卷第16期,第3页。

纯一味应付上级，常常不顾民间的实际，虚伪造假，敷衍了事，流于形式，甚至荒诞至极。一次，阎锡山外出巡视，看到安泽县某区一向以经商为主，素无养蚕的习俗，桑树甚少。地方官员却强行设置桑蚕传习所，强迫商民学习养蚕知识，致使商民耽误营业。[①]梁漱溟考察山西时看到，省令号召民间植树，树秧预备本不够，但官员对省令不敢不遵，只好拔树来植树，于是活树倒死了。[②]阎锡山抱怨说："以现在各县论之，虚伪者仍居多数，明明未种树，报已种若干，明明发未剪净，必报已经剪尽。"[③]此类"欺上瞒下"行为司空见惯，可谓是传统"消极主义"工作作风的再现。

2. 衙门胥吏向现代"吏员"角色转变的曲折

阎锡山的县政革新，理论建构相对完备，具体实践中高度重视了对胥吏积弊的防避，引入了考试制度、现代文官制度、警察制度，以各类公职人员取代了衙役幕僚，从制度上根除了饱受诟病的胥吏制度、堵住了"胥吏"产生的源头，此是县政的革新创举。然而，县区椽属、吏员们在履职过程中，"旧日的胥吏陋行"仍有惯性重现，体制上的革新并未让胥吏行为销声匿迹；有的时候，"新制"下的吏员具体执行公务的"能力"在某些方面反不如昔日衙门胥吏。

旧日衙门胥吏对民间最常见的危害行为之一是假借公事，任

---

① 阎锡山:《为各官吏第八十九次之讲演词》，1921年3月18日，《阎督军讲话辑要》卷六，北京日报馆承印，出版年代不详，第62页，山西大学图书馆藏。
② 梁漱溟:《北游所见纪略》,《村治月刊》1929年第1卷第4期，第14页。
③ 阎锡山:《为各官吏第三次讲演词》，1918年4月19日，《阎督军讲话辑要》卷一，北京日报馆承印，出版年代不详，第17页，山西大学图书馆藏。

意需索。清朝《上谕》指出，州县书吏上下勾结，舞文弄法，危害百姓极甚："至差役索扰，尤为地方之害，其上司之承差，则藉公需索州县，州县之差役，更百般扰害闾阎。"①曾在山西担任巡抚的曾国荃也论道："民间有利之事，必为奸胥蠹吏之所垂涎，往往以稽查为名，假公济私，百计阻挠，诸多掣肘……"②

阎锡山的行政革新，形式组织上终结了"一人政府"，衙门胥吏被现代事务性吏员所代替，然而，这些事务性吏员借公事向乡间任意需索的行为并没有遏止，仍时有发生，如下史料：

> 崞县，"苏龙口村村账内出县署差人钱一千零一百五十文，下长乐村出一千九百文，石盆口村出区警饭钱八百文，曹家庄出县署坐都者礼钱四千四百文"③。
>
> 寿阳县，"据报该县警佐兼第一区行政长赵国贤办事推诿，深居简出，凡事多派助理员到村办理，往返脚费各村不免有帮贴情形。查帮贴脚费，虽非需索，要亦骚扰，殊属非是……"④
>
> 各县还间有沿用班役情事，敲诈讹索或有不免……⑤

---

① 《清会典》，转引自张纯明：《中国政治二千年》，北京：当代中国出版社，2014年，第67页。
② 彭泽益编：《中国近代手工业史资料（1840—1949）》（二），北京：生活·读书·新知三联书店，1957年，第316页。
③ 《严禁各村支出区警署差饭钱及县署坐都者礼钱文》，1927年4月4日，山西村政处：《山西村政汇编》，沈云龙主编：《近代中国史料丛刊》第98辑，台北：文海出版社，1973年，第218页。
④ 吴树滋、赵汉俊辑：《县政大全》第四编，上海：普益书局，1930年，第132页。
⑤ 《十一年来国庆与十一年来山西政治之全盘的观察》续，《申报》，1922年10月29日，第10张。

刘大鹏在日记中对基层吏员借执行公务敲诈勒索的行为多有翔实记载:"官厅差役查办妇女之足,无论已放未放,纷纷科罚大洋,查者逆情报告,官即逆情出票传人到县,认罚则放归,无钱即拘留……"① "剪发之令又严,虽无发辫,而凡人头上留有寸发者必须剃成秃头始已,否则科罚大洋。天足亦系要政,吏役藉此扰民,科罚大洋,草野人民,已不堪其虐矣,吾邑更甚。"②

有学者论道:"禁烟、禁缠足、兴学校等政,办事者或蒙混隐瞒,或藉端敲诈,流弊甚多。"③ "天足、剪发,变成走卒敲诈民财的把柄,而一般人民疮上加疮,更其痛苦。"④

对此,阎锡山亦有清醒认识,且深以为戒:"前清衙役皂隶到处勒索,重苦人民;现虽变作区警助员等名目,习气仍未尽改。每逢到民间办事,区警助理员辈怨及知事犹小,因怨而致政治掣肘难行,其影响实大。"⑤

除了旧式衙门的工作作风没有根除,"新县制"下,通过考试铨选的掾属员吏也问题重重,主要表现为实际工作能力较弱,不谙业务、不熟悉乡情、不讲求方法。阎锡山下述一段讲话指出事务官办事能力不足、考虑问题不周全的实况:

---

① 刘大鹏遗著:《退想斋日记》,乔志强标注,太原:山西人民出版社,1990年,第276页。
② 同上。
③ 祝君达:《山西村政的检讨》,《新农村》1934年第9期,第13、14页。
④ 王振翼:《模范督军统治下的山西之概况》,《新民国》1924年第6期。
⑤ 《革新行政办法》,1922年5月26日在第一次行政会议之讲话,《阎伯川先生言论类编》卷三中,1939年刊行,第94页。

今举一最明显之例，如政务官决定植树政策，固毫无错误，然因事务官奉行植树事务之技术不善的关系，想不到县长之粗心，区长之敷衍，村民之不了解，及树苗来之不易，掘苗者之不经心，运苗路途之远近，栽植土地对树株种类之宜否，凡此种种有关联之事务，一处顾虑不周，即致植树令下之后，不但不能增添树株，反将许多活树移成死树。①

更令人想不到的是，许多掾属吏员的实际业务能力还不如前清"胥吏"，出现今不如昔的怪象："现今各机关中，对我国旧官署中之消极的事务技术，业经废业，而对各富强文明国家之积极的事务技术，又无从学习。"②

阎锡山基层"县政"的现代转型，组织架构上终结了"一人政府"县政，重构了现代化的行政组织体系，将政府治理的触角较大地延伸到昔日传统社会中本属体制外的治理领域。然而，"一人政府"形式上的终结，并不意味现代化的行政方式能完全取而代之，积极干预的执政理念也不可能一蹴而就，顺畅地嵌入社会，基层官员的工作作风表现出种种现代化"不适症"、行政权力重构下掾属吏员转型的艰难，这些都意味着"一人政府"终结的曲折。

---

① 《事务技术为制造富强文明之机动力》，1926 年 6 月 29 日在太原绥靖公署之讲话，《阎伯川先生言论类编》卷三中，1939 年刊行，第 236—239 页。
② 同上。

（二）民众对"干预主义"县政的"不良反应"

阎锡山终结消极无为的"一人政府"，倡行积极主义的现代化行政纲领，以一种从未有过的大手笔擘画了雄心勃勃的施政蓝图。然而，山西"新县政"启动后，基层官员却表现出种种"不适症"。不仅如此，普通民众也有"不良反应"。山西"新政"内容，无论是"六政三事""义务教育"，抑或"村民会议"，在阎看来，都是兴利除弊、启迪民智的"善政"，但是，当其政令下到民间，乡民却冷漠对待，缺乏热情，不乏猜忌、怀疑心理，甚至出现"抗拒"的行为，表现出与"官"对立的紧张，如下详述。

1. 民众的猜疑

几千年以来，由于专制主义集权国家长期的愚民政治，传统小农与皇权国家处于对立隔绝的状态，民众对国家极少关心，对此，梁启超的剖析至为深刻："我国国民，习为奴隶于专制政体之下，视国家为帝王之私产，非吾侪所与有。故国家之盛衰兴败，如秦人视越人之肥瘠，漠然不少动于心。无智愚贤不肖，皆皇然为一家一身计。"① 20世纪二三十年代，山西省大部分地域地瘠民贫，偏僻落后，阎锡山施政的对象与传统小农并无二致，甚至更为保守、"冷漠"，"以晋省而言，村民涣散，不闻政治，几至认政治为国家所有，与人民决无关系者，痛痒既不相关，休戚更难与共"②。

---

① 《论中国国民之品格》，梁启超著：《太阳的朗照：梁启超国民性研究文选》，摩罗、杨帆编选，上海：复旦大学出版社，2011年，第354页。
② 山西村政处：《山西村政汇编》，沈云龙主编：《近代中国史料丛刊》第98辑，台北：文海出版社，1973年，第11页。

"一人政府"县政治理模式下奉行消极无为的政治,地方官员的主要任务是"税收"与"治安",较少将"民生"纳入治理范畴;在乡民看来,"政府是外人,政府所体现的,是剥削和压迫乡村这个封闭世界的外部世界。对这个外部世界村民有个印象,要抚养而无回报"[①]。

阎锡山虽然终结了"一人政府"县政治理模式,将建设与改良等"使民生利"的内容纳入施政的目标范畴。然而,民不信官、官民隔阂的裂痕形成非一日之寒,二者彼此对立的格局早已成为政治常态,不可能在短期内缝合。对于阎锡山推崇备至的"善政",乡民习惯性抱着猜疑与不信任的态度,官方的任何一个举动,乡民常常疑为收钱抽税的借口,"近据区长报告,调查户口,人民则以为起人口税,因而隐匿,调查的商号资本金,人民则曰将起资本税,因而隐匿。劝民栽树,则以为按树起钱,遂多不肯栽树,劝民种棉花,人民则疑按亩抽款,遂亦不种"。对此,阎锡山分析道:"皆种种无根之语,推究其故,率因民与官不太接洽,官厅太无信用,且民章亦无甚经验。"[②]

阎锡山的基层吏员在执行公务中,仍不时有敲诈勒索行为,加深了官民之间的裂痕。一次,阎在视察同蒲路沿线时看到:"省政府无论费多大的心力,作多好的事情,人民总是不信任,这大半是因为与人民直接发生关系的官吏,假借省令,讹诈人民的缘

[①] 〔美〕费正清、〔美〕费维恺主编:《剑桥中华民国史》下,杨品泉等译,北京:中国社会科学出版社,1998年,第344页。
[②] 阎锡山:《为第四次实察员之训话》,1919年8月1日,《阎督军讲话辑要》卷五,北京日报馆承印,出版年代不详,第34页,山西大学图书馆藏。

故。如省府令饬各县以禁缠足,不良官吏,反借此向人民诈索金钱,致放足善政,反得诈索恶果。"①

阎锡山的"善政"不仅因"官民隔阂"而大打折扣,也因不断扩大的财政需求而为民众所抱怨。

2. 民众的抱怨

消除民对官的猜疑,重建官民关系,无疑是现代化动员的目标之一。历史的鸿沟原本需要缓慢温和的政策弥合,然而"缓不济急",面对内忧外患的压力,山西扩张主义行政下巨大的财政需求并不鼓励"温和渐进式"。"一人政府"终结后,乡民被阎氏政府带进了一个并不熟悉、从未感受过的"新政"治理体系中,与之相携的是政府对他们不断增加的物质索求与花样繁多的税赋摊款,乡民对"善政"感知并不明显,日益增加的负担才是真实而痛苦的体验。

积极主义的扩张型行政,不管其终极目标如何,急剧增加的经费支出是无法绕开的一个关口:"晚清以前,我国的地方政治以简易为特征,地方事业大多以在乡绅士为首领由人民自办,所需各项经费也大多由社会捐助而来,至于社教建设及公营事业各项事业费,绝无仅有。因此,政府机构简单,地方财政支出很少。而民国以来,由于新县政推行,县地方事业应时发展,经费需要益巨。"②

与全国许多地区一样,山西省的积极扩张型行政亦需要大量

---

① 阎锡山:《为各官吏第四次讲演词》,1918年4月5日,《阎督军讲话辑要》卷一,北京日报馆承印,出版年代不详,第24页,山西大学图书馆藏。
② 彭雨新:《县地方财政·前言》,上海:商务印书馆,1945年。

的启动资本,阎锡山论道:"在鄙人意见,以为现在百政待举,非款不办,关于开通民智各政,固须款,即在开发民财之各政,亦未有不需款项而能举办者……"①

一个显而易见的矛盾是,一方面现代化行政扩张需要巨额经费,另一方面汲取资源的对象却是贫瘠落后、资源总量稀缺的小农社会。面对巨额的资源诉求,民众的不情愿可想而知,对此,透过刘大鹏的抱怨可以感知:"里中一岁之办公费,民国以来,日益加增,较十年以前,不仅倍蓰,昔年不过一二百缗,现则六七百缗,民国之民负担益重。"②"当此之时,世局纷纭,人民受困已不堪言,今日加征,翌日加税,苛虐之政,不堪枚举……"③

一位村政办事员说:"村政权的工作就是'要',即要粮、要款、要兵、要差。"④ 学者祝君达也讥讽道:"国家向他们要钱,省里向他们要钱,县里向他们要钱,已经够受了,现在村又向他们要钱,村民哪得不头痛了?"⑤

山西"新政"革新在阎锡山看来是"善政",在民众看来却是"赋税摊款"的加重,心中产生"怨言"在所难免,在此意义上表明,阎锡山"积极行政扩张主义政治"不可能畅行无阻。

---

① 阎锡山:《为各官吏第四十二次之讲演词》,1919年6月20日,《阎督军讲话辑要》卷五,北京日报馆承印,出版年代不详,第10页,山西大学图书馆藏。
② 刘大鹏遗著:《退想斋日记》,乔志强标注,太原:山西人民出版社,1990年,293页。
③ 同上注,第273页。
④ 晋西区党委:《政权建设材料汇集》,1941年,档号:A22-1-4-1,第63页,山西省档案馆藏。
⑤ 祝君达:《山西村政的检讨》,《新农村》1934年第9期,第14页。

3. 民众的被动

如前所论，阎锡山认为积极主义行政发挥到极致就是能"看得住"百姓，这是阎锡山"一人政府"终结之后的施政理想："行政上之极致，在能看得住百姓，……从前又曾说过，政治能力最强之国家，能看住人民之三餐，其次亦须看得住个人，从积极方面言之，令百姓作何事，百姓即须作，从消极方面言之，不令百姓做某事，百姓即不能做此等政治，决非严刑峻法所能。"① 此种行政理念之下，山西省乡民从身体发辫到信仰习俗，从日常生活到生产劳动，从子弟教育到公共政治生活，都前所未有地受到国家全方位的干预。生活环境闭塞、经济落后、秉持千年不变习俗的普通民众，面对国家"咄咄逼人"的积极行政扩张，毫无心理准备，处处被动与冷漠，阎锡山推行的改良"新政"多遇尴尬。

阎锡山为了废除缠足这一陋习，在各县一律设立"缠足会"，由县知事担任会长，县政府机关的职员和学校的教员全部作为会员，动员女学生和女警察与村长副、村长、闾长一起挨家挨户讲道理，说服缠足的女性。② 一些妇女对于禁足令，"情愿每月照旧分摊这罚金，不情愿放足。她们总觉得给闺女缠成和她们一样的两双瘦瘦的脚，是她们当母亲的应尽的最大责任"③。在壶关县，"禁缠足成效甚少，且有无知之辈，因规避放足，令女早嫁"④。

---

① 阎锡山:《为各官吏第十一次讲演词》，1918年6月28日，《阎督军讲话辑要》卷二，北京日报馆承印，出版年代不详，第34页，山西大学图书馆藏。
② 天津《大公报》，1921年7月18日。
③ 柳惜青:《山西近状鸟瞰》，《西北论衡》1937年第5卷第3期，第19页。
④ 《行知壶关县严禁缠足恶习并戒早婚流弊文》，1921年8月7日，山西村政处:《山西村政汇编》，沈云龙主编:《近代中国史料丛刊》第98辑，台北：文海出版社，1973年，第228页。

"强迫"义务教育是"新政"的重要组成部分,阎锡山推行的义务教育本为启迪民智的利民政策,但受到一些乡民的排斥,不得不由官方强迫推行。隰县民众视入学为畏途,凡有兴作,诽议顿起。① 繁峙县人民业农者居多,对于教育颇乏兴趣,学校之设立、学童之入学,均由官厅强迫。② 有学者总结道:"中国之民智不发达,而一般人民之办理学校与送子弟入学,十九视不得已之办法,而非真正为促进社会文化并求得公民之能起见。所以官厅强迫严厉。"③

阎锡山大力推行村民会议,一厢情愿地欲将"现代民主"嫁接到山西省乡村公共政治生活中,在具体推行过程中也难令人满意,如下史料:

> 临县,人民缺乏自治精神,遇开村民会议时,如有县区人员到场,村民参与者颇多,否则,仅村长副、间长、邻长及村中好事者之少数人而已……④
>
> 陵川县,各村办理精神上尚欠圆满,遇有会议,一般村民往往放弃权利,不预其事,率由村长副社首及少数间长主持办理。⑤

---

① 省视学洛鉴明:《隰县民国十四年小学教育视察记》,《山西教育公报》1926年第198期,第26页。
② 省视学张赓渊:《繁峙县民国十四年小学教育视察记》,《山西教育公报》1926年第203期,第18页。
③ 刘伯英:《评山西教育厅拟定之各县初级小学改进办法》,《新农村》1934年第9期,第7页。
④ 《山西村政旬刊》1930年第3卷第6期,第29页。
⑤ 《山西村政旬刊》1929年第2卷第11期,第17页。

保德县，考察一般村民，均不喜多事，村间长亦以少事为上。每会议时，除村间邻长外，村民到场者殊少，约居五分之二上下。对于村中兴革事宜，村民提议者甚少，仅由村长副将单开会事项诵念一遍，或口头提出，即付表决。①

以上事例，不胜枚举，有人慨叹："两年以来，本省当局已经向此出路积极进行，特以一切新兴政治之设施，一般人多不了解，且多惯于多年旧习，安于偷闲放任，因之非难阻碍者多，而推动赞助者少。"②

三、余　论

20世纪20年代，在空前的民族危机刺激之下，阎锡山以德日等西方现代化国家政权为参照，以省当国，在全省掀起了自上而下的基层县政革新。统观全局，阎的县政革新本质是传统"一人政府"的终结，现代化县政创置的具体范例，可谓全国县政革新的蓝本。

20世纪初，拯救民族危亡于水火成为整个一代士人、职业革命家、仁人志士的强烈诉求，毕生的忧患。过分强调家族主义的儒家学说、消极治国理念、放任主义学说等显得与时代潮流相悖，激进派喊出"打倒孔家店"的决绝口号，商鞅的强国之

---

① 《山西村政旬刊》1929年第2卷第15期，第21页。
② 张之杰：《现今山西社会经济之穷困与出路》，《太原日报三周年山西书局一周年联合纪念册》，1935年，第26页。

道重新焕发出难以抵抗的魅力，于是，"举国争说法家，国家干预主义成为意识形态的主流"①。其时的大政治家及知识分子，无论改良派抑或革命者，从孙中山、陈独秀到康有为、梁启超、胡适，无不推崇国家主义、干预主义。阎锡山终结"一人政府"的治理模式，进行自上而下的县政革新，可谓是顺势而为的践行者之一。

值得注意的是，"一人政府"行政组织架构的终结，现代行政网络的重构，并不意味着"一人政府"治理理念、执政方式的彻底转变，以及执政能力的有效提高。当阎锡山试图将消极主义的行政向积极主义的行政转化时，"官""吏"与"民"的表现都有不尽如人意之处："官"消极懈怠、敷衍应付的工作作风并不少见，"吏"借公需索、任意扰民的现象时有发生；"民"对国家的介入处处被动，怀疑、抱怨乃至抵抗。这些情形，阎锡山或归因于官员保守懈怠，或归因于百姓愚昧，或归因于传统陋习顽固，诸多复杂原因中，阎锡山唯一没有提及的就是积极干预主义扩张型行政行为本身是否完全是行政模式转变的唯一路径。

事实上，阎所推行的积极扩张主义县政或多或少地显示出干预主义过度倾向。然而，如同当时的许多改革家、知识分子与仁人志士一样，阎锡山很少怀疑国家主义、行政干预主义制度本身，他以一种坚信不疑的态度备加崇奉，以不折不扣、真诚的精神去践行，将"现代化""富国强民"作为政府行动的唯一目标，为之敬仰，为之激情，为之献身，却忽视了治理的多元化与本土

---

① 吴晓波：《历代经济变革得失》，杭州：浙江大学出版社，2013年，第125页。

几千年生活的适应性。由于历史的局限性，阎锡山不会也不可能从制度本身去反思，只能从官吏懈怠、敷衍、贪腐，或百姓愚昧、落后、保守的视角来分析问题，当积极行政面临曲折与困顿时，他进一步加大政治动员强度，将"积极干预主义行政"义无反顾地推行到底，以至浮现"过度干预"的征兆，县知事卢宗孚指出，阎的施政理想为多，而对事实上是否可行未免疏于考虑，民间习惯不应过于取缔。①

工业化时代，无论从技术手段，还是行政组织模式，抑或现代政党形式，都使国家具备了历史上无可比拟的强大社会动员能力，比起零星散落的乡村社会，国家已然成长为有能力介入社会、动员社会，甚至摧毁社会的政治机器。当这个庞然大物带着现代化的执念，跨越历史的鸿沟，冲破传统的樊篱，大规模试图向社会嵌入的时候，无论动机如何，实需要谨慎行事，应当与社会保持一定的距离，注意介入社会时"度"的把握，进而避免对社会形成"过度干预"，这些是阎锡山"一人政府"终结成效考察对当前基层社会治理的历史启迪。

---

① 《模范督军之新觉悟》，《申报》，1922年5月6日，第17671号。

第二章
基层政制变动秩序中的地方名流

本研究所指的地方名流,包括村一级的村庄领袖权威与活跃在乡镇的士绅名流。

对于20世纪前期的地方精英、基层权威,学界多以"绅士"为研究对象,其成果并不乏见。然而,综观已有研究内容,有关"绅士"的日常生活品味、身份特质、活动范围,与乡镇社会具有密切关联。魏光奇将20世纪40年代河南嵩县的绅士区分为在外做过高级官员的"首席绅士"、做过县级官员的"中层绅士"及做过乡镇官员的"乡镇绅士"。[1] 庄孔韶指出,民国时期的绅士在乡镇有实力与地位。[2] 王奇生也认为,民国时期的绅士主要参与地方自治、教育、商务、党团及民意机关和团体的活动。[3]

绅士富涵乡镇社会的特质,与民国以降绅士的离村不无关系。20世纪初期,随着传统社会向近代社会的演变,特别是新旧教育的转轨,导致"士农工商"四民社会解体,与之同步并且相关的城乡分离使社会情形更趋复杂,读书人留居城市而不像以前

---

[1] 魏光奇:《国民政府时期新地方精英阶层的形成》,《首都师范大学学报》(社会科学版) 2003年第1期。
[2] 庄孔韶:《银翅——中国的地方社会与文化变迁》,北京:生活·读书·新知三联书店,2000年,第41页。
[3] 王奇生:《党员、党权与党争:1924—1949年中国国民党的组织形态》,上海:上海书店出版社,2003年。

那样返乡，绅士的聚居中心由村庄转移到乡镇区县，周荣德述道："凡是来自乡村而上升得到社会地位超过父辈的绅士分子，大部分定居在市镇或城里。"①"那里（城镇）是绅士、政府机关、大商贾和商店、奢侈品等的聚集地。"②

事实上，乡镇士绅名流与村落权力文化网络中的村庄草根权威是有所区别的。为了区别活跃于乡镇的精英名流，本章研究中，将村一级的地方名流概括为"村庄领袖权威"。就声望影响力而言，乡镇士绅名流的影响力往往波及范围更广，但是，也不排除少数村级领袖权威地方感召力与影响力超过乡镇士绅名流的。只是从数量而言，村一级的地方名流要比乡镇一级的士绅名流少。村一级的地方领袖，更多指在村庄范围具有凝聚力与声望，在村庄拥有较高的社区地位的人。

第一节 财富、文化、社会关系与声望的聚合体
——20世纪前期村庄领袖权威生成要素

村庄领袖权威阶层特指在村一级社区内占统治地位、支配地位的权威阶层。论者对于村级权威，虽以地主、富商③、受人尊敬

---

① 周荣德：《中国社会的阶层与流动——一个社区中士绅身份的研究》，上海：学林出版社，2000年，第273页。
② 〔美〕黄宗智：《华北的小农经济与社会变迁》，北京：中华书局，2000年，第242—243页。
③ 研究参见周荣德：《中国社会的阶层与流动——一个社区中士绅身份的研究》，上海：学林出版社，2000年，第59页。

的非官方领导①、"保护型的经纪"②等为研究对象,从不同侧面有所论及,但涉及他们在村落文化网络中全面、多维、立体的复杂品格,尤其是经济地位、村公务之外的,在文化、生活、品味、社会交往等各个层面所折射出的阶层特质,以及权威地位生成的多重要素,并未有专题深究详论,可谓是多数学人尚未触及的盲区。

本节内容欲从乡镇层面不断纵深向下,深入与拓展地方名流的研究,通过村庄领袖权威地位的生成要素分析这一阶层区隔于村庄其他阶层的特质,全面、多层次地展现村一级权威领袖的整体形象,以求摹画一幅丰满、生动的乡村结构画卷。

一、村庄领袖权威的生成要素

村庄领袖权威地位的生成与稀缺的"乡土资源"占有量有着直接的关联,"乡土资源"客观上有着不同类别,对不同"乡土资源"笔者借用了布迪厄有关"资本"的概念作为分类工具。布迪厄将决定社会地位的各种资源概念化为不同形式的"资本",并将资本划分为四大类:经济资本、文化资本、社会资本和象征资本。③华北村庄与布迪厄所分析的现代资本主义的法国社会原型存在较大差别,不同"资本"的具体内容与表现形式是极不相

---

① 杨懋春著:《一个中国村庄——山东台头》,张雄等译,南京:江苏人民出版社,2001年,第180页。
② 〔美〕杜赞奇著:《文化、权力与国家:1900—1942年的华北农村》,王福明译,南京:江苏人民出版社,1994年,第148—178页。
③ 高宣扬:《布迪厄的社会理论》,上海:同济大学出版社,2004年,第149页。

同的。因此，在行文中将根据华北农村的实际发展状况，重新赋予不同"资本"以"新"的内容与表现形式，以此来分析村庄领袖权威地位的生成要素，进而勾勒出领袖权威阶层地位的总体面貌特征以及与其他阶层相区隔的标识界限。首先，我们来观察经济资本与村庄领袖权威的关系。

（一）经济资本与乡村领袖权威

华北村庄中，经济资本表现形式具有多样性，土地、房屋、牲畜、农具、从事各种经济活动获得的收入等都是经济资本的主要内容，其中，土地是最为基础的生产要素，是经济资本最重要的构成内容。日本的《中国农村惯行调查》资料显示，华北村庄中有声望、有地位的社区权威大多数都拥有相当数量的土地与其他财富，是村中较富裕的农户。

20世纪三四十年代，沙井村几位最有声望的权要人物李儒源、杨源、张瑞都属有钱人的行列，他们在村中拥有较多的土地亩数。[①]河北寺北柴村，前村长张乐卿对村中的权要人物概述道："村中有权势的人以前除了村长、前村长，还有十几人，他们有半数人会读会写，并且有一定的财产。"[②]河北侯家营的村民说："民国初年会头居于村民之上，决定各种事情。……而非富有之人是不能担任会头的。"[③]20世纪三四十年代，侯家营公认的最有

---

① 《中国农村惯行调查》第1卷，东京：岩波书店，1981年，第90、144页；第2卷，第231页。（以下简称《惯调》。）
② 《惯调》第3卷，第31页。
③ 《惯调》第5卷，第14、42页。

权势与地位的几位村庄领袖权威也都是村中的富有之人。刘子馨拥有土地170亩，是村中五位最富有者之一；萧惠升拥有土地60亩，也属于村中富者的行列。①山东冷水沟的首事人通常是村中的领袖权威，村长杜凤山说："首事是土地多、有能力的人，全部由世居的人担任。"②

从华北几个村庄的调查资料来看，村庄领袖权威大多数是村中较富裕的农户。就经济资本的性质而言，拥有物质财富本身就是社区成员生活能力的有力明证；此外，经济资本还为村庄领袖权威提供了获得社区权威地位的物质前提，如沙井村村民李清源所说："没有闲工夫的人是不可以当会首的。"③费孝通总结道："闲暇在中国传统的匮乏经济中并不是大家可以享有的。"④

因而，经济资本对于村庄领袖权威的社区地位起着基础性的前提作用，可以说经济资本是村庄领袖权威地位获得的起点，但仅凭财富无法获得并维持权威地位，声望不能用财富直接买来，村庄成员并非仅仅依据经济资本的拥有量赋予乡村成员以"权威"地位的，"财富"不是权威阶层与其他阶层成员相区隔的唯一标识，文化资本、社会资本、象征资本对于村庄领袖权威社区地位均发挥着不可替代的作用。

---

① 《惯调》第5卷，第42页。
② 《惯调》第4卷，第25页。
③ 《惯调》第1卷，第126页。
④ 费孝通:《皇权与绅权》，《费孝通文集》第5卷，北京：群言出版社，1999年，第480页。

(二)文化资本与乡村领袖权威

"文化资本"作为一种重要的乡土资源,对于村庄领袖权威的地位也起着不可或缺的作用。主要包括物质形态的文化资本与身体化的文化资本两方面。物质形态的文化资本表现为具体的知识,包括文字知识、礼仪知识与丰富的阅历知识,其中,文字知识为核心构成;身体化的文化资本则指兴趣、品味、爱好、生活情趣、行为、举止等构成个人行为习性的一系列内在性情。首先,我们来看村庄权威与物质形态文化资本的关系。

物质形态的文化资本作为一种稀缺性社会资源,非贫穷农户所能随意享有,它需要花费大量的财力、时间去积累,"没有长时间的闲暇不必打算做读书人"[①]。资料表明,较富裕的村庄领袖权威大多数是乡土文化资本的拥有者。侯家营的萧惠升是村中最有声望与权势的村庄领袖权威。他曾在县城上小学,最后毕业于锦州的一所高级中学。据说他精通法律知识,因而很会打官司。[②] 沙井村会首大多是过去的私塾生。[③] 寺北柴村只有10%的人识字,村领袖权威张乐卿是村中最有学问的人之一。他曾跟随村中秀才郝昌露就读于私塾。村民们在新年、结婚、葬礼需要写春联、喜联、丧联时,经常求助于他。此外,他还以中医身份免费为村民治病。[④]

村庄领袖权威是物质形态文化资本的拥有者,但这一点并不

---

① 费孝通:《皇权与绅权》,《费孝通文集》第5卷,北京:群言出版社,1999年,第480页。
② 《惯调》第5卷,第5、37、38、41、51、58、131、258页。
③ 《惯调》第1卷,第120页。
④ 《惯调》第3卷,第50、53、144、250、275、278—279页。

意味着他们拥有较高层次的学历，他们多数是私塾生或村小学毕业。但他们所拥有的文字知识、礼仪知识以及社会知识对于乡土社会非常有用。乡民日常生活中，诸如喜丧、技术、商业或争讼[①]之类的琐事都离不开文字知识，村庄领袖权威则是村民在文字方面求助的对象，也是村中的医生、教师、私塾先生、纠纷仲裁人、打官司代言人，他们也因有知识、明事理而成为乡村公务的主角。

此外，诸如兴趣、爱好、生活情趣等身体化的文化资本是村庄领袖权威区别于其他阶层的又一显著标志，"一个富裕的家庭可能以富裕出名，但并不一定受到尊敬。要得到尊敬还要具备两个因素：首先，要有一些显著和体面的特征，以与邻居相区别；其次，要有一定的社交活动，从而成为人们闲谈的愉快话题"[②]。这种身体化的文化资本实际上是一个社区成员外显的地位符号，"一个社区地位较低的人不会有意表现出他们低等级的地位符号，而地位较高的社区成员倒是努力展现他们的地位，保护他们的地位不被低估"[③]，这正是村庄领袖权威拥有身体化文化资本总量最多的原因，而这种"体面的特征"通过其衣着、言谈、举止、爱好、性情、生活风格等生活状态表现出来，从而形成与其他阶层的区隔文化标识，如山东台头庄的乡绅，"以其漂亮的容貌、整

---

① 〔美〕吉尔伯特·罗兹曼主编：《中国的现代化》，国家社会科学基金"比较现代化"课题组译，南京：江苏人民出版社，1995年，第189页。
② 杨懋春著：《一个中国村庄——山东台头》，张雄等译，南京：江苏人民出版社，2001年，第54页。
③ 〔美〕戴维·波普诺著：《社会学》，李强等译，北京：中国人民大学出版社，2002年，第243页。

齐的服饰、高昂的情绪、优雅的举止、幽默的谈吐和无穷的闲暇而闻名"①。村庄领袖权威还常常以参加社区的文化活动来展示其特有地位，累积文化资本。临县王家坪的王修缮成立了"文昌会"，召集本地有文化的人参加，每年二月三日开会并会餐。②赤桥村领袖权威刘大鹏则是当地文人所举行的文庙祭祀活动的会员之一，"已刻，余诣晋祠文昌宫赴会，宣儿随之。今日祀文昌，晋祠、赤桥、塔院、长巷、北大寺等村文人皆于今日集于文昌宫，宴于五云亭，名曰衣裳会"③。

村庄领袖权威凭借拥有的物质形态的"文化资本"而成为乡土文化权威，获得乡民遵从的同时，亦满足了乡村社区在"文化方面"的各种需求，赢得了村民的感激、信赖与义务服从；同时，他们也是身体化文化资本的拥有者，在日常生活中，他们有着与普通村民不同的生活习性、嗜好、品味、举止、谈吐、服饰、修养、文化活动等生活风格，以此形成了与其他阶层相区别的外在标识。

（三）社会资本与乡村领袖权威

华北乡村中，社会资本主要指作为一种典型意义的封闭型资源的集合体，是村庄成员在彼此交往中形成的人际关系网。分析

---

① 〔美〕戴维·波普诺著：《社会学》，李强等译，北京：中国人民大学出版社，2002年，第178页。
② 《晋西北名人传略》，1941年，档号：A22-1-4-2，第4页，山西省档案馆藏。
③ 刘大鹏遗著：《退想斋日记》，乔志强标注，太原：山西人民出版社，1990年，第148页。

有关史料我们可以看到,社区精英一个显而易见的特征就是有着一个大致由相同地位成员构成的、封闭的社交网络。《晋西北名人传略》资料中,明晰地反映出社区精英的这一特征,如下述个人传记资料:

> 王修缮,临南县王家坪自然村人,他能笼络小资本家。1940年与村长秦庞文处得很好。
>
> 丁梦庚,过去接近有钱有势的人,现在还接近郭守晋等,过去地位比较高些,住村附近30里内的人民都信仰他。
>
> 吕齐周,宁武三区人,与当地名流孙文粹、孙文清、武推元均相交甚好,在本村周围十余里之群众中有威信。
>
> 丁巨忠,他的社会关系很复杂,与绅士巨商及敌占区大买卖大商人均保持联系,他的亲戚都是地主、富农成份的人。
>
> 丁兆熊,五寨店坪人,高小毕业后在家务农,他接触大商人,是个大商业资本家,现任岢岚警备大队长,与大商人李永清、李西高关系甚密,与五寨伪县府秘书亦相好。①

上述资料显示出,社区精英的人际关系网多以同等阶层地位的人员为主要交往对象,具有一定的封闭性与排外性,社区精英强烈的阶层意识通过人际关系网络鲜明地体现出来。拥有"社会资本",成为权威阶层与其他阶层相区隔的界标之一。他们在与

---

① 《晋西北名人传略》,1941年,档号:A22-1-4-2,山西省档案馆藏。

地位大致相同的人群交往中，使精英地位得到了彼此认可与接纳，同时也积累了乡土社会稀缺的社会关系资源。凭借这样一种资源，村庄权威服务于乡里，成为村民接触外界、获取外来资源的窗口与纽带，利用外来的广泛社会关系满足社区内民众的需求则是村庄权威获得声望的极佳方式。20世纪40年代沙井村最有声望的村权威之一杨源，与县城中有广泛联系，凭借这种社会资本，他经常将村民介绍给顺义县城中的放账铺借钱，并能以较低利息借到更多的钱。① 在侯家营，土地买卖或典当的中人一般是村中有名望的人，都当过村长或村长副。②

拥有社会资本的村庄权威经常成为村民们求助的对象，村民们也通过他们得以与外界沟通联系，获得更多的帮助，社会资本是村庄权威获得象征资本与维持社区地位的一个重要砝码。侯家营的村民非常重视萧惠升的话，"因为他在外念书的朋友多，他是县城电话局的局长，同事也多"③。反之，一个村庄权威如果失去社会资本，其社区声望与地位则面临着下降的可能。临县甘泉村郭缙绅，"当他任财政局长时，曾往来于本县绅士之间，当其任三高校长时，致力于教育工作，因为三区地方上没有像他这样在社会上显露头角的人，一般村民对之颇尊敬，但当其避居家中以后，外人赖不上他的帮助，威信已渐失掉"④。

村庄权威的社会资本通过参与广泛的社会交往得以逐渐积

---

① 《惯调》第2卷，第195、210页。
② 《惯调》第5卷，第239页。
③ 同上注，第39页。
④ 《晋西北名人传略》，1941年，档号：A22-1-4-2，山西省档案馆藏。

累,在累积社会资本的过程中,权威阶层中的成员彼此熟识、相互接纳。拥有一定的社会资本,成为村庄权威与其他阶层相区隔的标识。他们的社交圈可视为一种资源的聚合体,而每个参与其中的成员都可以从中汲取利益、获取外部资源。他们往往将这种外部资源带入社区内满足村庄民众的需求,进而提升其社区地位,获得社区声望与支配地位。

(四)象征资本与乡村领袖权威

所谓象征资本,"是用以表示礼仪活动、声誉或威信资本的积累策略等象征性现象的重要概念。声誉或威信资本有助于加强可信度的影响力,这类资本是象征性的……它是通过无形或看不见的方式,达到比有形和看得见的方式更有效的正当化目的的一种'魔术般'手段和奇特的竞争力量"[1]。布迪厄认为象征资本在各种文化中显而易见,"从我读到的关于中国的著述中,那些有关'荣耀'、'面子'等各类声望意识,让我觉得'象征资本'不仅存在于中国社会,而且十分重要"[2]。

村庄领袖权威又一突出的阶层特征就是其成员从整体上在社区与超社区的范围内享有较高的声望,具有社区凝聚力与感召力,很受村民的尊重,这一点《晋西北名人传略》可以充分说明。

---

[1] 高宣扬:《布迪厄的社会理论》,上海:同济大学出版社,2004年,第151页。
[2] 〔法〕布迪厄、张静、于硕:《P. Bourdieu教授访谈录》,《中国社会科学季刊》1998年秋季卷,第148页。

表 2-1　晋西北领袖权威精英与象征资本[①]

姓名	地区	象征资本
乔之旺	临县四区兔坂人	全区人对之崇拜而又畏惧,认为他是了不起的人物。
郭郊业	临县四区小甲头行政村	临南县四区到北临县四区八区一带很有声望。
郭树棠	临县一区前甘泉人	在老百姓眼里,是了不起的家庭,了不起的人。
郭缙绅	文水西南社	三区地方上一般村民对之颇尊敬。
丁梦庚	宁武二区人	住村附近30里内村民信仰他。
丁巨忠	宁武二区吴家沟人	是本区第一个有名望的人,在各阶层群众中有很高的威信。
陈明甫	宁武二区吴家沟人	在本县具有相当威信,特别在中下层群众中威信高。
武双和	宁武墕沟人	有十几个村子老百姓团结在他的周围,都很拥护他。

从上述列表中我们看到,拥有声望、面子对于村庄领袖权威来说是一种极为普遍的现象。正是拥有此类象征资本,使得这一阶层与其他阶层有着明显的区隔界限。以下我们通过其他史料进一步论证村庄领袖权威与象征资本的重要关联。

在华北的大部分村庄,乡民赠送"匾额""木牌"之类的象征物,是他们对一个村庄"施惠者"或者他们所敬重的村庄成员表达感激、赞许、敬佩、遵从的一种常见的、最直接的方式,而

---

① 《晋西北名人传略》,1941年,档号：A22-1-4-2,山西省档案馆藏。

这种象征物代表着获得匾额的村庄成员在公众心目中的地位，凝聚着公众对他的综合评价，它使一个村庄成员的"荣耀""面子"以象征的、委婉的方式呈现出来，是村庄成员享有社区声望的最好明证。侯家营的保长孔子明说："活着时，为了给那人撑面子就送块匾，这是习惯。"①侯家营的萧惠升、侯寿山等数位富有声望的人都曾收到过村民所赠送的匾额，这足以证明这一阶层与象征资本的密不可分性。②同样，与刘大鹏处于一个社交圈内的村庄领袖权威陈寅庵则因调停水利纷争而收到了附近十村所赠送的匾额，当时赠匾的场景十分隆重，给收匾人带来了无上的荣光："十村长副今日送匾到寅庵家。鼓乐旌伞作为前导，周游四街，令众周知。"③

从总体上看，村庄领袖权威是在社区内与超社区的范围内普遍拥有"面子""名誉"的声望阶层。可以说，象征资本与村庄领袖权威阶层的联系尤其密切，在他们身上表现得最为突出。在村民看来，"名誉"是一个人良心的外在表现，故在乡民的话语表达体系中，对于有权力、有威望、有地位的村庄权威常常表述为"人格高尚的人"。从逻辑上说，村庄领袖权威的领袖权威地位缺乏制度化的规约做保障，他们在社区的地位实质上是一种社会评价，是公众的一种心理定位，如果没有"威信""声望""面子""荣誉"等象征资本，其领袖权威是难以获得的，社区支配

---

① 《惯调》第5卷，第37页。
② 同上注，第5、38、39、41页。
③ 刘大鹏遗著：《退想斋日记》，乔志强标注，太原：山西人民出版社，1990年，第297页。

力更无从谈起。因此，他们的社区影响力首先是靠声望而不是仅靠权力、某种学历资格认证或财富实现的，民众对其所拥有的财富、学识、权势、社会关系等方面的优势予以充分认同，由此形成了对村庄领袖权威的普遍尊崇的社会心理。拥有较高声望、名誉与面子为主要内容的象征资本是村领袖权威阶层区别于其他阶层的一个显著标识。

二、多种乡土资源的聚合体——乡村领袖权威地位的形塑

以上分别论述了村庄领袖权威与经济资本、文化资本、社会资本与象征资本的多重关系，需要强调的是，村级精英的权威地位是多种资本共同作用的结果，而非任何一种资本所能单独决定。

大量事实证明，仅仅有经济实力的村庄富户，如果他们不参与社区公共利益层面的象征性实践活动，就无法将经济资本转换为文化资本、社会资本与象征资本，在村民的地位评价体系中也不会将其列置于层级金字塔的顶端。冷水沟姓杨的家户虽然土地百亩，位居全村第一，但由于当家的才二十几岁，村民评价说："他不过是普通村民。"[①] 寺北柴村的郝白子、徐老起、赵老际三人拥有的土地在村中最多，但他们只被村民称为财主、有钱人，而不能与村庄权威张乐卿并列。[②] 在后夏寨，王庆昌的祖父王耀

---

① 《惯调》第4卷，第3、8页。
② 《惯调》第3卷，第37页。

光是财主，民国初年有一百亩以上的土地，还有两座望楼，但村民说："他虽然有钱，但在村里没有势力，因为他不为村里出钱。"①

同样，只享有文化资本的社区成员亦不被乡民视为社区领袖权威，沙井村的小学教师吴殿臣是村里最有学问的人之一，但他却并未拥有权威的地位，其原因是"他不做与公益有关的事情，是穷人，家有土地10亩"②。

再者，村落社区的中人往往拥有广泛的社会关系、较多的社会资本，但此类成员中的许多也不是村庄领袖权威，单一的人际关系网络并不能带来权威地位。20世纪30年代，寺北柴村的赵老有与郝老振虽与城里的地主关系很熟，村民经常找他们二人当中人，但他们很穷，③在村民心目中不是有势者。沙井村的傅菊担任中人的次数比较多，④但他也是穷人，不属领袖权威之列。

此外，只拥有声望这一典型意义的象征资本而没有经济资本、文化资本的支撑，其感召力与社区地位亦不能与村庄领袖权威相提并论。冷水沟庄长杜凤山并不富有，是个文盲，他人缘好、性格随和，在担任村政人员、服务村民的过程中赢得了村民的尊重，累积了一定的象征资本。然而，他并不是村庄领袖权威，因为他是在军阀张宗昌盘踞山东，对村庄物品过度征发，村庄领袖权威纷纷躲避村公职时，才临危受命，在村庄的伦理规约

---

① 《惯调》第5卷，第501页。
② 《惯调》第1卷，第98页。
③ 《惯调》第3卷，第281页。
④ 《惯调》第2卷，第169页。

压力下被迫当上庄长的。在他的背后,有着比社区地位更高的真正有势力的权要人物。①

许多村庄领袖权威个案资料表明,他们中的绝大多数是经济资本、社会资本、文化资本与象征资本等多种形式的乡土资源拥有者,这些不同形式的资本在同一位权威身上共同作用,在多种力量交互作用下才能最终形塑出村庄领袖权威。当然,相对不同的村庄领袖权威来说,不同资本所起的主要作用各不相同。以下我们通过综合分析几位典型的村庄领袖权威,进一步来观察这一阶层的多维特征。

刘子馨是侯家营最富有的村庄领袖权威。作为最具权威的村庄领袖权威之一,不仅因其富有,更重要的是他在文化教育领域所累积的文化资本与社会资本。刘在二十多年间,先后担任过小学教师、县教育局委员、侯家营村长、泥井小学校长等职。当县教育局委员时,同县城中的官员建立了广泛的关系,凭借这种社会资本,他曾联合村中另外十几位有势力的人共同策划,告倒了浪费村款的村长侯大生。②

沙井村最有声望的权威李儒源是村中最富有的人之一。他还会中医知识,这样一种文化资本使他声名远扬。此外,他是村中会首成员中的核心人物之一,他在公务活动中也积累了一定的社区声望。③

寺北柴村的村庄领袖权威张乐卿,其财产由于种种原因不断

---

① 《惯调》第4卷,第7、8、24、207、265页。
② 《惯调》第5卷,第18、42页。
③ 《惯调》第2卷,第98页;第1卷,第107、189—190页。

下降，但是到了20世纪40年代他仍是村庄最富裕的家户之一。"土改"时，作为村中较富的家户被定为富农，①也证明了他在村中居于相对富有的地位。张乐卿还是村中的文化权威，他经常给村民代笔、念信。他精通"四书五经"，不当村长后在家中开办了私塾；他是村中最有"面子"的人之一，是全村唯一的一个被邀请参加所有婚丧大事的人，在借贷中他又是村中最有说服力的中人。②

拥有多种资本是村庄领袖权威与其他阶层相区隔的标识界限。村庄领袖权威正是凭借多种资本，才得以在社区实践的舞台上施展才能、发挥领导作用，并从中获取了合法性权威与持久的支配力。

综上，20世纪前期的华北乡村村庄领袖权威在社区地位评价模式中处于层级地位金字塔的顶端。他们是社区中占统治地位与支配地位的阶层。

笔者尝试地借用了布迪厄的"资本"理论来分析华北村庄权威阶层社会地位的生成与维持的要素。与布迪厄所概括的"资本"的具体表现形式有所不同，在华北村庄中，经济资本主要指以土地资源为主要内容的物质财产。文化资本分为物质形态的文化资本与身体化的文化资本，物质形态的文化资本表现为具体的知识，包括书本知识、礼仪知识与丰富的阅历所累积的社会知

---

① 资料来源于20世纪90年代华北农村调查资料——寺北柴村，被调查者：张仲寅，南开大学魏宏运先生存。
② 《惯调》第3卷，第53、250、275、278—279页。

识；而身体化的文化资本则指兴趣、品味、爱好、生活情趣、行为、举止等构成个人行为习性的一系列内在性情。社会资本主要指村庄成员的人际关系网。象征资本主要指声望、面子、荣誉等无形的资源。上述类型的乡土资源是村庄领袖权威地位生成的不同要素，其中，经济资本、文化资本是村庄领袖权威地位生成的基础性指标，社会资本、象征资本是领袖权威地位不可或缺的重要因子。可以说，村庄领袖权威是多种乡土资源的聚合体，任何一种单一形式的资本均无法确定村庄领袖权威的社区地位。拥有多种形式的资本是村庄领袖权威与其他阶层相区隔的标识界限。

第二节 20世纪二三十年代地方名流在基层政治中的变动趋向——以山西省为例

有学者指出，民国时期"在辽阔的农村社会，社会变迁速度的迟缓和社会结构分化的不足，迄未动摇士绅阶层居于统治地位的基本状况"[①]。"在20世纪初期，他们仍主宰着大多数省份偏僻的农村地区。"[②] 孔飞力在论及绅权与地方自治时也认为："废科只是意味着原来用以确定士绅的几个特征不再适用。有一个情况至少是清楚的，绅士的地位在中国农村已根深蒂固，不是北京先发

[①] 王先明：《中国近代社会文化史论》，北京：人民出版社，2000年，第153页。
[②] 〔美〕费正清著：《美国与中国》，张理京译，北京：世界知识出版社，2001年，第36页。

制人的一道命令就能一举搞垮的。"①也就是说，民国以来，士绅的社会构成及其在基层社会所特有的凝聚力与感召力，并未随着科举制的停废以及社会的流徙迁变而发生根本变化，他们在基层权力结构中的精英地位呈现出极强的历史继承性与稳固性，并在地方经济、政治及社会关系等各个层面中占据主导地位。然而，随着基层政制的现代转变，处于精英地位的士绅名流在地方社会的统治模式也随之发生变动，士绅名流的身份转向"权绅"，士绅名流阶层在基层政治所扮演的角色凸现出与以往不同的特质。

本节的研究视角集中在山西地方社会。20世纪二三十年代山西"新政"实行，国家力量向基层社会大规模渗透，基层政制开始了现代转向。这一变革对士绅名流在基层社会的统治模式产生了深刻作用，士绅名流获得声望与社会地位的"凭借"与"来源"发生变动，由此导致士绅名流在国家与社会的政治秩序之间，呈现出与以往不同的角色特征。

一、山西"新政"革新下士绅名流向"权绅"的转变

有清一代，清统治者对于士绅名流"参政"始终抱着谨小慎微的态度，"清朝统治者的财政政策，是将农民的税负保持在较低的水平之上，同时对拥有土地的地方精英百般威胁，不让他们

---

① 〔美〕孔飞力著：《中华帝国晚清的叛乱及其敌人——1796—1864年的军事化与社会结构》，谢亮生等译，北京：中国社会科学出版社，1990年，第236页。

插在国家和农民之间"①。统治者通常将士绅排斥于保甲组织之外，"保甲制要被组织得不让它落入地方绅士领袖之手，并且打破自然村的界限，使地方的影响仍然是分散的，而县官则可以通过任命保甲长来维持自己独立的统治机构"②。

对士绅"抱有怀疑、提防的态度"本是清统治者的一贯政策，但又不可否认，士绅是基层社会内生权力体系的天然权威与代表，同时也是儒家科考制度的产物，他们中的绝大多数从根本上与皇权国家保持着广泛的统一性。地方政府借用士绅在地方社会的凝聚力、感召力以及领袖地位，在税收、讼狱、稽查匪盗等主要治理领域对士绅有一定的依赖性，二者形成体制外的合作关系，"夫为政不难——不得罪于巨室……诚能折节降礼，待以诚信，使众士绅咸知感服，则所至敢于出见。士绅信官，民信士绅，如此则上下通而政令可行矣"③。

清中叶以后，王朝基层控制体系变得极度衰弱，统治根基发生动摇。在社会秩序空前失控的严峻形势下，清统治者不得不寻找新的社会动员手段，有识之士与封疆大吏提出了一系列挽救颓势的方案，其中有一个基本共识：期冀由一乡之望的乡绅出面主持保甲事宜，改变将绅士排斥于保甲组织之外的组织体系格

---

① 〔美〕吉尔伯特·罗兹曼主编：《中国的现代化》，国家社会科学基金"比较现代化"课题组译，南京：江苏人民出版社，1995年，第225页。
② 〔美〕费正清：《旧秩序》，〔美〕费正清编：《剑桥中国晚清史》上，中国社会科学院历史研究所编译室译，北京：中国社会科学出版社，1985年，第32页。
③ 姚莹：《覆方本府求言札子》，〔清〕贺长龄辑：《皇朝经世文编》卷23《吏政九》，沈云龙主编：《近代中国史料丛刊》第74辑，台北：文海出版社，1972年，第856页。

局，力求将绅士纳入国家合法权力系统中。因此，由绅士出任保甲长，并给予礼遇的呼声不绝于耳，沈彤认为："今之州县官，奉六吏之令，举行保甲而卒无其效，非保甲之法不善，为保长甲长之人未善也。……保甲长则必择士之贤者能者为之。"①他还指出，长期以来，由于保甲长被乡里人贱视，恐怕士人并不屑出任，因此要以礼相待，遇之以隆，以示尊崇。②张惠言提出，士绅出任总理、董事，可以免于胥吏滋扰。③

戊戌维新时期，吸收地方名流、士绅"参与地方自治"成为晚清政治维新的潮流取向："戊戌维新运动包含着一股值得注意的地方积极精神的潮流，它预示着利用好地方名流的力量将是建成强大国家的唯一途径。"④康有为等提出由士绅负责地方自治事务，代表了晚清的舆论取向："夫地方之治，皆起于民。而县令之下，仅一二簿尉杂流，未尝托以民治。……日本以知县上隶于国，汉制百郡以太守达天子。我地大不能同日本，宜用汉制，每道设一民政局，妙选通才，督办其事。……每县都有民政分局督办，派员会同地方绅士治之，除刑狱赋税暂时仍归知县外，凡地图、户口、道路、山林、学校、农工、商务、卫生、警捕、皆次第举行。"⑤梁启超在《论湖南应办之事》中指出，兴民权首先就

---

① 沈彤：《保甲论》，[清]徐栋辑：《保甲书》卷四《广存》，张霞云校点，合肥：安徽师范大学出版社，2012年，第88页。
② 同上。
③ 张惠言：《论保甲事例书》，[清]徐栋辑：《保甲书》卷三《成规下》，张霞云校点，合肥：安徽师范大学出版社，2012年，第88页。
④ 孔飞力：《地方政府的发展》，〔美〕费正清、〔美〕费维恺主编：《剑桥中华民国史》下，杨品泉等译，北京：中国社会科学出版社，1998年，第380页。
⑤ 康有为：《上清帝第六书》，汤志钧编：《康有为政论集》（上），北京：中华书局，1981年，第213页。

要兴"绅权",作为民众领袖应让他们学习办理公事。①

1901年,在内忧外患的刺激下,清王朝启动了"新政",全方位地推进现代化革新,开始大规模地进行"国家政权建置",并以"地方自治名义"展开,士绅"参政"遂成为政治潮流,"长期以来,清统治者对于士绅哪怕在极小的范围内干政和组织性集结都十分警惕,防微杜渐,设禁极严,而此时却通过地方自治的煌煌上谕,允许和要求士绅以组织化、制度化的形式参与地方政治,主导地方教育、地方实业、财务和其他公共事务,这种政策的转变不可能不导致地方社会结构发生变化"②。

山西的"新政"发轫于1917年阎锡山掌控山西政权之后。许多资料表明,随着"新政"的推行,士绅名流纷纷步入正式的体制系统,开启了向"权绅"演绎的进程。

据《晋西北名人传略》资料,绅士名流在阎锡山县级权力系统中出任各类公职成为常态,如五寨士绅武先生,"在教育界中势力很大,占领导地位,武的高小学生前后八百余人"③。临县士绅郭某某:"民国八九年是他开始有政治地位的时候,当时在临县县政府,说什么就是什么,兼差很多,如官粮局、财政局等都由他负责。"④离石县士绅刘某某、胡某某、张某某、薛某某,分别

---

① 梁启超:《论湖南应办之事》(1898年4月5日—4月7日),《梁启超文集》,北京:线装书局,2009年,第30—31页。
② 魏光奇:《官治与自治——20世纪上半期的中国县制》,北京:商务印书馆,2004年,第357页。
③ 《晋西北名人传略》,1941年,档号:A22-1-4-2,山西省档案馆藏。
④ 同上。

担任高小学堂校长、公款局局长、商会会长、教育界干事等职,并形成了一个士绅集团势力。①

太原县士绅刘大鹏亦在当地自治机构出任过不同的职务,如下史料:

> 宣统元年(1909)九月一日,山西省谘议局正式成立开局,刘大鹏被太原县推选为山西谘议局常驻议员。民国二年(1913),任太原县议会议长,四年(1915),省国民会议议员、太原县选举立法院议员调查会会员、太原县商会特别会董,六年(1917),县教育会副会长、县清查财政公所所长、县公款局正经理,十年(1921)任县立女子高等学校长。十八年(1929)太原县志书局局长,二十一年(1932)任保存古迹古物委员会委员。②

士绅除了在县域层次出任各类公职,不少成员还担任村长,如下表。

---

① 高选德:《民国时期离石地方势力任刘两派概述》,中国人民政治协商会议山西省离石县委员会文史资料工作委员会编:《离石文史资料》第 2 辑,1991 年,第 134—142 页。
② 刘大鹏遗著:《退想斋日记》,乔志强标注,太原:山西人民出版社,1990 年,第 43、176、216、217、219、240、241、252、287、288、386 页。

表 2-2　20 世纪 40 年代太谷县士绅履历[①]

名字	籍贯	出身	简历
武某某	西昭	官僚	奉天采煤局局长，包头税务局局长
武某某	西昭	官僚	学医，绥远善后局局长
孔某某	城内	资本家	祥纪经理
赵某某	城内	学者	清拔贡，财政部主事
张某某	北郭村	地主资本家	商会会长，电灯公司经理
曹某某	北洸村	大资本家	五区代表
杨某某	阳邑	医生	青帮首领之一，县财政局局长
杨某某	石象	商人	村长，关东军旅部军官
游某某	新村	商人	老村长
侯某某	惠安	商人	老村长
李某	朝阳	士绅	老村长、财政局局长及一区代表
温某某	白城	官僚	大同煤矿经理及承审员
杨某某	西山底	教员	小学校长
郝某某	侯城	商人	老村长
程某某	中咸阳	医生	老村长
乔某某	庞村	军人	晋绥军管长
张某某	范村	商人	范村商务会会长

---

① 太谷抗日县政府：《太谷县 1941 年敌占区工作总结》，1941 年，档号：A159-1-1，山西省档案馆藏。

续表

名字	籍贯	出身	简历
张某某	白燕	商人	实业银行经理，财政科科长
李某某	郝村	商人	二区代表
贺某某	孟高	商人	会写，经商
王某某	上庄	老财	经商
乔某某	东里	老财	中学理化教员
张某某	阳村	商人	区代表

上表显示，抗战前任过村长（老村长）的士绅占到统计人数的三分之一，可知士绅"参政"的范围，担任村长职务的不在少数。

山西"新政"的推行给士绅搭建了"参政"的广阔平台。"新政"革新之前，士绅通常将与政府打交道的工作视为"贱役"，对于"体制内职务"有所不屑。而"新政"之后，无论是国家还是士绅名流都改变了从前的态度，国家开始有意吸纳，士绅名流不再拒斥，开始进入国家体制内权力系统，变身为"权绅"。那么，"权绅"的特征何为？士绅缘何演变为"权绅"，其动因是什么？以下就此进行分析。

二、士绅向"权绅"演变的动因

士绅向"权绅"的演变是20世纪二三十年代山西士绅名流身份变动的突出特征，其动因集中在以下三方面：

其一,"村制"实施的过程中,阎锡山政府有意吸纳士绅名流,寄望他们成为"新政"的有力推手。

阎锡山在民国初年(1912)开始实行"用民政治",以新的民族国家政权建设为背景展开。在其制度设计中包含着强烈摒弃传统"消极无为"、力行积极扩张主义的行政意向,他认为"安民无为"的政治是君主专制愚弄控制民众的手段,最终导致的结果就是人民对国家离心离德,国家没有可用之民,这是不符合历史潮流的:"以此为国,是曰无人,非无人焉,无有用之人焉。"[①]他强调,日本先知先觉,迎合世界潮流,刷新政治,一跃而成为头等强国,如果我们再行"无为"政治,将面临亡国灭种的危险,因此,要想避免亡国灭种的危险,必须实行"用民政治"。[②]

"用民政治"首先要建立严密的行政网,将行政能力发挥到极限,必要时能看住人民的三餐,"大凡世界各国,其行政纲愈密者,其政治愈良好,愈进步。……故其必要时,能干涉及于人民个人三餐也"[③]。建立严密的"行政网"可以做到上情下达,政令通畅。那么,如何做到这一点呢?阎提出了三个层次的政治建设,其中一个重要层次就是倚靠"正绅":"须联络正绅,使公道伸张。地方有多数正绅出面协力办公事。"[④]他在多处场合中表达

[①] 阎锡山:《政治研究会开会宣言》,1918年4月26日,《阎督军讲话辑要》卷一,北京日报馆承印,出版年代不详,山西大学图书馆藏。
[②] 阎锡山:《视察晋北各县官绅军警学商各界各村长副等讲演词》,1918年11月19日—12月1日,《阎督军讲话辑要》卷三,北京日报馆承印,出版年代不详,第37、38页,山西大学图书馆藏。
[③] 《阎伯川先生言论类编》卷三上,1939年刊行,第60页。
[④] 阎锡山:《为各官吏第十二次讲演词》,1918年7月5日,《阎督军讲话辑要》卷二,北京日报馆承印,出版年代不详,第38页,山西大学图书馆藏。

了希望"士绅"出面、主持地方自治的诉求。他说，国家富强的根本在于改良社会。改良社会，必须以社会上的优秀分子为先导，而士绅正是社会上的优秀分子，[①]有转化风气、感化民俗的权力。[②]

山西"新政"中最为关键的一环是"村政"，"村政"实为"用民政治"的具体体现，其具体展开亦离不开士绅的支持，阎锡山强调："村治能否进行，政治能否下隶于民间，关键在于正绅能否出任村长。"[③] "人民之信仰好绅士，有时且胜于官厅。村政既为人民应办之事，非得好绅士为之倡导……"[④]

以下为地方士绅"参政"的个案，他们在政府提倡的社会改良建设等"公共"事业中崭露头角，表现不俗：

> 临县一区甘泉村郭树棠，民国十六年当本村村长，一直到民国二十三年，共连了两任，在当时村中办事的都是村中有钱有势的人，他办事说什么就是什么，莫人敢惹，尤其于民国二十年以后当村长时，全县保卫团会操，他的村子得过两次"优胜旗"，老百姓认为更是了不起的大事情，对本人信仰一时无上提高起来，这是他事业极盛时代，以后当他卸

[①] 阎锡山：《对晋北各县官绅讲六政三事》，吴文蔚：《阎锡山传》，台北：台北出版社，1983年，第228页。
[②] 阎锡山：《为各官吏第八十三次之讲演词》，1920年9月3日，《阎督军讲话辑要》卷六，北京日报馆承印，出版年代不详，第52页，山西大学图书馆藏。
[③] 《阎伯川先生言论辑要》第2册，太原绥靖公署1937年编印，第2页。
[④] 阎伯川先生纪念会编：《民国阎伯川先生锡山年谱长编初稿》（二），台北：台湾商务印书馆，1988年，第536页。

职时，老百姓特送两块木牌，表示庆贺他的"功绩"，而他杀猪摆席欢迎大家，把木牌接受了。①

其二，"权力资本"成为士绅名流重要的声望来源。

声望的社会学定义是："一个人从别人那里获得的良好评价和社会承认。"② 士绅名流的共同特征是拥有社会声望，社区声望是士绅名流地位的重要象征，也是这一阶层的生活"追求"。

历史研究表明，传统社会士绅获得声望主要缘由"功名学历"与"管理社会的公共职责"两方面。其中，"功名学历"主要通过科举考试获得，是士绅身份确定的主要标识。在普遍是文盲与半文盲的乡村社会，拥有功名学历意味着享有知识权威，这无疑是士绅成员受乡民仰慕与尊崇的资本，但更为重要的是，这一士绅身份受到国家合法权威的认证，从而带给士绅莫大的荣誉，士绅也因此在地方社会享有特殊的待遇，"享有特权的士绅集团，一般说来他们居于的社会地位最高，威望和影响最大"③。所以，"功名学历"不仅具有知识价值，更受到国家权威的认证与支持，进而成为影响士绅社区声望的主要因素之一。

进入民国以来，随着科举制的停废，士绅身份的确立与"功名学历"的连接断裂，士绅的定义由此也失去了其精确的表述，

---

① 《晋西北名人传略》，1941年，档号：A22-1-4-2，第10页，山西省档案馆藏。
② 〔美〕戴维·波普诺著：《社会学》，李强等译，北京：中国人民大学出版社，1999年，第238页。
③ 张仲礼：《中国绅士——关于其在19世纪中国社会中作用的研究》，李荣昌译，上海：上海社会科学出版社，1999年，第23、39、48页。

但乡民仍把具有较高社会地位、在乡里起主导作用的精英视为"乡绅",如罗兹曼所总结的:"到了30年代,'乡绅'已经成了表示社会和财产地位较高的那些家庭的一个模糊概念。"[1]20世纪二三十年代,《晋西北名人传略》资料也清晰地显示出,士绅名流的共同特征是在其生活的社区内拥有较高的社会地位及社区声望,具有较强的社区凝聚力与感召力。然而,值得注意的是,与传统不同,这一时期绅士的社区权威地位的获得方式发生了较大的变动,我们可以通过下表来洞悉这一变化趋向。

表2-3 20世纪二三十年代晋西北士绅声望获得方式[2]

姓名	声望来源	姓名	声望来源
临县乔先生	其父在兔坂主村当村长,与区长关系好,在全区地位高	临县乔先生	民国二十五年(1936)当村长后,地位提高到全村为之崇拜而畏惧的程度
文水赵先生	村长、小商人	五寨温先生	村副,当地人称山大王,没人敢惹
临南王先生	名中医,连任本村两任村长	宁武丁先生	村长两年
交城武先生	富商有钱,操纵区公所,当选省议员	宁武丁先生	省议员,在太原政界与本地有威信
临县郭先生	连任两年村长,有业绩	五寨李先生	财政局副局长

---

[1] 〔美〕吉尔伯特·罗兹曼主编:《中国的现代化》,国家社会科学基金"比较现代化"课题组译,南京:江苏人民出版社,1995年,第385页。
[2] 《晋西北名人传略》,1941年,档号:A22-1-4-2,山西省档案馆藏。

续表

临南范先生	省议员,太谷第三典狱长,募捐修路	五寨蔚先生	村长训练班后当村长一年
宁武丁先生	正人君子,资助乡人,尊称壁法先生	岢岚段先生	行医卖药,包税
文水郭先生	文水财政局局长,三高校长,掌握村政	神池王先生	公正、清高、有学问
兴县孙先生	曾任平遥区长,一生为人正直	宁武陈先生	村长、区长、公道团长
文水杜先生	因禁烟有功任水利局局长,商会会长	五寨武先生	为人正直,不仗势欺人

根据上表所列,我们不能否认的是,由于历史的惯性,民国以来部分绅士的社会声望与传统社会的声望获得方式具有重叠与相似性,诸如行医、写状子、有学问、正直清高等,仍是绅士建立社区声望的重要途径;然而,上述因素在士绅声望获得的诸因素中已不占据主导地位,多数绅士社会地位的提升与具有半官方性质的"权力资本"有更为直接的关系,如:"临县士绅乔之旺,民国25年前未任村长时,在村里没有什么社会地位,乡民对之也不甚尊重,但自任村长后,地位提高到全区人非常崇拜而又畏惧的程度;而临县一区士绅郭树棠也是由于在出任村长后,带领村民在全县保卫团的会操中得了两次'优胜旗',村民对其信仰一时无上提高;文水士绅郭缙绅在其任文水财政局长和三高校长时,村民对其颇尊重,但当他避居家中后,威信渐失。"[①]

[①]《晋西北名人传略》,1941年,档号:A22-1-4-2,山西省档案馆藏。

即使是通过行医、写状子等传统方式获得声望的士绅，其社区地位与"权力资本"也不无关系，如资料所载：临县士绅郭效业在曲峪、兔坂市镇经济上很有实力，且文化程度高，社会活动能力强，但本人最得意的是当过村长，老百姓信仰他；士绅郭俊选不仅会写状子，还当过县政府科长，因而在晋西一代很有名气。①

对此现象，当时的学者已有洞察："实行'村政'以前，封建势力的实际基础大半是建立在祖先或者是自己的'门第'（也叫'功名'和'名望'）的上面，现在已将其基础转到'村长'这个官衔上了。"②

"权力资本"主要由上级政府赋予，如果成为乡镇、区、村等自治机构的公职人员，就意味着获取了"权力资本"。"村长副"职务也离不开上级政府的"认定"，其选举大都流于形式，如下史料所载："每逢正二月，区助理员办理村选。头天晚上到了村，就通知明天开会选举。第二天下午，主村来了几个人，多半是家长，附村各来几个人，多是闾长和邻长。于是开会了，助理员讲几句话，就投票，马上就宣布结果，散会。这样一年一度的选举，有个把个星期就做完。其实不用选都知道，当选的都是那些有钱有势的乡绅。"③"县长则有权撤换任何不能使他满意的村公

---

① 《晋西北名人传略》，1941年，档号：A22-1-4-2，山西省档案馆藏。
② 悲笛：《动乱前夕的山西政治和农村》，《中国农村》1936年第2卷第2期，第6页。
③ 《和当时的一个区公所的助理员、三个村长、一个自卫队长的谈话记录》，档号：A-22-1-4-1，山西省档案馆藏。

所办事人员。"① 由此可知,"权力资本"的得失与上级政府有直接关联,地方绅士与国家正式官僚系统互不统属、彼此合作的关系正在悄悄发生变化,两者在身份上发生了交相融合,游离于国家正式权力机构之外的士绅开始迈向"权绅"的范畴。

其三,社会公共职责由士绅私人领域变为山西省政府正式的管辖范畴,也导致了士绅向"权绅"的转变。

士绅所主动承担的公共职责是传统社会士绅声望获得的另一重要因素,"传统中国地方权威的合法性并不来自于官府授予,也不能自动地从对私有财富的控制中得到,更无法仅凭学位的荣光获得,地方权威是绅士涉足'地方公务'的结果"②。绅士对"地方公务"的涉足,实际上就是他们对地方社会所承担的社会职责,张仲礼对19世纪中国士绅的研究表明,这些公共职责主要体现在:"公益活动,排解纠纷,兴修公共工程,组织团练,征税,维护寺院、学校和贡院等。"③ 士绅的"乡里之望"主要是从上述公共活动中产生。因此,传统社会士绅所主动承担的社会公共职责也是士绅声望获得的不可或缺的重要因素。

阎锡山在"村制"实施的进程中先后推出了"用民政治"和"村本政治",其内容囊括了对乡村经济、治安、教育,以及其他一系列社会公共事务改良措施,这些项目在传统乡村社会多数是

---

① 〔美〕唐纳德·G.季林著:《阎锡山研究——一个美国人笔下的阎锡山》,牛长岁等译,哈尔滨:黑龙江教育出版社,1990年,第40、44页。
② 张静:《基层政权——乡村制度诸问题》,杭州:浙江人民出版,2000年,第20、24页。
③ 张仲礼:《中国绅士——关于其在19世纪中国社会中作用的研究》,李荣昌译,上海:上海社会科学出版社,1999年,第23、39、48页。

由士绅承担并主动建构的，肩负社区公共职责，在乡村公共利益层面发挥能动作用，正是传统绅士树立社区威望的主要方式。阎氏"用民政治"和"村本政治"的推行所带来的行政治理方面的一个重要变化，就是促使社会公共职责由士绅的私人管辖领域进入政府所控制的公共领域，即原属士绅治理范围内的诸如乡村治安、教育、经济建设等事宜成为基层各级自治机构以及新成立的各类专门职业机构的治理内容，这也是基层政治向现代政治转型的必经之路。对于乡村士绅而言，这一变化意味着获得社区声望的重要渠道发生了位移，而谋求社会地位与声望的士绅仍希冀在社会公共领域层面发挥作用，于是进入官制系统成为乡村精英向社会更高层迈进的重要阶梯。士绅向官制系统流动的结果从表面上看，并没有使得乡村公共社会层面发挥作用的精英构成发生质的变动，因为进入官制系统担任乡村自治公务人员本身就是一种在乡村公共层面的社会实践；重要的是士绅的官僚化，使其在公共领域内的行为模式较以往有显著的不同，他们的行为更大程度上代表着政府的意向，而非简单的个人行为，这不亚于重塑一个精英阶层。如史料所载："杜凝瑞是前清秀才，首次实行禁烟、毁坏鸦片烟苗时，他先出来响应，毁坏开栅的烟苗，当地民众抗争，杜即依政府的力量调兵镇压。由于禁烟有功，杜即被政府委为文水县惠文水利局局长。由于对水利的支配，他的地位就更加提高起来，此后势力日涨，又被当时的绅商推为文水地方财政局局长，商务会长等职，为县里第一位大绅士。"[①] 杜凝瑞正是适应

---

① 《晋西北名人传略》，1941年，档号：A22-1-4-2，山西省档案馆藏。

基层政治的变化，在纳入政府管理范围的社会公共领域中崭露头角，为其成为县里第一位大绅士迈出关键一步。

从以上分析看到，导致20世纪二三十年代山西省士绅向"权绅"转变的动因，从客观方面来看是阎锡山政府向基层扩展其行政势力的需要，主观方面则是士绅谋求社会声望与地位的结果，二者形成的合力共同促成了士绅向"权绅"的转变。随着士绅精英身份的转换，"权绅"在基层政治的角色呈现出不同于以往的、超出了阎锡山预设范畴的特质，从而最终形成了独立于国家与社会之外的"权力精英"。

三、"权绅"在基层政治中的角色特征

按阎政府的构想，理想型的基层自治机构公职人员应具有双重角色，即首先要面向赋予其"权力资本"的上级政府，充任政府在基层社会的代理；其次是作为乡村自治领袖，领导民众进行乡村自治建设，集政府代理与乡村利益的代言人于一体，将上级政府与乡村社会进行有机的融合。然而在实际的基层政治运作中，"权绅"的所作所为远远偏离了政府预设的轨道：在民众的心目中，他们成为政府向乡村索取的代理，远非自治建设的领袖；在阎政府看来，他们经常将政府的政令打折扣，有时还损毁着政府在民众中的形象，与真正的国家代理相距甚远。以下我们具体分析这一角色特征。

（一）与社区利益剥离

阎锡山意欲通过"新政"实现山西省的现代化，以维持军阀统治。为此，向乡村汲取统治资源成为事实上施政的重点内容。于是，阎氏在"新政"进行的过程中不可避免地注重了对基层社会的物质动员，而相对忽视了地方自治的建设与发展。如有学者述评道："阎锡山在建设军队方面的成功，多归因于他卓有成效地由村办摊款向地方社区征税，这显然是他'村制'的预期效果，不管如何用改良主义的纲领加以粉饰。"[①]这一倾向贯穿到基层行政任务中，则突出了征兵、税收、摊款等事宜，如办理村政的公职人员所述："当时工作的主要内容是'要'，即要款、要兵、要差。"[②]这些"公事"毫无例外地由"权绅"执行，于是在乡民的眼中，"权绅"成为政府向他们索取的代理，而非昔日服务于乡里、视社区利益为己任的士绅。如史料所述："村长的任务和县长一样，其它的'公事'固然也很重要，不过首要任务是'派款'和'治安'这两件事。当上峰起款的时候，只要你能够很快的将款派起，而且很快的送缴上去，那你一定就会成为一个好村长的。"[③]"再就'家家有余'来讲，现在村长好像单纯的为要钱而设，省里向他们要钱，县里向他们要钱，区里向他人要钱，村长终日忙于收钱缴款，村民是忧于筹钱，一说钱就害头痛，在近

---

① 〔美〕费正清、〔美〕费维恺主编：《剑桥中华民国史》下，杨品泉等译，北京：中国社会科学出版社，1998年，第390页。
② 《和当时的一个区公所的助理员、三个村长、一个自卫队长的谈话记录》，档号：A-22-1-4-1，山西省档案馆藏。
③ 悲笛：《动乱前夕的山西政治和农村》，《中国农村》1936年第2卷第2期，第6页。

二三年来尤其显然露骨，在这样的情形下，怎能说'家家有余'呢？又何能热心合作自治呢？"①

可见，进入阎锡山行政网络的"权绅"需为阎氏提供大量的服务，完成上级政府的各种任务，而上级的任务多是繁杂的物质汲取与社会动员。于是，"权绅"扮演了不受民众欢迎的角色，在民众的心目中，他们与政府一道站在了民众的对立面，与基层社会逐渐剥离："少数占有一定财富、并受过一定教育而又对周围那些穷人漠不关心贪得无厌的士绅，成为阎锡山统治下社会的突出特征。"②"身为绅士，不思为地方除害，俾乡村人民受其福利，乃竟藉势为恶，婿官殃民，欺贫谄富，则不得为公正绅士矣。民国以来凡为绅士者，非劣衿败商，即痞棍恶徒以充，若辈毫无地方观念，亦无国计民生之思想，故婿官殃民之事到处皆然。"③

由此，"一乡之望"的士绅已不再以乡村领袖的形象出现在基层的权力舞台，他们与社区利益一体的纽带弱化。

（二）与上级政府"对抗"

阎锡山推行积极的扩张主义"新政"，吸纳士绅进入体制内权力系统。在其施政的最初阶段，士绅们凭借一乡之望，作为政府的代理试图沟通上下，打通长期以来的官民隔阂，一扫基层权

---

① 祝君达：《山西村政的检讨》，《新农村》1934年第9期。
② 〔美〕唐纳德·G.季林著：《阎锡山研究——一个美国人笔下的阎锡山》，牛长岁等译，哈尔滨：黑龙江教育出版社，1990年，第40、44页。
③ 刘大鹏遗著：《退想斋日记》，乔志强标注，太原：山西人民出版社，1990年，第322页。

力的涣散，为阎锡山"新政"与各项改良事业的推行发挥了不可或缺的作用。然而，士绅名流并非全然按照阎锡山政府的意图行事，更不是任由政府摆布的听话的"棋子"，当他们不满意上级政府或其利益受损时，常常表现出与阎氏政府对抗的态度。

乡民对"新政"和改良事业常常表现冷漠，有时与阎政府发生抵牾与冲突。这种情形出现时，士绅名流并未始终站在"官府"一边，替政府解读政令、化解官民矛盾，相反，他们常常凭借社区号召力集结民众与官府对抗。临县士绅任培厚带领地方民众"打官盐"的事件，是士绅与官府抗衡的典型实例，以下是当事人的口述回忆：

> 省议员任培厚，离石西合村人，他在民国二十三年春季，出于正义，策划，指挥其弟任培元、任培辰及其子任绪，发动农民、学生三十余名打了离石官盐店，轰动了离石城乡，惊动了省城官府。至此，离石官盐店关闭，群众吃盐再不受官盐的高利盘剥。
>
> 阎政权每县只许一家盐店垄断经营，不准他人经销。为了维护独家经营的特权，县专盐总局还设有缉私人员，在全县范围内巡回检查。……官府对私盐查得愈紧，处罚得愈利害，城乡居民吃盐愈加艰难。官盐店抬高盐价，掺土面发质，缺斤少两，士绅任培厚予以警告，没有效果。1934年春，任培厚策动百姓向盐店进行斗争，召集各村及高小青年学生三十余人，手持木棒、铁铣、镢头、长矛，打跑了官盐商。后县府出动军队将任培厚等逮捕押入县府牢房。任培厚

通过省城的人际关系融通，一千人在宪兵队关押了三个多月，被人保释回家。①

当士绅们对阎锡山施政政策不认同时，有时还会成为政府施政的阻力，对此，阎锡山深以为然："旧绅界方面，大率多认现在所行之政为多事，以为从前不办，人民未见感何等困苦，何必多此一举……绅界对于政治上之阻力，比较政界为大，比较人民更大，是亟应设法消除也。"②一个保守的士绅厌恶政府的政策，即使他什么也不做，他的消极示范也足以使政令驻足不前："观吾之政治，与绅士最有关系。观绅士如何，该村之政事即如何。详言之，绅士好，则一村之政事均好；绅士坏，则一村之政事俱坏。"③

有的士绅竟然"以梗令为荣，以守法为耻"："今日各县之士绅，多以梗令为荣，以守法为耻，以受官之命令为丢人。"④季林总结道："士绅在乡村中的力量和威势是那样的巨大，以致他们的阻挠足以使阎的任何政策不起作用。人民对修建灌溉水渠，征用土地的普遍反抗，仅在政府获得地方士绅的支持后才予停止。"⑤

---

① 张学明：《任培厚和离石官盐店》，中国人民政治协商会议山西省离石县委员会文史资料工作委员会编：《离石文史资料》第2辑，1991年，第139—142页。
② 阎锡山：《为各官吏第二十三次之讲演词》，1919年12月6日，《阎督军讲话辑要》卷三，北京日报馆承印，出版年代不详，山西大学图书馆藏。
③ 《阎伯川先生言论类编》卷三下，1939年刊行，第67页。
④ 阎锡山：《为各官吏第五次讲演词》，1918年5月3日，《阎督军讲话辑要》卷一，北京日报馆承印，出版年代不详，第41页，山西大学图书馆藏。
⑤ 〔美〕唐纳德·G.季林著：《阎锡山研究——一个美国人笔下的阎锡山》，牛长岁等译，哈尔滨：黑龙江教育出版社，1990年，第44页。

有时，县里的官员与士绅发生了冲突与矛盾，官员们甚至还尝到过失败的苦头，于是，对于他们官员们不得不忍让三分。据史料所载，1936年，临县刘乐塌发生一桩人命案，当时县政府错断了官司。临县士绅郭俊选便写了一个状子，一纸诉状到省政府竟将县长孔某告了。最后，这个官司打赢，省政府派人到县里将县长、公安局局长都扣了起来。①

　　以上可见，阎锡山"新政"的一个不同于以往的重要举措就是不再将士绅排斥在合法权力系统之外，而是将其作为主要依靠力量，希冀这一群体凭借乡里天然内生的领袖地位推动其"新政"的进行。在变动的政治秩序中，地方士绅们纷纷跨入"体制内权力系统"中，演绎为"权绅"。然而，让阎锡山始料不及的是，在地方社会拥有影响力、号召力的士绅名流，当获得了新的体制内合法权力，势力极度膨胀，对地方社会的控制力也大为加强；同时，"权力资本"成为士绅名流重要的声望来源，他们遂逐渐蜕变成独立于官方与民众之外，只顾及自身利益的"权力精英"。

（三）演绎为独立于官方与民众之外的"权力精英"

　　"权绅"的服务方向转向上级政府，与地方社会利益的关联逐渐弱化，但这并不意味着他们与官方政府有机地融合，成为上级政府在基层社会不折不扣、完全意义的代理，实际情形是，在

---

① 《晋西北名人传略》，1941年，档号：A22-1-4-2，山西省档案馆藏。

基层政治中士绅名流与官方政府之间展开"博弈"对峙，显现出巨大的伸缩性与主动性，如文水士绅杜凝瑞，"每当新县长上任，必先拜望杜先生。1925 年，国民党势力膨胀，谋倒他的台，1928年，国民党文水县党部率警察抓了杜家的赌场，而他隔十余日，即鼓动开栅附近村庄的流氓，并协同部分民众捣毁国民党县党部……最终国民党部与杜妥协"①。

有时，对于上级政府的命令"权绅"不得不执行，但他们往往将不利于本阶层利益的政令加以过滤筛选，选择性执行，甚至阻挠："凡是新上任的官吏，首先一定得将当权的士绅接洽好，不然他们就非想法叫他滚蛋不可。甚至就是由省府来的公令——尤其是有关派款的政令，在施行之先，也是非首先征询他们的意见不可。有时他们故意设法阻挠，当争执再三，始肯有条件接受，其条件当然就是给他们以相当的油水了。"②"他们通常捣乱的方法是非常巧妙的，自己绝不出头，只要暗中合意他们的干部——村长和土棍。假借人民名义在四乡大闹起来就行了。最后县长还是非请人出来调解不可，只要能使他们的条件满足，人民的死活他们是一点也不管的。"③

对于乡民，"权绅"则经常利用各种机会作为敲诈掠夺民众的借口。据刘大鹏在日记中所载，阎锡山兵败逃走，驻晋军队用饷甚多，支应兵差按户起派，"权绅"从中渔利："自冬及夏，层

---

① 《晋西北名人传略》，1941 年，档号：A22-1-4-2，山西省档案馆藏。
② 悲笛:《动乱前夕的山西政治和农村》,《中国农村》1936 年第 2 卷第 2 期, 第 6 页。
③ 同上。

出不穷，贪官污吏，劣绅村长，藉此侵渔，民不聊生。"①阎锡山在多次讲话中，予以抨击："大抵坏绅士的心理，乐于地方上有摊派，遇军队过境时，甚至暗中嗾使军队向地方上需索，以便彼辈乘火打劫。所以地方上供应军队之款，远不及彼辈中饱者多。"②

更有甚者，"权绅"在执行阎锡山政府的政令时，不仅从中渔利，还将民众的不满转嫁到阎氏政府身上，极大破坏了其在民众中的形象，"政府方面为了行政上的便利，尽量利用着他们的这种'权能'，于是他们便落得两头讨好，从中取利，他们对了官厅说人民反抗，对了人民又说官厅非如此不可；他们对了官厅痛斥愚民可杀，对了人民又说官厅万恶。"③

"权绅"利用阎氏政府所授予的权力建立了自己的权威，同时又利用民众的力量抵御上级政府的渗透，从而达到其控制地方社会，维护其权力精英地位的目的，阎锡山痛斥道："此等劣绅，大都握着县长、人民两方面，县长对他一不如意，则写匿名信，以恐吓之，县长敷衍他一分，人民害怕他一分，县长更得多敷衍他一分。"④

士绅名流逐渐演化为独立于国家与民众之外的"权力精英"，他们几乎毫无例外地分成不同派系，尔虞我诈，权力争斗，所谓

---

① 刘大鹏遗著：《退想斋日记》，乔志强标注，太原：山西人民出版社，1990年，第530页。
② 《教育警士能向万能政治警察的路子上走》，1933年12月4日，《阎伯川先生言论类编》卷三中，1939年刊行，第225页。
③ 悲笳：《动乱前夕的山西政治和农村》，《中国农村》1936年第2卷第2期，第61页。
④ 《教育警士能向万能政治警察的路子上走》，1933年12月4日，《阎伯川先生言论类编》卷三中，1939年刊行，第225页。

"无绅不派，无派不斗"，这种斗争没有任何政治进步性可言，唯将政府的政令与民众利益抛之脑后。此现象，成为阎锡山治下基层政治常态，"有时两派分赃不均的绅士，而尖锐冲突起来，斗争也很激烈，形成'在朝''在野'的两派绅士。其假借人民名义而成立的斗争团体，有的叫'清劣社'，有的叫'除暴团'，名目怪异，多如牛毛。实际上他们的原形都只是在野派的劣绅在兴妖作怪而已。关于这些闹翻天的事情，老百姓一点也不晓得，有时甚至连一部分草包村长也还莫名其妙呢"[1]。阎锡山痛斥道："说道绅界，有两种情形，第一是城乡意见，此等情形几乎无县无之。城县乡分两党，互相排挤倾轧，无所不至。大率城党得地位，则把持一切，竭力排挤乡人。及乡党得志，亦如之，其尤甚者，甚至因各逞意见之故，将学校搅散，延搁不办。此等情形，为政治上之阻力者，直有十分之七。"[2]

20世纪二三十年代的山西省乡村社会，"权力资本"成为士绅阶层获取社区声望的主要来源，地方名流由士绅转向"权绅"，其变化的动因来自山西的"新政"。一方面，阎氏有意借助士绅的力量达到行政扩展的目的，以为其军阀统治汲取资源；另一方面，谋求社会地位与声望的士绅也欲借助"权力资本"继续维持社区地位。此两种合力，共同促成了士绅向"权绅"的转化。

---

[1] 悲笛：《动乱前夕的山西政治和农村》，《中国农村》1936年第2卷第2期，第61页。
[2] 阎锡山：《为各官吏第二十三次之讲演词》，1919年12月6日，《阎督军讲话辑要》卷三，北京日报馆承印，出版年代不详，山西大学图书馆藏。

"权绅"在基层政治中,由于服务方向开始转向赋予其"权力资本"的上级政府,与地方社会的联系纽带弱化;然而,对阎氏政府来说,他们也未成为其在地方社会的合格代理,而是表现出巨大的伸缩性,将不利于本阶层利益的"上级任务"过滤加工,上下其手,日益损耗着阎锡山政府在基层的合法性。"权绅"实质上蜕变为只代表本阶层利益的、独立于国家与社会之外的"权力精英"。

第三章
20世纪前期中国乡村权力主角的变动

第一节 20世纪前期中国基层
政权代理人的"差役化"回归

20世纪前期的华北乡村结构演变长期以来备受国内外学者关注。具体到村庄权力结构研究，虽重心有所不同，但多数学者注意到，清末与民国初期，地方自治推行以来，村庄士绅领袖、精英成为村一级自治机构"公职人员"，负责办理村庄与自治有关的一切事务。① 然而，士绅精英、村庄领袖的"参政"在20世纪前期并未得到延续，从二三十年代开始，乡村领袖、精英开始退出公职。② 对于此现象的代表性解释主要集中于具有欧美学术

---

① 对此现象，以下著作均有提及：〔美〕Sidney D. Gamble, *North China Villages: Social, Political and Economic Activities before 1933*, Berkeley and Los Angeles: University of California Press, 1963；〔日〕旗田巍：《中国村落与共同体理论》，东京：岩波书店，1973年；〔日〕福武直：《中国农村社会的构造》，东京：有斐阁，昭和二十六年（1951）；〔日〕和田清：《支那地方自治发达史》，东京：有斐阁，昭和十四年（1939）；〔美〕杜赞奇著：《文化、权力与国家：1900—1942年的华北农村》，王福明译，南京：江苏人民出版社，1994年；〔美〕黄宗智：《华北的小农经济与社会变迁》，北京：中华书局，2000年；〔美〕李怀印著：《华北村治——晚清和民国时期的国家与乡村》，岁有生、王士皓译，北京：中华书局，2008年。
② 究其原因，由于研究旨趣不同，本领域的一些学者，尤其是日本社会学者并未予以深度关注。清水盛光、平野义太郎、戒能通孝、旗田巍和福武直等日本社会学者争论的焦点是中国是否具有村落共同体性质。

背景的论者。① 在其相关论述中，学者们见仁见智，解释路径不尽相同，值得注意的是，他们都不约而同地立足于清末与民国这一特定历史时期中国由传统社会向现代社会的"转型"与"变迁"的视角，尤其是乡村秩序与权力重构中的历史剧变，强调了社会变迁背景下"变"与"发展"的结果，而"变"中"不变"的历史情节，即历史的延续性与回归问题则未引起学者重视，更没有学者从历史传统的复归视角予以解读。诚然，20世纪前期的华北乡村处于社会剧变的洪流中，乡村权力舞台上演绎了一系列从未有过的现代剧情，然而，如果只将目光停留于此一特定历史时段，往往会将诸如"乡绅退职"、"无赖土豪担任村公职"、"普通乡民躲避公职"、乡民因担任公职而"自杀"等现象归为社会

---

① 费孝通指出，现代化的政权建设加强了中央集权的职能，保甲组织成了中央法令的执行机关，未能成为一个自治单位，保甲人员差不多成了流氓地痞的渊薮。（费孝通：《乡土重建》，上海：上海观察社，1948年。）杜赞奇认为：20世纪的国家政权现代化运动迫使乡村领袖与传统文化网络逐渐脱离关系，而越来越依赖于正规的行政机构。但是，国家政权的深入所产生的正式和非正式压力是如此繁重，除个别为捞取油水而追逐权力外，大部分乡村精英都竭力逃避担任乡村公职。国家政策和国家政权内卷化使"正直之人"退位，土豪地痞充斥于村政权。黄宗智认为，20世纪农村经济的加速商品化，以及小农的半无产化，对村庄的结构有深远影响。以自耕农为主而生活又比较稳定的村庄，在对付外来威胁时表现得比较紧密内聚，使得投机分子无法僭取村政权；反之，大部分小农都已经无产化的村庄，在面临外来威胁时比较容易崩溃，也易于被不轨之徒僭取村政权。李怀印认为，在不同的生态和社会背景下，国家政权建设的后果各异。生态与社会环境稳定的核心地区，国家政权稳固，农村社群依然具有凝聚力，农业社会在传统治理向现代转型的过程中所带来的破坏性冲击性最小化，权力滥用的现象尚未占据上风；"保护型"村社精英辞职，地痞无赖趁机上台，这种现象主要存在于生态不稳定、土地贫瘠、村社涣散的"边缘"地带。在这些地区，国家渗透压力的日益增长，特别是新增捐税，削弱了传统的保护型领导，导致了村棍、恶霸的暴政以及农村社群的瓦解。（见杜赞奇、黄宗智、李怀印前揭书。）

转型与变迁的结果,将其看作是仅发生于 20 世纪前期独特的历史内容;若回观历史,将其置于清代以来的历史长时段时间内考察,则可看到,清末"新政"以来,包括士绅领袖、精英、土豪无赖、普通乡民等不同类别的社群与乡村自治公职人员之间的纠纷离合,与传统的权力秩序惊人相似。为此,笔者不揣浅薄,欲大胆尝试,借助长时段的历史研究方法,试图把 20 世纪前期地方自治公职人员与清末"新政"之前的清代保甲长、里甲长、乡约等乡村控制组织权力主角做比较,以此探寻传统历史的延续与回归问题,以求沿着中国乡村自有的发展轨迹构建"本土化"理论解释框架。

一、"乡人治乡"到"官之差役":清末"新政"之前保甲、里甲、乡约制度的演化

清初,国家正式官僚系统只达到县一级,对于地域广袤与人口众多的乡村社会,统治者主要通过保甲、里甲、官方倡导乡约等制度实现控制。"保甲为弭盗安民之良规。"[①] 里甲是"防丁口之脱漏,保赋役之平均"[②]。"乡约宣讲制度是清统治者在诸多控制乡村大众思想意识手段中最令人关注的一种方式。"[③] 清统治者将保甲制度设计为维护地方社会治安、稽查、防盗的控制网络,里甲

---

① 乾隆官修:《清朝文献通考》卷21《职役一》,杭州:浙江古籍出版社影印,1988年,考五〇四三。
② 同上注,考五〇四五。
③ Kung-Chuan Hsiao, *Rural China:Imperial Control in the Nineteenth Century*, Seattle: University of Washington Press, 1960, p.185.

制度主要行使登记户口的功能以作为缴纳赋税的依据，而乡约制度则对民众实施教化，在意识形态控制领域中起作用，因此，不同的制度，其职各有侧重，分工明确，相互配合，"保甲与乡约，相为表里者也……乡约废则礼让少，而以势相使，以力相争，保甲废而结报无人，而刁唆告讦之徒皆得以乘其隙"①。

清统治者对于社会控制体系的功能设计蕴含着"乡人治乡"的地方自治理念，"夫诘奸不出于其家，防护不出于其村，御侮不出于其里，是一家一村一里之民，各自为卫也"②。在"乡人治乡"自治理念下，乡村控制组织人员身份及责任主要有如下特征：

其一，既为"乡人治乡"，乡人独立自主地管理本乡事务。乡村控制组织人员不受官府胥吏督责差遣，"保甲之意，所以使民相保相受，自顾其家，自保乡里，并非官为督责"③。"至于传集征召，不用公差，查报拘催，不烦牌票，而悉听保甲之自为。"④

其二，不同的控制组织各司其职，不互相混同，更不兼理诸多官差杂务。"所谓保长者，邑分四乡，乡立一长，谓之保长。不曰乡而曰保者，以乡别有长，所以管摄钱谷诸事，而保长专司盗逃奸宄，不与乎其它者也。旧例即以乡长而兼保事，其责任不

---

① 任启运：《与胡邑侯书》，[清] 贺长龄辑：《皇朝经世文编》卷23《吏政九·守令下》，沈云龙主编：《近代中国史料丛刊》第74辑，台北：文海出版社，1972年，第867、868页。
② 黄六鸿：《福惠全书》卷21《保甲部》，清光绪十九年文昌会馆刻本，第2—3页。
③ 张惠言：《论保甲事例书》，[清] 贺长龄辑：《皇朝经世文编》卷74《兵政五·保甲上》，沈云龙主编：《近代中国史料丛刊》第74辑，台北：文海出版社，1972年，第2649页。
④ 黄六鸿：《福惠全书》卷21《保甲部》，清光绪十九年文昌会馆刻本，第3页。

专而才非所用。盖乡长取乎年高有德,而素行服人者充之;保长取乎年力精健,才猷迈众者充之,故所用不同,而责任亦异,未可兼理也。"①

可见,清初乡村社会控制组织人员虽为没有官职没有秩禄的职役,却有着体现地方自治的独立品格,故与受官役使、"在官人役"的"官之差役"有本质区别。

正缘于此,清统治者对于乡村控制组织人员的资格是有一定限制的。一方面,统治者将绅士排除在外,"至充保长甲长并轮值支更看栅等役,绅衿免派"②。另一方面,对其也有较高要求:"保甲长、牌头,向例由各地域范围内之居民,公举德望才识兼备,及家道富有者,呈地方官任命之。"③同时,还要求给予乡村控制组织人员充分的尊重,"待以破格优异之殊礼"④。

清代历史发展轨迹中,统治者对乡村控制组织整体设计构想与现实状况存在一定差距。从空间而言,"天高皇帝远",中国乡村地域辽阔、复杂多样,皇权对于地方官员出现的疏漏、懈怠行为事实上难以有效监控。从时间而言,乡村控制组织功能因时而异,日久生玩,法久必怠:"理户口之法,莫善于保甲,然法久必怠,怠久必弊,弊者不变,则怠者不振,使狃于成法而安之,托

---

① 黄六鸿:《福惠全书》卷21《保甲部》,清光绪十九年文昌会馆刻本,第4页。
② [清]徐栋辑:《保甲书》卷1《定例·刑部条例》,一凡藏书馆文献编委会编:《古代乡约及乡治法律文献十种》,哈尔滨:黑龙江人民出版社,2005年,第38页。
③ 闻钧天:《中国保甲制度》,上海:商务印书馆,1935年,第291页。
④ 黄六鸿:《保甲三论》,[清]贺长龄辑:《皇朝经世文编》卷74《兵政五·保甲上》,沈云龙主编:《近代中国史料丛刊》第74辑,台北:文海出版社,1972年,第2644页。

于空言而振之。"① 整个清代，乡村控制组织呈现一种发展态势，即从富涵"乡人治乡"理念、具有"地方自治"性质兼具乡村控制与社会功能的组织形态，朝着完全受官督责役使的"官之差役"组织演绎。清中后期，各种社会矛盾长期淤积而爆发，内忧外患接踵相袭，乡村控制组织的原有功能更是极度扭曲，其人员"官之差役"倾向尤其突出。

与清统治者理想中的"独立管理"本乡事务、职责专而不同的"职役"有所不同，"官之差役"凸现出以下三个特征：其一，执役人员因受官府胥吏的任意役使，独立治理乡里的功能难以发挥，且处境恶劣，动辄因无法完成官差而受责罚，被时人称为"在官人役"；其二，所理官差烦杂不专，事无巨细，一概负责，执役人员奔波劳苦，实为"苦役"，在正常执行公职时不仅没有任何报酬，还往往遭受财产损失；其三，多数乡民不愿充任，甚至视其为"低贱"，愿为者往往系乡间无赖不轨之徒。以下我们分时段来阐述此现象。

（一）清代前期，乡约、保甲长的"官之差役"身份初露端倪

康熙年间，官员彭鹏在任官实践中总结出保甲七处累滋之弊，揭示出保甲人员的"官之差役"倾向："旧例朔望乡保赴县点卯守候，一累也；刑房按月两次取结索钱，二累也；四季委员下乡查点，供应胥役，三累也；领牌给牌，纸张悉取诸民，四累也；

---

① 胡泽潢：《敬陈保甲二要疏》，[清]贺长龄辑：《皇朝经世文编》卷74《兵政五·保甲上》，沈云龙主编：《近代中国史料丛刊》第74辑，台北：文海出版社，1972年，第2662页。

遣役夜巡，遇梆锣不响，即以误更恐喝，馈钱乃免，五累也；又保甲长托情更换，倏张倏李，六累也；甚而无名杂派差役问诸庄长，庄长问诸甲长，甲长问诸人户，藉为收头，七累也。"①

负责乡里教化、位高人尊的乡约亦时常受到衙吏驱使，"乡约殆非所谓约也，里长殆非所谓长也。其小者理户口、治驿馆，大者剽掠杀人必以告，一切奔走奴隶之而已。一不当则群卒叫号于其家，而怒詈辱之于廷矣"②。

关于乡村控制组织人员的选任，清统治者虽将村庄最有地位的阶层——青衿绅士排斥在外，并将之纳入保甲人员监控之下，但仍希望乡里德望才识兼备的庶民富户能够充当。然而，乡村控制组织人员一旦沦为官之贱役时，除少数乡间奸猾不轨之徒愿充任外，多数乡民对之予以鄙视，并视之为畏途，此种现象在清代前期业已出现："年高有德，鄙为奴隶；殷实富家，视为畏途，或情或贿，百计营脱，而寡廉丧耻之穷棍，兜揽充役，串通衙捕，鱼肉烟民，以编甲漏造为生意，以投呈证佐为活计，惟恐地方之不生事也，居民之不兴讼也，差役之不来照顾也，府官之不呼唤也，事势至此，尚可言乎！"③

---

① 彭鹏:《保甲示》,[清]贺长龄辑:《皇朝经世文编》卷74《兵政五·保甲上》,沈云龙主编:《近代中国史料丛刊》第74辑,台北:文海出版社,1972年,第2651页。
② 张望:《乡治》,[清]贺长龄辑:《皇朝经世文编》卷23《吏政九·守令下》,沈云龙主编:《近代中国史料丛刊》第74辑,台北:文海出版社,1972年,第878页。
③ 于成龙:《慎选乡约论》,[清]贺长龄辑:《皇朝经世文编》卷74《兵政五·保甲上》,沈云龙主编:《近代中国史料丛刊》第74辑,台北:文海出版社,1972年,第2656页。

清代前期，社会秩序较为稳定，政治比较清明，历任皇帝都较为重视乡村控制制度建设，保甲、里甲、乡约等制度发挥了一定作用。而对于这段历史进程中所显现的"官之差役"倾向，清统治者尚能不断整饬，使其没有脱离正常运行轨道，"国家定鼎之初，即举而行之，其后屡经申饬，为法甚详且备"①。保甲制度"乾嘉以前，政治清明，收效颇巨"②。

（二）清中后期乡村控制组织人员向"官之差役"转化倾向不可遏止

清代前期，随着康雍时期赋役制度的改革，尤其是康熙五十一年（1712）公布"滋生人丁，永不加赋"、雍正初年完成"摊丁入亩"后，里甲制的赋税功能越来越弱。乾嘉以后，日久承平，人口激增，户口迁移频繁，土地交换频仍，随之出现了严重的"跳里窜甲"现象，里甲编审渐被保甲编户取代。对于保甲组织而言，由于融合了里甲组织征收赋税的功能，职责遂变得杂而不专，"乾嘉以后，保甲、里甲实际已合而为一，保甲的功能也不再局限于'弥盗安良'，而将'一切户婚田土，催粮之事'纳入自己的控制范围"③。

乾嘉之际，各种社会危机浮现，积弊丛生，清统治者应对危机，维持王朝运转的资源诉求加大，地方官为朝廷办差加派纷

---

① 乾隆官修：《清朝文献通考》卷21《职役一》，杭州：浙江古籍出版社影印，1988年，考五〇四三。
② 潘龙光等修，张嘉谋等纂：《（河南）西华县续志》（1938年铅印本），台北：成文出版社，1968年，第274页。
③ 王先明：《中国近代社会文化史论》，北京：人民出版社，2000年，第28页。

繁,应役需人。当时一位官员谈及州县官的繁杂官务,述道:"今之州县,大者数万户、且十万余户矣,岂今人之材皆远过古人耶?刑名任之,钱粮任之,驿站任之,捕逃缉盗任之,征粮、征课、过饷、过犯、私盐、私茶、私垦、私铸无一不当周知也,无一不当躬亲也。命案多者,相验或历旬月,而不能返署;词讼多者,审断或连昼夜,而不敢少休。冲途之州县则劳于迎送,困于供支,附郭之州县则疲于奔走,瘁于应酬,忧贫救过之不暇,而欲其为百姓劝农桑、兴教化也难矣。"① 州县官员疲于应付,不得不仰赖胥吏,而恶吏则向基层保甲人员层层摊派,保甲组织人员被迫"役于官",沦为胥吏"办差"工具。嘉庆年间,巡疆大吏刘衡陈述道:"卑职备员广东,见各属奉行保甲,绝少稽查之实,徒滋科派之烦,……推原其故,良由地方官疲于案牍,不能不假手书差;而一切工料饭食夫马之赀,无不费用,大约书役取给于约保,约保购之甲长,甲长索之牌头,牌头则敛之花户;层层索费,在在需钱。"②

各种社会危机加大了清王朝的资源索取总量,而清统治者内部的官僚组织系统松弛,衙门恶吏腐败程度加深,乡村控制组织人员向"官之差役"的演绎无法通过统治集团内部整饬而得到有效遏止,"至嘉庆以还,内乱外患相继而至,百务废弛,保甲组

---

① 龚景瀚:《请设立乡官乡铎议》,[清]徐栋辑:《保甲书》卷1《广存》,一凡藏书馆文献编委会编:《古代乡约及乡治法律文献十种》第2册,哈尔滨:黑龙江人民出版社,2005年,第268页。
② 刘衡:《州县须知——禀呈编联保甲章程兼行团练由》,《官箴书集成》编纂委员会:《官箴书集成》(六),合肥:黄山书社,1997年,第131页。

织，仅具虚文"①。于是，保甲人员有了"官役""在官人役""贱役"等称谓，嘉庆年间官员张惠言称："甲长乡正之名，近于为官役。"②冯桂芬议道："地保等贱役也，甲长等犹之贱役也。"③

与保甲、里甲组织的演变具有相似轨迹，具有意识形态控制功能，负责乡里教化的乡约组织也变异为替官方办事的准行政组织，乡约长最终沦为"官之差役"，"清代乡约教化衰落的原因是多方面的，但乡约的官役化是最主要的原因。尽管清设立乡约的本意是力图让其'专司教化'，但北方官办乡约的行政组织化，使乡约长普遍陷于事务性工作，而无力过问教化"④。

沦为"官之差役"的乡村控制组织人员处境艰难，多数乡民不愿意充任，道光年间，官员李彦章述道："惟恐认充保甲长之后，或钱粮命盗词讼，责令催拘，或往来供账，差徭派其承应，并计及将来，公庭守候，吏役刁难，蚩蚩之氓，鳃鳃过虑，且公正者耻与下役为伍，谨愿者畏与匪类成仇，以故裹足不前，催充罔应。"⑤

鉴于此，"逃役"现象屡有发生，据清中后期宝坻县的档案数据（第一历史档案馆，顺天府档案数据），里民为逃避出任乡保而

---

① 闻钧天：《中国保甲制度》，上海：商务印书馆，1935年，第223页。
② 张惠言：《论保甲事例书》，[清] 贺长龄辑：《皇朝经世文编》卷74《兵政五·保甲上》，沈云龙主编：《近代中国史料丛刊》第74辑，台北：文海出版社，1972年，第2648页。
③ 冯桂芬：《复乡职议》，谢俊美主编：《校邠庐抗议》，郑州：中州古籍出版社，1998年，第92页。
④ 段自成：《清代北方官办乡约研究》，北京：中国社会科学出版社，2009年，第173页。
⑤ [清] 李彦章：《禀行保甲十家牌简易法》，一凡藏书馆文献编委会编：《古代乡约及乡治法律文献十种》第2册，哈尔滨：黑龙江人民出版社，2005年，第195页。

诈称老弱病残、出门在外，或逃跑的例子并不鲜见。① "轮充"形式十分普遍，"在不少村庄，牌头、甲长由庄民轮流充当，这可能是不得已而采取的办法，因为人们大多躲避充当牌长"②。

有的乡村控制组织人员在执役期间不堪重负，被迫自杀，咸丰年间，"独石厅理事同知双贵，赴乡相验，勒索多赃，致乡约被逼自戕"③。光绪年间，一位商州知州所遇："初下车有相验之案，其家丁责乡约具食，乡约辞。丁曰：'吾主人为民劳苦，忍令枵腹而归乎？'约不得已，敛钱于众。众哗然，曰：'李公相验，从不出一钱，汝殆指官肥己耳。'约既无以应官，复不得白于民，遂赴水死。"④

在此情境中，乡村控制组织人员普遍被视为低贱之人，道光年间的官员张声玠述道："今之保甲长，皆乡里卑贱无行者为之，或周流门户以供役，日逐营营之利，供给官长，敛派乡愚而因以自肥于中，如牙行经纪徒耳。其职污下，相沿已久。如择士之贤者能者为之，必有所不屑。即使隆起礼，重其事，或有应者，而其乡之民必群起笑之曰，是诗礼之士，而何降至辱身，甘就此保

---

① 参见孙海泉：《清代地方基层组织研究》，中国社会科学院博士学位论文，2002年，第54—55页；〔美〕黄宗智主编：《集权的简约治理——中国以准官员和纠纷解决为主的半正式基层行政》，《中国乡村研究》第五辑，福州：福建教育出版社，2007年，第1—3页。
② 王福明：《乡与村的社会结构》，从翰香主编：《近代冀鲁豫乡村》，北京：中国社会科学出版社，1995年，第82页。
③ 《文宗显皇帝实录（五）》卷347，《清实录》第44册，北京：中华书局，1987年，第336页。
④ 樊增祥：《批靖边县王令沛棻禀》，《樊山政书》卷18，沈云龙主编：《近代中国史料丛刊》第65辑，台北：文海出版社，1971年，第1577页。

甲长之选也。于是不屑之心又逼之使起。"①

乡间奸猾之徒、欲从中谋利者是唯一愿意充任保甲人员的群体，道光年间的官员吴文镕述道："地方、乡约、保正诸人，类皆一丁不识贪鄙棍徒，有司任意作践彼等，彼等任意横行乡里。"②咸丰年间的一位官员也说："保正甲长应差当役，乡党自好之士必不肯为，……其乐于承充者，保无倚势横行乡里……"③

乾嘉以后，乡间无品下流的痞棍无赖充斥于乡村控制组织系统，致使"保甲组织，徒具虚文"，清王朝基层控制极度衰弱，统治根基发生动摇。在社会秩序失控的严峻形势下，面对社会控制系统的衰败现实，清统治者不得不寻找新的社会动员手段。一些封疆大吏、有识之士提出了由绅士出面主持保甲事务，以克服"官之差役"弊政的改革主张："甲长乡正之名，近于为官役，不若乡设一局，以绅衿一人总理，士夫数人辅之，谓之董事……董事民间所自举，不为官役，又皆绅士，可以接见官府，胥吏虽欲扰之不可得矣。"④"今之保甲者，其人大率庶民之顾利无耻，不自好者，弊且百出，焉有其效？……统乎保者为乡，乡则就缙绅

---

① 张声玠：《保甲论》，盛康辑：《皇朝经世文续编》卷80《兵政六·保甲》，沈云龙主编：《近代中国史料丛刊》第85辑，台北：文海出版社，1972年，第2136页。

② 吴文镕：《通饬各属力行保甲札》，盛康辑：《皇朝经世文续编》卷80《兵政六·保甲》，沈云龙主编：《近代中国史料丛刊》第85辑，台北：文海出版社，1972年，第2172页。

③ 刘如玉：《禀编查保甲酌拟变通章程》，《勤慎堂自治官书》卷1，沈云龙主编：《近代中国史料丛刊》第77辑，台北：文海出版社，1972年，第15页。

④ 张惠言：《论保甲事例书》，[清]贺长龄辑：《皇朝经世文编》卷74《兵政五·保甲上》，沈云龙主编：《近代中国史料丛刊》第74辑，台北：文海出版社，1972年，第2648页。

聘焉，其遇之隆任之专，较之保长甲长而更倍焉可也。"①

清统治者欲借助绅士的特殊身份、地位与名望克服乡甲人员"官之差役"的弊政，使稽查防盗落到实用，进而重新牢固其统治的根基。由此，赋予一乡之望的"缙绅名士"以体制内的合法乡村治权，成为晚清基层行政演变的一个重要基调。

二、20世纪初期华北乡村基层政权的重构

（一）清末"新政"之前基层政权代理人与村庄内生的领袖精英的关系

清代乡村控制组织人员，即保甲长、里甲长、乡约等，为职役而非乡官，其构成是平民。统治者有赋予乡村控制组织"乡人治乡"的自治功能初衷，然而，在清王朝秩序的长期运行中，保甲长、乡约等基层政权代理人逐渐沦为完全应官应差的"官之差役"。作为受乡人鄙视的"贱役"，此类人员在地方公共建设性领域基本不发挥作用，而承担诸多公共事务的是村庄内生的士绅精英、社区领袖等威望人士。由于士绅精英阶层没有被国家正式授权，故而属于体制外的权力中心，费孝通称其为"自下而上的轨道"。他说："在法律上，政治体制是不承认自下而上的轨道的，皇帝是绝对的。"②

---

① 沈彤：《保甲论》，[清]贺长龄辑：《皇朝经世文编》卷74《兵政五·保甲上》，沈云龙主编：《近代中国史料丛刊》第74辑，台北：文海出版社，1972年，第2639、2640页。
② 费孝通著：《中国绅士》，惠海鸣译，北京：中国社会科学出版社，2006年，第50页。

体制外权力中心——士绅领袖精英与体制内乡村控制组织人员在乡村社会政治实际运行中，事实上形成了乡土社会特有的"上下级"权力关系。在冷水沟，清代时由村庄首事负责日常公务。村民说，村中的首事都是由土地多、有能力、世居的人担任。① 在侯家营，清代时会头居于村民之上，决定各种事情。② 侯家营在村正村副设立之前，会头处理村中的一切公务，会头由村中有土地、有能力的村庄领袖担任。地方充当村庄与县政府的联络员，负责将县里的命令通知给会头，会头们再一起商量讨论，之后由地方执行会头的命令。地方在会头之下，为会头办事。③ 寺北柴村在村正村副设立之前，村中的一切事务由董事决定，地方亦由董事选任，董事的地位要比地方高。地方接受董事的命令，就田赋催促之事负责村里与县的联络。④

杨懋春将传统的体制内外的权力主角区分为两类：官方领导与非官方领导，"村庄官方领导最重要的职责是代表村民与当地政府和县政府打交道。当政府下达命令时，当地政府召集该地区各村的庄长去集镇，向他们布置任务。庄长回到村庄后，首先去见重要的非官方领导，跟他们商量执行命令的办法，拟定出初步计划。……非官方领导呆在幕后，但他们起着非常重要的作用，没有他们的劝告和支持，庄长和他的助手就不能完成任何任

---

① 《惯调》第4卷，第25页。《惯调》所调查的几个主要村庄中，侯家营、寺北柴、吴店村、沙井村属于河北省，后夏寨、冷水沟属于山东省，特此说明，后不赘述。
② 《惯调》第5卷，第8—9页。
③ 同上。
④ 《惯调》第3卷，第41页。

务"①。费孝通也述道:"当中央政府命令县官收税时,后者(绅士)将派代理人去村里执行命令。这些代理人(保甲组织人员)本身是从村里招募来的,他们在自己的小区里不享有特权,实际上,他们只是地方官的差使。从代理人手里,政府的命令传达到不在政府机构中担任官职的地方头面人物那里。然后,在村庄的茶馆里宣布和讨论命令,所有上述的那些人都可以参加。没有投票,但头面人物将按照公共舆论以及自己的适当判断,对命令是否应该执行做出决定。"②

长期以来,体制外权力中心士绅精英、村庄领袖与体制内权力主角乡地、保甲等人员"上下级"的"双层权力结构",成为传统社会基层秩序运转的基本特征,这种状况一直持续至清末"新政"。

(二)20世纪初期华北村庄权力主角的重构——体制外权力中心成为体制内的地方自治领袖

20世纪初,晚清政府在内忧外患下被迫实行"新政",国家政权开始向村庄拓展与延伸。晚清和民国政府进行基层政权建设,都采取了"地方自治"的形式,"降及清季变法,及民国成立以来,曾亦先后颁行地方自治法令"③。大量资料表明,在地方自治实施的最初阶段,自治领袖以乡村士绅精英、村庄领袖为主

---

① 杨懋春著:《一个中国村庄——山东台头》,张雄等译,南京:江苏人民出版社,2001年,第174—175页。
② 费孝通著:《中国绅士》,惠海鸣译,北京:中国社会科学出版社,2006年,第117—118页。
③ 叔雅:《地方自治之理论与实质》,《江西自治月刊》1929年第3期,第7页。

要构成。村庄领袖精英由体制外内生的乡村领袖蜕变为体制内地方自治领袖,主持地方自治事宜,成为20世纪初期华北基层权力结构变动的主要特征,而原有的以保甲组织为核心的乡村控制组织逐渐隐退,"自新政举行后,若者为教育,若者为警,若者为地方自治,其事类非俗吏所能为,乃愈不得不重赖于绅,故曰有能力者事权,从而绅权遂渐益发达"①。

1906年,寺北柴村按县里的命令产生了村正村副。最初的两位村正都是富足而有声望的原村庄董事。②在山东:"村落自治机构的构成人员为首事和地保。小村设首事二三名,大村则多达十余名,其中年长又有名望者被举为村长。"③在晋西北:"民国26年以前村长是义务职,当村长的都是年高望重的乡绅,绝没有青年。"④谢觉哉回忆道:"光绪年间,乡绅主持的'安良会'在清末一变而为'法办'组织,……乡绅或者说村社精英的权力第一次不仅公开化而且制度化了。乡绅从原来扮演的地方社会的仲裁角色转变为执法角色,由主要依赖于道德评判转变为权力强暴。"⑤

"地方自治"推行之前,与官方打交道的保甲人员一向被乡民视为"贱役",而在"地方自治"的最初阶段,村庄领袖精英何以成为直接与官方沟通的自治人员?

---

① 《论绅权》,《大公报》,1907年6月2日,第1756号,"言论"。
② 《惯调》第3卷,第50页。
③ 王福明:《乡与村的社会结构》,从翰香主编:《近代冀鲁豫乡村》,北京:中国社会科学出版社,1995年,第104、105页。
④ 晋西区党委:《政权建设材料汇集》,1941年,档号:A22-1-4-1,山西省档案馆藏。
⑤ 谢觉哉:《谢觉哉日记》,北京:人民出版社,1984年,第379页。

首先，村庄领袖精英通过参与公务来维持社区地位的惯习，促使其迈入自治机构。研究表明，"乡村公务"是乡村权威重要的授权来源，是他们获得并维持村庄领袖地位的重要砝码。

20世纪初期，随着清末"新政"实施，乡村的社会与政治环境发生了亘古未有的变动，科举制的停废，地方自治的推行，在"反封建"旗帜下的一系列根除传统文化的社会变革等，都是以往社会所无法比拟的。然而，社会环境与政治秩序的激变并没有使士绅领袖精英作为一个阶层而分化、裂变乃至消逝，旧有的村庄领袖仍在社区内保持着原有的声望、权威与地位，社区领袖成员的更替仍按照内生的逻辑进行着自我的新陈代谢，并呈现出极强的柔韧性、稳固性与延展性，"中国的农村名流生存到了20世纪，并且在某些方面的确巩固了他们在地方社会的地位"[1]。乡村精英地位保持的一个重要缘由就是获取地位的模式未发生根本变动，他们借助地方自治事宜继续与村庄公务相连。

不同于传统国家的治理理念，现代国家试图将民间"无为"的范畴纳入其正式的治理领域，使其成为"有为"的治理目标："近数年来的地方政治，有一个很大的变动，也许是划时代的，以前的地方政治，是'消极的'，是'无为的'，而现在的新政，却是'积极的'，'有为的'。"[2] 由此，乡村社区公共事务逐次由传统私人管辖空间进入政府所控制的公共领域，由民间"无为"状

---

[1] 〔美〕孔飞力著：《中华帝国晚期的叛乱及其敌人——1796—1864年的军事化与社会结构》，谢亮生等译，北京：中国社会科学出版社，1990年，第237页。

[2] 吴景超：《地方财政与地方新政》，《社会科学》1936年第2卷第1期，第55页。

态转变为国家的"有为"目标。对村庄领袖而言,这意味着他们获取社区声望的公务平台发生了静悄悄的位移,谋求社会地位的村领袖们仍希冀在社区公共领域层面发挥作用,于是,进入自治组织成为乡村精英延续其社区地位、迈向更高层的必然选择。正因为村庄领袖始终与社区公务密切关联,除了称谓发生了变化,村民对村领袖职能的变化基本没有感知,侯家营的村民说:"产生村正之前的董事的职能与产生村正之后村正、村副以及董事的职能基本是一样的,只是村公所的名称变了,实际上习惯并未改变。"①

其次,国家一改往日将地方精英拒斥于"体制"之外的态度,而是开始主动接纳。

清中后期,乡村控制组织人员"官之差役"化程度加深,下流无品的痞棍充斥于乡村控制组织。要求"绅士"出面参与到乡村控制组织中,主持保甲事宜的改革呼声不绝于耳,团练组织由"绅士"控制的局面已成为事实。②绅士"参政",一方面迎合了清代后期有识之士欲振兴保甲制度,应"选置士人,分户以属之"的变革主张,此点应视为中国传统社会发展中内在衍生出的自我革新需求;另一方面,此举又恰与新的民族国家的社会治理理念偶合,"不同于像清政府那样的传统政权追求国家政权的巩固,而是扩展国家政权的政治基础于民众之中,并将其治理的人

---

① 《惯调》第 5 卷,第 15、16、18 页。
② 参见〔美〕孔飞力著:《中华帝国晚期的叛乱及其敌人——1796—1864 年的军事化与社会结构》,谢亮生等译,北京:中国社会科学出版社,1990 年,第 224—239 页。

口改造成一个现代国家的公民。因此,现代政权的建设者,不再将地方精英视为控制的对象,相反地,将其看作是国家政权伸入人民大众的重要桥梁"①。1913年,太原县长当面劝说当地士绅刘大鹏充任本县议长。刘大鹏推辞不过,最后应允。②

三、华北乡村自治机构公职人员"官之差役"的历史复归

清末与民国时期的地方自治,"国家"赋予自治领袖两个基本角色,一是作为国家最低层代理人,行使官方职责;二是作为村社领袖,像以前的乡绅那样,主持公共工程和增进村社福利。③然而,在地方自治推行过程中,国家始终处于内忧外患、兵祸匪患的社会政治生态中。更重要的是,清末"新政"以来,国家还将各项"新政"所需的巨额费用指向了"农业资源","我国公家事业之荦荦大者,如教育也,行政也,海陆军也,警察也,市政也,其经费大多取自农人,而工人与商人之输纳者为数均属无几。国家岁收,以田赋、关税、厘金、盐税四者为最要,而田赋尤占大宗,就民国五年调查,占岁收者50%,至省经费与县经费则几完全出自农人"④。这样,物质资源的攫取成为国家权力渗透

---

① 〔美〕张信著:《二十世纪初期中国社会之演变——国家与河南地方精英1900—1937》,岳谦厚、张玮译,北京:中华书局,2004年,第238页。
② 刘大鹏遗著:《退想斋日记》,乔志强标注,太原:山西人民出版社,1990年,第176页。
③ 〔美〕李怀印著:《华北村治——晚清和民国时期的国家与乡村》,岁有生、王士皓译,北京:中华书局,2008年,第255页。
④ 邹秉文:《农业与公民》,《东方杂志》1922年第19卷第16期。

到乡村的主要意向，为民众谋利的自治目标却成虚文："政府的方针明确指出，'自治'的主要职责是推进新式教育、公共卫生、公路建设、地方商业、福利计划和公共事务管理，以及为这些事宜筹措款项。……最后一款规定揭示了自治方案背后隐藏的与'自治'毫无关系的真实意图。"①

在此背景下，国家无法履行"自治"诺言，其对资源攫取的强烈意愿迫使位于权力网络神经末梢的村庄公职人员由自治建设领袖向汲取资源的代理——"官之差役"演绎。与有清一代历史有惊人的相似，20世纪二三十年代开始，村庄自治公职人员亦逐渐沦为"官之差役"。清末"新政"以来的村庄公职人员与清代乡村控制组织人员有着一定区别，除所辖行政区域范围有所不同之外，更重要的是乡村自治公职人员是国家在地方村社的正式代理人，而"地方自治"之前的乡村控制组织人员只是一种职役而非官职，并且其身份地位变动的原因由于环境与时局的不同亦有着较大差异，然而，二者同为体制内的基层权力组织，其成员"官之差役"的角色显现出诸多相似的历史秉性与特质。

（一）"官之差役"受"胥吏"任意"役使"

20世纪二三十年代开始，村公职人员由主持地方自治的领袖向"官之差役"转变，他们不仅没有报酬，还常常遭受经济损失，受衙门胥吏（上级政府及其办差人员）役使成为其突出特征，且

---

① 〔美〕张信著：《二十世纪初期中国社会之演变——国家与河南地方精英1900—1937》，岳谦厚、张玮译，北京：中华书局，2004年，第238页。

常因无法完成上级任务而受到责罚、殴打,乃至生命不保。

在河南许昌,"联保主任是一个很解脱的人,今年已经50多岁。据说他二年前有70多亩地,因为当了推手,民国12年河南战争时因官差赔本,把所有的田产几乎卖光了,现在只剩了二亩多地。他说:'我不但不想(享)人家的好处,反而自己吃了大亏。'"① 20世纪20年代末,冷水沟庄长杜凤山因垫款而蒙受损失。②寺北柴村前村长张乐卿抱怨当村长时因垫款好几次典卖土地,穷人交不起田赋时,他就被绑到县里。③寺北柴村村长郝国梁也曾因为村民对田赋的拖欠而被拘留了一个月。④吴店村的村保甲长们因不能及时交纳摊款而受到警察殴打。⑤

如同清代"差役化"的保甲长,村自治公职人员沦为受"官差"役使的对象。阎锡山在"村治"之初,特别强调村长副不同于清代的保甲长,要求县知事将其作为官吏、绅士来对待,"今日散布之印刷品,有知事接待村长规则。此规则制定之意,因为村长系无给之自治职,当然应以绅士之礼遇待之"⑥。然而,阎氏的设想未能如愿,当村公职向"差役"演绎时,村长副们在上级长官面前的"体面"难以维持,梁漱溟看到:"那些村长,颇有事繁力疲的神情,又无薪给报酬;见了县区长官亦没好面子,回到

---

① 行政院农村复兴委员会编:《河南省农村调查·调查日记》,上海:商务印书馆,1934年,第121页。
② 《惯调》第4卷,第6页。
③ 《惯调》第3卷,第54页。
④ 同上注,第372页。
⑤ 《惯调》第5卷,第421页。
⑥ 《为各官吏第十七次之讲演词》,1918年9月20日,《阎督军讲话辑要》卷三,北京日报馆承印,出版年代不详,第4页,山西大学图书馆藏。

村里受怨气，实在太苦；谁人肯作？凡愿作的，必有所图……此种情形非常之多，不胜枚举。"①"地方官吏，又误以为无权无给的保甲长，为征役承差之头目，事事物物，皆委他身上，偶一不遂，谴责随之，甚至执行事务，易结怨尤，因而毁家丧身。"②"今日一般官吏不知运用保甲的方法，漫无目标的滥用保甲，事事物物都责之于保甲长，鞭笞奴使，凌砾呵叱，形成县区卸责的尾闾；因之民众以对待地保总甲的态度对待保甲长，误认为保甲长就是征役承差的头目……"③

日军入侵后，"外界政府"向村庄施予了更强大的物质资源索求，村公职人员"差役化"程度大大加深，"挨打的架子"④成为村公职人员受衙吏役使的真实而生动的素描。在晋源县的柳林庄，"柳林庄之村长副通乎红军，日军于近日招寻村长不见，竟将柳林庄村长之房院全行焚烧，又将村付殴打锤死，用枪击毙，投入汾河"⑤。在山西太谷："……由于敌人的压迫，追索钱粮，而群众又出不起，于是大批地扣押伪村长，现共34个被扣。"⑥寺北柴村的郝国梁说："事变时（日军入侵时）村长中被杀的人有相当

---

① 梁漱溟：《北游所见记略》，《梁漱溟全集》第4卷，济南：山东人民出版社，1989年，第902页。
② 黄伦编著：《地方行政论》，上海：正中书局，1947年，第200页。
③ 同上注，第222页。
④ 李楚离：《坚持冀东游击战争，为创造大块游击根据地而斗争》，1943年2月，冀热辽人民抗日斗争史研究会编辑室：《冀热辽人民抗日斗争文献·回忆录》第3辑，天津：天津人民出版社，1987年，第8页。
⑤ 刘大鹏遗著：《退想斋日记》，乔志强标注，太原：山西人民出版社，1990年，第558页。
⑥ 太谷抗日县政府：《太谷县1941年敌占区工作总结》，1941年，档号：A159-1-1，山西省档案馆藏。

一部分，谁都不想当村长。"①

（二）"官之差役"事务的繁重驳杂

如前所指，清代沦为"官之差役"的保甲人员所办差务杂而不专，而最为体现"乡人治乡"理念的"百姓自愿其家，自保乡里"的"弭盗安民"功能却极度弱化；与之同质的是，20世纪二三十年代，逐渐"官之差役"化的村级自治人员所理事务繁重驳杂，且以"资源索取"为主要内容，而做与地方自治直接关联的公共建设事宜却为"罕见"。

20世纪二三十年代，村公职人员办理的公务非常繁杂，如冷水沟庄长的工作内容："涉及有关村里的工作，有摊款的分配征收，有关学校设施的事，指挥祈雨、治蝗，有关看坡的事；涉及县里的工作，田赋的催促、修路、青少年团、自卫团、出夫，官员的接待，军草的交纳等。这种公职没有报酬，用村民话来说，保甲长只有损失，没有好处。庄长杜凤山三次差点辞职，在各方压力下，才得以坚持。"② 寺北柴村村长郝国梁抱怨说："不想当村长，是因为工作太多了。自己的工作什么也做不了，县里啦，新民会啦，部队啦，哪儿都必须去。县里让摊款，村长去各家收钱的话，村民不交，好像是村长去催要自己的钱一样不给好脸色，即使解释，村民也不理解。村长被人恨，还经常被县里和警察局叫去，很烦人。县里来人要钱的时候，我去问各家各户收钱，他

---

① 《惯调》第3卷，第29页。
② 《惯调》第4卷，第7、9、27页。

们说，没有钱啦，等卖了谷物、棉花后再来吧。于是村长就批评村民，村民就怨恨村长。"为此，郝国梁感到非常苦恼。①

不仅如此，在诸多繁杂事务中，村庄公职人员事实上只扮演了外界政府向村庄"要钱、要人"、攫取利益的代理，而有关自治建设的村公务被抛诸脑后。河北定县的乡村自治机关，"本为民众自身集合的处所，为谋本身的福利而设立，但其结果，变成了一种下级行政机关，负传达公文和征发的任务。于本身所负的责任，几乎渺然不相关涉"②。在河南，"实际上，区长们并不在那里办自治，主要的职务是派款，村长亦然"③。"区长、乡镇长过去都是不兴的（来调查之前不久才撤换了一批区长），除派捐外，简直没有什么事可做。"④在晋西北，村政权工作的主要内容是"要"，即要粮、要款、要兵、要差。⑤在后夏寨，保长最重要最麻烦的工作是摊款的分派。⑥在寺北柴村，村长最重要的工作是催税、摊款。⑦从官方、学者的言论中，我们可看到此种现象极为普遍。"自治之推行，端赖办理自治人员之指导与扶助，故办理自治人员必须与人民发生密切关系，以谋人民公共之福利为

---

① 《惯调》第3卷，第59页。
② 河北省县政建设研究院编：《定县地方自治概况调查报告书》，河北省县政建设研究院印行，1934年，第24—25页。
③ 行政院农村复兴委员会编：《河南省农村调查·调查日记》，上海：商务印书馆，1934年，第87页。
④ 同上注，第89页。
⑤ 晋西区党委：《政权建设材料汇集》，1941年，档号：A22-1-4-1，山西省档案馆藏。
⑥ 《惯调》第4卷，第403页。
⑦ 《惯调》第3卷，第39页。

前提。但近年以来，办理自治人员不明此意，为县长者，不谋自治事业之发展，惟责成自治机关以募公债，征捐税，为兵差，查人口等事务。"①

（三）"官之差役"被乡民所畏惧

清末"新政"之前，乡村控制组织人员实为"官之贱役"，受人贱视，多数乡民不愿充任，愿为者往往系无赖不轨欲从中谋利之徒；与之具有相似历史情状的是，20世纪二三十年代以来，自治领袖逐渐蜕变为"官之差役"，村公职被乡民鄙薄轻视、畏惧规避，唯一愿意充当者也往往是被乡民视为流氓无赖的人。

1. 由于村公职向"官之差役"蜕变，曾经担任自治公职人员的村领袖精英纷纷"退职"，重新躲到"幕后"，回归至体制外权力精英，于是，传统的"上下级"双层权力架构重新被搭建

如前所述，20世纪初期清末"新政"以来，国家将"自治"的彩球抛给了"村庄领袖"，村庄领袖成为"体制内"的权力主角，然而，村庄领袖与国家的结缘并未开花结果，他们度过短暂的蜜月之后，随着办理自治的公职人员向单纯"国家税收机器"演绎，二者逐渐发生了背离。山东大眼滴村自"民国十五年起，本村因屡受军阀的蹂躏，战事的影响，苛捐杂税的繁重，村中会头上受官员军人的欺压，下被村众报怨，只得决辞会头"②。20世纪20年代，吴店村与冷水沟富裕而有声望的村领袖都已开始躲

---

① 《内政部第二次全国内政会议报告书》，赵如珩编著：《怎样实施地方自治》，上海：华通书局，1934年，第25—26页。
② 张中堂：《一个村庄几种组织的研究》，《社会学界》1932年第6卷，第250页。

避公职。① 30年代初，寺北柴村村领袖张乐卿无法忍受因村民缴不起税的责罚及受到的匪患的威胁，辞去村长职务。②40年代，沙井村富裕的村庄领袖显示出不再愿意担任村长的强烈意向。③与沙井村类似，侯家营的孔子明是村中有学识、相对富裕而有声望的村领袖，40年代出任保长时，并非所愿，村民回忆说他是抓阄儿抓上的保长，没有办法。④

随着村公职向"差役化"演变，村庄领袖逐渐"退职"，但是，"退职"的村领袖并未从村政中消逝，而是重新躲在"幕后"，以此方式参与村庄公务。在冀东："乡村政治由乡绅（即乡村上层，有的地方称其为'八大家'、'十大家'或'某某老爷'）主宰。但他们采取幕后控制的方式，大多不到前台亲自操政。"⑤在河南："有许多保长，担任名誉而不做事的，谓之挂名保长……甲长类多为封建势力所指定。"⑥ 20世纪30年代初，寺北柴村前村长张乐卿辞职后，仍与村中其他不担任公职但在村中有势力的人共同参与村庄事务商讨，有如下问答："问：除村长、村副、里长、甲长外，虽然在村里没有公职，但也商量村里事的人有吗？答：有。问：那是什么人？答：对村里公事有经验的人，比如前

---

① 《惯调》第5卷，第420页；第4卷，第6页。
② 《惯调》第3卷，第54页。
③ 《惯调》第1卷，第187页。
④ 资料来源于20世纪90年代魏宏运教授与日本三谷孝教授组织的中日学者对华北农村的调查。笔者参与了侯家营的调查。
⑤ 朱德新：《二十世纪三四十年代河南冀东保甲制度研究》，北京：中国社会科学出版社，1994年，第112页。
⑥ 欧阳珍讲，张铭记：《怎样去实行保甲制度》，《河南政治》1933年第3卷第11期，第6页。

村长或前里长。问：现在，不管村里有什么事，村长都要与你商量吧？答：村长有不理解的事，一般都要与自己商量，我虽然不是村长，但也经常忙村里的事。"①

日军占领后，"官之差役"的程度进一步加深，村庄领袖精英躲在幕后的倾向尤为突出。寺北柴村村长郝国梁说："村里有势力的人让穷人当名义上的村长，而实际上却多是做各种工作，事变后，这样的倾向尤其明显。"②在山西太谷，日军占领后，"村政主持维持者后台老板是村中之富有者，多为地主富农，他们为什么要维持呢？多数是出于保卫家庭；为什么不自己出头呢？怕杀他；……出头露面维持者是流氓地痞，大多数想趁机敲诈，少数可能是特务分子,这是维持的桥梁"③。"伪村长与地主阶级的关系：地主资产阶级比较愿意掌握村政，但又怕敌人对村长的压迫，因此选出伪村长来,他们在背后掌握。"④ "源祠村过去一贯是封建势力占优势地位，抗战中有钱的都不担任村长，就叫那些过去所谓社会上没地位的人来担任支架敌人。"⑤日军入侵后，清源县的一部分村政权形式是后台（地主资本家）主持办事，但不直接出面应付，只是由雇下的料鬼村长出面跑腿。⑥

---

① 《惯调》第3卷，第30、31页。
② 同上注，第29页。
③ 《太谷第二区反维持斗争的初步总结》，1942年，档号：A159-1-10-2，山西省档案馆藏。
④ 太谷抗日县政府：《太谷县1941年敌占区工作总结》，1941年，档号：A159-1-1，山西省档案馆藏。
⑤ 《特务在群众运动中破坏活动》，1942年，档号：A157-1-23-1，第4页，山西省档案馆藏。
⑥ 清徐县委：《关于平川敌占区清徐村政权的研究材料》，1941年6月10日，档号：A153-1-1，第17—18页，山西省档案馆藏。

2. 沦为"官之差役"的村职人员，乡民视之为昔日保甲、乡地，对其畏惧如虎，"逃役""轮流""雇用""自杀"等诸多传统剧情纷纷重演

当时有论者指出，"……因之民众以对待地保总甲的态度对待保甲长，误认为保甲长就是征役承差的头目，洁身自好或稍有德望才干之士，每囿于传统的旧观点，鄙薄而不为"①。"乡绅不直接担任保甲长的原因主要在于：一是保甲长地位卑微，有如昔日之乡约地保，形象欠佳，而上司又将其当作仆役对待，任意差使。"②在冀东地区，"当地驻防日军异常堕落，叫维持会向各村给他们要'花姑娘'，要鸡子，要柴草钱……各村办公人常因小事挨打或被扣押，因而上层视当乡保长为畏途"③。在晋西北抗日根据地"村选"时，"老百姓认为，当主任代表（抗日根据地的自然村公职人员，笔者注）是要粮草跑腿吼人，怕误工，有职无权，吃力不讨好，是'吃头子'的事情，选成主任就是找了'麻烦事'。静乐上官庄主任秦银斗听见村选的消息时，立即把帽子脱在炕上说：'这一下可把咱的旧帽子脱出了。'宁武马房间长，干部群众让他连任，他说：'又让我当啦，村里没当过的人多着啦！'……宁武岔上主任说：'咱一个顾了办公顾不了生产，让王永英（地主）担任吧。他很消闲，公粮三番五次要不上，叫

---

① 黄伦编著：《地方行政论》，上海：正中书局，1947年，第222页。
② 朱德新：《二十世纪三四十年代河南冀东保甲制度研究》，北京：中国社会科学出版社，1994年，第112页。
③ 李楚离：《坚持冀东游击战争，为创造大块游击根据地而斗争》，1943年2月，冀热辽人民抗日斗争史研究会编辑室：《冀热辽人民抗日斗争文献·回忆录》第3辑，天津：天津人民出版社，1987年，第8页。

他当了干部试一试。'附马滩村长说:'旧间长捣蛋的不干,咱们这次就不换他,再把他选上。'有的主张选上奸顽的让他也受受难"①。

"躲避""逃役"等现象又在乡间频现:20 世纪 30 年代,寺北柴村村长张乐卿辞职后,连换了三任村长,赵二丑半中间也不当了,并从村中逃走,等到下一任村长上任后,他才回到村中;新村长徐孟朱当了也没多久,县里来了人就躲起来不见面。如此,村庄与县政府关系恶化。县政府派员来柴村调查,选出拥有委任状的郝国梁,责令他出任村长,并让郝写了检讨书,同时对郝说,如果郝不当的话,别人不管谁当,责任都得由郝来负。②日军占领下的晋中东泉村:"二十八年(1939 年)李林云因应付敌人(日本人)被政府(抗日政府)扣走,这时间逃军驻军虽少,但添了个日本人住(驻)扎偏城,所以李林云被扣走后村政便混乱了,这时便由王秉钧出头维持政权,不到五日,王秉钧亦逃走了,这时村政权垮台。"③"尽管村正职位在 1920 年代中期以前通常是有利可图、令人向往,但当华北军阀混战频仍,兵差负担激增,且直接加之于村正而非乡地时,这种状况很快逆转。担任村正变成了一种出力不讨好的差事,多数人对此视若畏途。"④

---

① 晋西区党委:《村选运动总结》,1946 年 3 月,档号:A89-1-20-4,山西省档案馆藏。
② 《惯调》第 3 卷,第 59 页。
③ 《东泉村的村政演变情形》,1942 年,档号:A153-1-4-6,第 81 页,山西省档案馆藏。
④ 〔美〕李怀印著:《华北村治——晚清和民国时期的国家与乡村》,岁有生、王士皓译,北京:中华书局,2008 年,第 166 页。

传统的"轮流"与"雇用"等方式在许多地区恢复:在定县大王耨村,1930年开始实行选举制。"凡到会者除少数不愿意当选,为选举别人而来者外,即系无知乡民受不愿意当选人之劝诱,为其帮忙而来,总计每户尚不足1人。……村民不愿当选原因有三:(一)乡长系无给职,没有相当之报酬;(二)兵役连年,政令烦苛,耽误自身职业;(三)农村经济破产,摊款极为困难。因以上三点,故现任乡长仍欲恢复轮流制,以求脱卸责任,但无县政府命令绝难办到。"① 临县赵家川口在村选之前实行间邻制,村民们将有名无实的村政权当作一种负担,无人主动承担,便采取了轮流充当的办法,当过邻长的人说,那是一个苦差事。② 民国二十六年(1937),清源长头村选出孟新(富农)当村长,选出孟效周(富农)任副村长,除他们以外还有经办村事多年的封建代表当谋事,这些人掌握村政不会放弃,但又因有钱,却又怕死,因此在日本人打来以后,便转入后台,花上人民的钱,雇村长出头维持敌人,但这些人一文钱的事都不做主,当时雇的村长是孟住俊(贫人,好赌博),村副是孟详训(流氓地痞)。③

外界过度索取超过村公职人员忍受极限,万般无奈之时,"轮流""逃役"亦常常无法奏效,作为最后"选择"——"自杀"一幕再现:1936年8月,"山西孝义县子善村村长郭正南因

---

① 张折桂:《定县大王耨村社会组织概况》,《社会研究》第19、20期,分见《北平晨报》,1934年1月17日、1934年1月24日;李文海主编:《民国时期社会调查丛编》二编《社会组织卷》,福州:福建教育出版社,2005年,第42页。
② 晋西区党委:《赵家川口调查材料——村政权问题》,1942年,档号:A141-1-129,山西省档案馆藏。
③ 清源抗联:《长头村群众工作总结》,1945年11月,档号:A153-1-4-5,第2页,山西省档案馆藏。

该县差务浩繁，人民困苦万分，今次又要差车数辆，该村长知对村民已无法起措，对上峰又不便违抗，进退维谷，昨日乃投井自尽"①。1946 年，河北杨村某保长刘士明因征兵问题无法解决而投井自杀，幸而被察觉，才保住性命。②1948 年 7 月，廊坊北史家务村保长李树德，"自去年接办保长后，账目杂乱不清，致遭村民攻击。近来因征收公粮，县方催促甚紧，村中各大户有抗拒不交者，且村内农村办公人员又向其索要薪饷甚急，且又在廊坊拖欠大批债务，一时心窄，于十五日夜投井自杀身死"③。1948 年，海盐武原镇第十五保保长辞职后，保民韩信元被人提名推选，"大呼'不愿做'，并跳入附近河内表示决心"。当时在场人多，把他救起，他说："你们如果真要选我做保长，我只有真的自杀了。"④1941 年，东泉村在日军的占领下环境极其恶劣，原村长王清畅退居幕后，主使侯充正等人出任村干部，"他们接任后在工作上只重于应付敌人，把抗日工作置之背后，再加上这些干部不齐备，且私心很大，村长又没能力，在单纯的应付敌人上想不出个办法来，但敌人疯狂更极，于是村长被迫自刎"⑤。

3. 清末"新政"之前，保甲长、乡地由乡间奸猾无赖之徒充任成为普遍现象，保甲组织形同虚设；20 世纪二三十年代以来，这一群体再次与体制内权力结构发生关系，乡村政权"痞化"、

---

① 《汾阳乡长投井》，天津《大公报》，1936 年 8 月 15 日，第 3 张第 10 版。
② 《杨村征兵悲剧》，天津《大公报》，1946 年 10 月 19 日，第 1 张第 4 版。
③ 《各地简讯·廊坊·保长跳井》，天津《大公报》，1948 年 7 月 20 日，第 2 张第 5 版。
④ 《新闻拾零·跳河拒作保长》，天津《大公报》，1948 年 7 月 24 日，第 2 张第 5 版。
⑤ 《东泉村的村政演变情形》，1942 年，档号：A153-1-4-6，第 81 页，山西省档案馆藏。

无赖土豪痞棍充任公职,又成为基层政治的突出特征

在河南,"民国二十年后,……乡长初为声望素著的世家长老,或由小学教员而变成的乡村绅士充之,久之,因苛捐杂派的烦难,除一部分变做土劣外,余尽转入地痞流氓之手"①。冷水沟庄长杜凤山说,当村中有势力的阶层纷纷逃避公职时,有嗜好的人想当庄长。有嗜好的人就是指吸鸦片、赌博、无固定职业的人,一般可以叫土豪,也叫作无赖。②在晋西北:"至于闾长,原规定推选,实则大多数是轮流的,……此外,当然也有些愿意当把持闾长位置的,这大都是为了从中渔利或为了包庇自己少出粮款。"③

随着日军的入侵,村公职由土劣无赖充任的现象异常突出,山西太谷在日军入侵时,"敌人压迫厉害,群众应付困难,一般人不敢做村长,有'白布村长'、'煤油凉水'村长之称,因此,村长人选只要能应付敌人,不怕挨打受气即可,只赚钱不管事,一般是流氓、料子鬼"④。20世纪40年代晋中东泉村在日军占领下,村长因应付日军没有良策,自刎身亡,"这时环境更加恶劣,……东泉过去统治过的封建势力均不欲出来了。在这种混乱异常的情况下,村政亦没有主使了,才进行了改造,但群众选举的观点是哪些人有嗜好、胆大,便选哪些人。……所以在以上几任干部内,流氓与有嗜好的人占主要成份"⑤。在冀东地区,"因上

---

① 赵纯:《南阳唐河间的农村现状》,《河南政治》1934年第4卷第4期,第1页。
② 《惯调》第4卷,第24页。
③ 晋西区党委:《政权建设材料汇集》,1941年,档号:A22-1-4-1,山西省档案馆藏。
④ 太谷抗日县政府:《太谷县1941年敌占区工作总结》,1941年,档号:A159-1-1,山西省档案馆藏。
⑤ 《东泉村的村政演变情形》,1942年,档号:A153-1-4-6,第81页,山西省档案馆藏。

层视当乡保长为畏途,多雇流氓与穷人充当之"①。

在村落社区内,乡村痞棍无赖更能忍受恶吏的责罚,不受道德伦理约束,他们往往用同样的暴力方式对待熟识的乡邻,以完成应对外界的任务。清源县三分之一的村子雇下料子鬼出任村长,这种村长完全是为了"吃料子",有时便把握大权,后台也管不了他,任其大肆贪污浪费:"……完全是料子鬼(地痞流氓)专政的政权非常坏,一切权力都抓在料子鬼村长副的手里……使一般人不敢说话,更不敢办村事,产生的原因,大多是因为前村政受到过打击,被敌伪摧毁。"②

需要提及的是,村公职面临着"官之差役"化,导致乡村无赖痞棍充任村公职成为普遍现象,但是,并不能完全将村领袖精英排除在权力主角之外。资料显示,20世纪三四十年代,村庄富户精英仍有出任村公职的场景,"在日军入侵后时局混乱的年代,面对的事情较往常更为复杂烦难,普通村民亦更难胜任,更需要有一定能力与精力的村中富户来办"③。对于乡民而言,"保护型"的村庄领袖担任村公职是他们最理想的选择。与外界的压力相比,当领袖精英尚有活动的领域空间与伸缩的余地时,在村庄民众强烈的道德期待之下,出于维持社区地位与声望的要求,仍可能担任村公职,对外应对周旋。

---

① 李楚离:《坚持冀东游击战争,为创造大块游击根据地而斗争》,1943年2月,冀热辽人民抗日斗争史研究会编辑室:《冀热辽人民抗日斗争文献·回忆录》第3辑,天津:天津人民出版社,1987年,第8页。
② 清徐县委:《关于平川敌占区清徐村政权的研究材料》,1941年6月10日,档号:A153-1-1,第17—19页,山西省档案馆藏。
③ 晋中祁县三合村老郝口述,调查时间:2006年12月,地点:祁县三合村。

表 3-1　太谷县担任村长的成员构成①

村长构成	商人	富农	游民阶层	合计
大村	7		19	26
小村	19	5	15	39
合计	26	5	34	65
百分比	40%	8%	52%	100%

如表 3-1 统计，时人进一步分析道："伪政权目前是混乱状况，表现在大村特别混乱……但是一般小村伪政权维持下尚能维持安定，这由于：甲、一般伪政权大部分是中富农，比较节省与公道；乙、比较能采纳群众意见，与群众商讨维持；丙、敌人对小村政权注意与压迫不紧。"②日军入侵后，清源县有六种村政权形式，其中，"第一种形式是事变前的，村长副都不赚钱，是敌我都不很注意的村子，尚未致贪污浪费，是富农组织的，对双方都不很积极，不很应付，但这种村子很少，只有少数几个村"③。由此，我们看到，在外界对村庄"压迫"不紧、"不很注意"的村子，富户精英担任村长的比例较大，而此类村庄并不多见，这正是历史曲折复杂而多样性的现实表征。

19 世纪末到 20 世纪前期，是中国社会剧烈转型、迅速变动

---

① 太谷抗日县政府：《太谷县五年建政工作总结》，1944 年，档号：A159-1-1-5，山西省档案馆藏。
② 同上。
③ 清徐县委：《关于平川敌占区清徐村政权的研究材料》，1941 年 6 月 10 日，档号：A153-1-1，第 13 页，山西省档案馆藏。

的历史时期,尤其是1901年开始的清末"新政",官制改革,地方自治,预备立宪,及至共和政体的出现,引发了中国政治系统前所未有的变动。在制度性社会变迁的时代洪流中,华北乡村基层政权也在频繁变动与重构。然而,接踵而至的制度变革并未从根本上改变基层社会固有的运行逻辑及乡土民众的行为模式,长时段视野中浮出的历史复归现象提醒着我们,历史轨迹并不总是直线运行的"单行道"。20世纪三四十年代,士绅精英、村庄领袖"退职"、乡村民众对"公职"普遍畏惧以及权力主角"劣化",如果将视野局限于20世纪前期,此一系列现象常被视为社会制度性变迁所导致的一种特定"变化"结果;反之,若放宽历史的视界,将其置于与清代比较的框架,则可发现这些历史情节更大程度上是乡村社会固有的历史运行轨迹的延伸与重现,它体现着一种"变"中"不变"的传统回归。

清末"新政"之前的乡村控制组织与"新政"实行之后的"地方自治组织"是在完全不同的时代背景下建置的,清代乡村控制组织为非正规的准行政组织,而清末"新政"之后"地方自治组织"则是国家在村社建立的正式官僚机构。尽管如此,从理想层面来看,二者却不约而同地体现了制度设计者的一种基本思路,即一方面作为国家在基层社会的代理行使汲取资源的功能;另一方面,通过"乡人治乡"、承担"应有的事务"[1],实现

---

[1] 民国学者冷隽将地方自治事务分为"应有的"事务与"委办的"事务,"应有的"事务包括公安、教育、财政、公营、卫生、救济。"委办的"事务,其来源有两种,一是由国家委办者,如征兵、征税……;二是由上级机关委办者,如征省税、建学校……。(冷隽:《地方自治述要》,南京:正中书局,1935年,第69页。)

地方社会自我管理。当然，从二者所涉及领域来看，清代"乡人治乡"的"自治"内容集中体现在治安、教化方面，远不如清末"新政"以来地方自治组织所辖领域宽泛。既为"乡人治乡"，保甲、乡约等组织人员非普通乡民能胜任，清初的制度设计者对其成员做了较为严格的限定，虽将绅衿排斥在外，但要求从富裕、公正、有德望的庶民中产生；清末与民国时期在现代化背景下推行的"地方自治"，所涉及的自治事务复杂多样，亦"非俗吏能为"，国家则以从未有过的姿态，将乡间最具权威地位的士绅、领袖精英层纳入国家正式的权力结构中，使其成为地方自治的倚重力量。然而，吊诡的是，无论是清代抑或民国时期，在实际操作层面，国家最关心的是从乡村汲取资源，并将攫取资源的各种压力施加于基层政权，迫使基层政权的代理人最终沦为"官之差役"。所不同的是，由于资源汲取强度的不同，清代中后期，基层政权代理的"差役化"是一个长期缓慢淤积的过程；而清末"新政"以来，地方自治领袖向"官之差役"蜕变却是快速而急剧的。

由此，我们不难理解，清中后期直至清末"新政"之前，保甲长、乡约、地保等职役由于受官吏役使，稍有廉耻的公正人士不愿充任，轮充、躲避、逃跑乃至自杀等行为在乡间频现；20世纪二三十年代以来，此种情状于华北乡民与村公职的彼此纠葛中再现。同理，20世纪三四十年代华北乡村政权中充斥着土豪无赖，与其说是社会剧变引发的独特现象，不如说也是中国基层社会传统痼疾的复发。乡民以其传统自有的行为模式与"痞化"的权力主角纠结缠绕，在冲突与矛盾中共生共存。一方面，乡民忍受着此类成员作为外界政府的"代理"，对他们进行无以复加的资源勒索与汲取；另一方面，却不得不借助这一群体特有的禀性应对战争、匪患、掠夺、侵蚀下的极其恶劣的外部动荡环境。20世纪前期村级基层政权组织人员在历史复归轨道上所呈现出的"官之差役"化特征，以及与之伴生的权力主角"劣化"，成为中国共产党革命与基层政权改造的重要前提与制度背景。

第二节 20世纪二三十年代中国基层代理人"差役化"的防范——以山西"村制"革新为例

清末"新政"现代化政权建设，国家对于基层政权代理人可能出现的"差役化"倾向并非没有预见，在制度设计与基层政权现代化建设的最初阶段，国家也曾有过种种阻止与防范举措。那么，国家如何进行防范的？具体有哪些举措？国家的防范措施为何终究没有阻止"差役化"的最终发生？本节拟以山西"新政"为例，就上述问题进行剖析，以此进一步加深对20世纪二三十年代基层代理人"差役化"问题的理解。

山西"村治"过程中，为了防范基层代理人"差役化"的再现，制定了一系列政令措施，就村长副的参选资格、职责，乃至其他相关制度，都显示出山西省力求规避村长副"差役身份"转变，如下详述。

一、山西省对基层政权代理人"差役化"痼疾的预防

清中叶以来，传统的保甲制度形同虚设，基层权力末梢作用

式微，国家意志无法有效在基层得到贯彻，对此，阎锡山深以为然，他说："吾国行政，向系疏阔不精，散漫无纪，政治无可循之轨道，机关乏完密之组织，偶有政策，亦不能下隶于民间。"①20世纪20年代之初，山西开始实行现代化"新政"革新。在"新政"推行过程中，阎锡山极其重视村长副职责的设定，在制度设计中，用村长副代替传统乡甲人员，使之成为国家政令的有力贯彻者与执行者："查办理村政，端赖用众，而用众之道，尤在鼓舞掾属及村间邻长，乃知事之肱骨耳目。"②"查办理村政，非达到村间邻长，全体负责地步，终难收圆满效果⋯⋯"③

前清时代，传统基层代理人——乡甲人员"差役化"倾向突出，普通乡民视之为畏途，总是力图躲避此类"差役"，乡间不轨之徒"僭取"权力的现象比比皆是。乡甲人员对国家的政令执行力弱，国家意志贯彻常常受阻。针对此种情状，阎锡山在"新政"中，从多方面采取措施，试图规避。

（一）对"基层政权代理人"身份的重新定义

阎锡山自上而下地建立了较为严密的行政网，在县级以下的行政机构增加了区的设置，并着手编村，设立村长副，将行政权力的触角一直下达到村庄。

阎锡山编织的行政网末梢——"村长副"与前清时代"传统

---

① 《阎伯川先生言论辑要》第4册，太原绥靖公署1937年编印，第121页。
② 山西村政处：《山西村政汇编》，沈云龙主编：《近代中国史料丛刊》第98辑，台北：文海出版社，1973年，第176页。
③ 《山西省政府致文水县知事办理村政须官厅与村间邻长协力进行函》，吴树滋、赵汉俊辑：《县政大全》第四编，上海：普益书局，1930年，第136页。

乡保甲长"有着不尽相同的身份：前者为现代意义上"地方自治组织"的领袖，具有半官方的身份，后者只是皇权国家控制乡村的权力末梢，实质是"差役"身份；前者除了执行国家委派的任务之外，还肩负着领导乡间各项公共事业建设的重任，后者只是国家在基层社会汲取资源的代理。

作为村庄负责人，村长副负责村庄内部的各项公益事务，还要执行经由区传达的省里和县里的命令。[①]"一为有益于国家之事，一为有益于地方之事。"[②] 具体而言，可胪列如下："官厅委办事件、村民决议事件、报告官厅事件、报告村民事件、改进村治、发达一村之利益、开发一村之富源、预防传染疾病、禁止秘密结会、立定村志、提倡村仁化、维持村公道、提倡人民优待军人、提倡村中慈善事业。"[③]

当然，村长副与传统乡甲人员比较也有共通之处，即二者都是"体制内"成员，是政府"委办政令"的贯彻执行者。但是，有清一代，由于基层保甲人员的"差役化"，清政府的权力一旦下达到基层，统治就变得软弱无力。针对前清国家基层代理人的"差役化"弊病，阎锡山对于新选任的"村长副"提出要求：

其一，期待"正绅"或乡间有声望之人出任村长副。

在传统保甲制度中，乡甲人员被视为"贱役"，乡间多数公正、有地位的人士通常不愿意充当，充任者往往系不入品流之

---

① 吴树滋、赵汉俊辑：《县政大全》第二编下册，上海：普益书局，1930年，第191页。
② 阎伯川先生纪念会编：《民国阎伯川先生锡山年谱长编初稿》（二），台北：台湾商务印书馆，1988年，第506页。
③ 同上注，第502页。

人，多是乡间痞棍。

阎锡山的现代化革新，诸如"六政三事""义务教育"等内容均是史无前例的事业，而山西省乡民保守落后，各项新政事业实施起来难免有相当难度，"民智未开，视除弊为不便，认兴利为难，观望徘徊"①。这样的事业如果由乡间的痞棍、不入品流之人负责办理，乡民对"新政"的认同感会更加弱化与不理解。相反，如果由拥有一定社会地位、乡间认可度高的社区精英承办，他们可以凭借社区的影响力、感召力，较好地落实各项"新政"政令，国家意志的落实相对而言会变得顺畅，"非借助于正绅，开导提倡"②。为此，"乡间正绅"是阎锡山"村长副"最理想的人选，"村治能否进行，政治能否下隶于民间，关键在于正绅能否出任村长"③。

阎锡山经常向县知事强调，工作中要主动联系"正绅"，请他们出面协助公事，"盖一县热心公益之正绅，必不乏人，一遇热心作事之知事，时常接洽，大家必能提振精神，通力合作"④。阎锡山在一些场合还直接面向"正绅"进行宣传动员："清朝的时候，朝政大坏，所以地方上出了许多贪官污吏、劣绅土棍；现在政治刷新，我定要把这四等人铲除干净，万不容他们为害地方。你们众绅士们，都是正人君子，热心公益，须要主张公道，并且一番热

---

① 《告各县正绅文》，《阎伯川先生言论辑要》第4册，太原绥靖公署1937年编印，第31页。
② 同上。
③ 《阎伯川先生言论辑要》第2册，太原绥靖公署1937年编印，第2页。
④ 同上注，第19页。

心,毅力,帮助知事做事。"① 阎锡山还颁布《告各县正绅文》,广而告之,呼吁正绅主动热心协助县知事办理"新政":"国家之基础在社会,社会之良否,视士绅之言行,是否合乎正道,能否感化人民以为断。故富强根本,在改良社会,改良社会,纯在乎绅士端正者,热心提倡,扬正抑邪,扶政治之进行,布公道于乡间。"②

阎锡山的种种举动,表明了他依靠"正绅"、倚重"正绅"的基本意图,此正是针对前清时代村庄权力架构上充斥着流氓痞棍弊病的"矫正","有知识的明白士绅愈多,则地方愈繁荣,愈开通;若地方上都是些无知识的、不明白的人,那地方就不免鄙陋蔽塞,诸事吃亏了"③。

其二,要求官员改变对"村公职人员"的"役使"态度。

阎锡山重构基层代理人、防避"差役化倾向",还表现在对待村公职人员的态度上。如前文所述,前清乡甲人员充为"官之差役",经常受到衙门胥吏的"役使",动辄被"呵斥",甚至受"打骂",官吏对待乡甲人员如"奴隶"般任意驱使。山西"新政"实施过程中,阎锡山要求县知事要一改昔日对待乡地、乡保、乡约等保甲人员的呵斥态度,给予乡间办公人员以充分的礼遇与尊重,不得任意需索:"知事对于街村长副应随时随见,知事接见街村长副应加以礼貌,不得轻慢;街村长副来谒知事时,县

---

① 阎锡山:《莅平定县勘灾在文庙为各界人民之讲话》,1920年9月3日,《阎督军讲话辑要》卷六,北京日报馆承印,出版年代不详,第52页,山西大学图书馆藏。
② 《告各县正绅文》,《阎伯川先生言论辑要》第4册,太原绥靖公署1937年编印,第31页。
③ 《阎伯川先生言论辑要》第2册,太原绥靖公署1937年编印,第2页。

属公役,务须即时传达,不得任意留难需索。"① "至其地位颇称优越,县长对之订有接待规则,一切官员均不得加以凌辱。村长因公请见,县长应随到随见,不得留难。"②

前文所论,传统乡甲成员如果完不成上级交给的任务,经常受到衙役的"责罚",甚至"鞭笞",轻则损失财产、受"皮肉"之苦,重则倾家荡产,甚至性命不保。阎锡山的"用民政治"试图避免这一陋习复现,他要求县区政府对于能力较弱、不能很好执行政令的村长副在工作中要给以帮扶,而不是随意"呵斥"。阎锡山在一次村政会议上对"用民政治"讲解道:"用众的根子,首须知事心理上认识到,全县几千村间邻长是自己的好帮手,诚心用他们,对他们就要用一番心,加以帮助督促指导,因自己一人的力量不足,更赖各小段主任帮着去办。"③

从汾城县所规定的帮扶村长副的具体方法可以窥见阎锡山政府对待村长副的态度与前清时代有很大不同。如果村公职人员任务没有完成,不是受到上级官员呵斥责骂,而是针对不同情况得到诸如明为扶助、暗为扶助、直接扶助、间接扶助等指导,其内容如下:

> 明为扶助:村间邻长办事实在,而能力稍弱,抑或积

---

① 吴树滋、赵汉俊辑:《县政大全》第二编下册,上海:普益书局,1930年,第192页。
② 《村政问答记》,苏华、何远编:《民国山西读本·政闻录》,太原:三晋出版社,2013年,第45页。
③ 《第二次村政会议记录》,《山西村政汇编》,沈云龙主编:《近代中国史料丛刊》第98辑,台北:文海出版社,1973年,第590页。

极进行，而中生障碍，则由县知事掾属区长等排除而疏通之。……直接扶助：每次知事掾属区长下乡，遇有关于村禁约或息讼会不能了处之事件，即时加入团体，商由大众，共为处理，其有关于公益事项，而因款项无着，并即时招集大众，作为领袖，为之设法筹集之。①

对于玩忽职守、不认真履行职责的村长副，阎锡山也要求他的官员要"用心"督促，不能以傲慢态度简单粗暴对待，而是要赏罚得当，最好以鼓舞、劝导、督促为主；严重者，再停职或依法处办，他说："用人不外乎赏罚，赏罚村间邻长，似乎为难，其实只要行之得当，真爱人者奖之曰爱人，彼必欣然发奋；真误事责之曰误事，彼必愧悔自励，扼要处，就在知事能用心行之得当耳。"② 例如，从赵城县相关制度可窥视阎政府对待玩忽职守村长副的"耐心积极"态度：

> 督促的方法：官吏必须与村间邻长多次接洽，多方开导，论之以荣辱利害之关系，以引其好胜心，或视其人之性情如何，用言语以鼓激之，使之自动。……依次督促之，但须为忠告诚恳之督促，不得为傲慢之。③

---

① 《汾城县用众办法》，《山西村政汇编》，沈云龙主编：《近代中国史料丛刊》第98辑，台北：文海出版社，1973年，第352页。
② 《第二次村政会议记录》，《山西村政汇编》，沈云龙主编：《近代中国史料丛刊》第98辑，台北：文海出版社，1973年，第590页。
③ 《赵城用众办法》，《山西村政汇编》，沈云龙主编：《近代中国史料丛刊》第98辑，台北：文海出版社，1973年，第358、364页。

以上种种可见，与传统胥吏对待"乡保甲"人员颐指气使、动辄"役使呵斥"的态度形成鲜明比照，阎锡山政府试图改变传统对待基层政权代理人的态度，以此避免村公职向"差役化"方向演变。此外，阎锡山政府对于游民痞棍"僭取"村公职始终怀有警惕之心，亦出台了相关措施予以防避。

（二）对痞棍游民的防避

游民痞棍充任基层代理人是前清时代的"顽疾弊病"，饱受士人诟病。对此，阎锡山政府亦有充分认识，他在多种场合强调村长人选务必是"好人"："一县政治之进行，全赖有好村长。村长果能得人，则一村的事就有办法。知事要想一县有办法，则非选任多数好村长不为功。"① "村长是村政的根子，村长坏了，村政便不会好。"② 为了防止"坏人"把持村政，确保"好人"出任村长，阎锡山要求他的官员，"遇有坏人把持，以致村间邻长往往举不出好人，或至无人充当者，应由各分区人员平时在各该村详密观察，查得好人，即预为记载，以备将来改选。设法将好人选出"③。

村长副在履职中不免得罪村中"坏人""痞棍"，受到他们的种种要挟报复，"各县办事认真之村长副，每为棍徒所仇视。崞

---

① 《一县政治进行全赖有好村长》，1931年6月24日对各官吏第94次讲话，《阎伯川先生言论类编》卷三下，1939年刊行，第74页。
② 《第二次村政会议记录》，《山西村政汇编》，沈云龙主编：《近代中国史料丛刊》第98辑，台北：文海出版社，1973年，第590页。
③ 《赵城用众办法》，《山西村政汇编》，沈云龙主编：《近代中国史料丛刊》第98辑，台北：文海出版社，1973年，第365页。

阳武村，长子色村，榆次辛庄，各村长均被赌徒殴伤扎伤"①。"不是背地谣言，便是暗中加害。"② 这一现象是"好人"不愿意出任村长的重要原因，对此，阎锡山极为重视，他专门发文通告，要求区县知事对村长副极力设法保护："此等刁风，万不可长。"他将轻易放纵赌犯的前长子县知事、榆次县知事严予申斥，勒限缉获逃犯。③ 阎锡山还建议，如果县知事到村查出流氓痞棍报复的事实，或者村长秘密报告获知，并不要马上就惩罚这些人，以免打草惊蛇，而是"稍迟数日再为传惩，俟其改悔仍由村人俱保"④，其目的也是对村长副进行保护。

（三）对下乡人员的整肃

传统基层治理中，衙门吏胥下乡时常借执行公务骚扰民间，向乡间保甲长们任意需索，对他们呼来喝去，若不如意，保甲长就要受到责罚。招待上面来人成为乡甲人员的重要负担。对此现象，阎锡山在"新政"中亦保持高度警觉，他对于下乡官员有着较为严格的规定，反复要求下乡办事人员不能骚扰村庄，不能随意索要招待费、贴脚费、酒食费等，力避村庄办事人员回到"承差应役"的老路，如下规定：

---

① 《训令各县设法保护村长以重公职文》，《山西村政汇编》，沈云龙主编：《近代中国史料丛刊》第98辑，台北：文海出版社，1973年，第220页。
② 《汾城县用众办法》，《山西村政汇编》，沈云龙主编：《近代中国史料丛刊》第98辑，台北：文海出版社，1973年，第352页。
③ 《训令各县设法保护村长以重公职文》，《山西村政汇编》，沈云龙主编：《近代中国史料丛刊》第98辑，台北：文海出版社，1973年，第220页。
④ 《汾城县用众办法》，《山西村政汇编》，沈云龙主编：《近代中国史料丛刊》第98辑，台北：文海出版社，1973年，第352页。

招待官委差警之酒饭脚费等项尚有少数未能尽除者，应由官委自行劝阻，再次清理，如仍未改，官委并负其责。第一条，警差因奉令传办事件到村时，不得向村中需索钱文，村中亦不得给与钱文；第二条，警差到村中所需食物，应自行公平价买，如遇小村购买不便时，即由村长副指定地方代为料理；第三条，警差到村，如必须住宿，应由村长副指定地方，惟不得另索宿费；第四条，警差到村，如有违背前三条各规定者，准由村长副禀明县知事，从重惩办；第五条，以上各条系专指专办行政警差而言，其属于诉讼传唤事件，仍照按里给费，章程办理。①

即使如此，仍有官差下乡骚扰村庄的事情发生，"在官人员下乡整理村范，仍有多数村长沿照旧酒食招待等情"。阎政府遂一再强调务必革除此类行为："查整理村范，凡在官人员下乡，均领有旅费，自不应在村骚扰……此项糜费，尤非正当。仰即查察各村，如有此项情形，应详为解释，务即除尽为要。特此行知。"② 在一则下乡人员"需索"的个案中，阎政府严厉斥责县知事，"严行申警，并督促勿任推诿，一面严饬各该村长副，嗣后无论何项办公人员到村，不得再有帮贴情事"③。

---

① 吴树滋、赵汉俊辑：《县政大全》第二编下册，上海：普益书局，1930年，第195、197页。
② 《行知祁县在官人员下乡务将各村长酒食招待旧习尽行革除》，《山西村政汇编》，沈云龙主编：《近代中国史料丛刊》第98辑，台北：文海出版社，1973年，第182页。
③ 吴树滋、赵汉俊辑：《县政大全》第四编下册，上海：普益书局，1930年，第132页。

二、山西省防治"差役化"的效果

资料显示,在山西"新政"革新中,村长副的身份构成、社区地位以及履职成效,在一定的历史时段与传统的保甲长均有极大的不同。

(一)"社区领袖精英"出任村长副

在阎锡山"村制"实施过程中,村领袖、社区精英出任村长副的现象较为常见。

根据阎政府的行政纲,村长副人选有一定财产限制,并非每个村民都有资格当选:"村长副资格增加:三十岁以上(一)朴实公正粗通文义者(二)不动产价值在一千元以上者,以选举法行之,任期为一年。……是为山西阎锡山氏特设村治之大概。"① 其实,即使阎政府没有财产限制的规定,从乡村社会秩序日常逻辑出发,如果没有一定的经济基础,普通村民亦很少有闲暇从事糊口生活之外的其他任何事务,"闲暇在中国传统的匮乏经济中并不是大家可以享有的。尽量利用体力来生产的技术中,每个从事生产的人为了温饱,每天的工作时间必然很长,而且技术简单,收入有限,一年中也不能有较长的假期"②。根据甘布尔对华北乡村的研究:"所有村庄管理的长者与服务人员均没有报酬……多数长者属于较富裕的家庭,他们有闲,有时间可以致身于社区服

---

① 欧沧:《模范省区村治》,《申报》,1922年2月24日,第10版。
② 费孝通:《皇权与绅权》,《费孝通文集》第5卷,北京:群言出版社,1999年,第480页。

务。一般来说，普通村庄活动的预算并不多，除了一些可能填充报销单外，他们几乎没有机会获利。"①

又据学者范郁文的调查，民国二十四年（1935），晋北27个自治农村的公务员从经济地位看均为自耕农以上，其中，村长副大部分为地主、富农，如下表所列：

表3-2 二十七个自治农村公务人员的社会成分②

职务 成分	村长副	监察员	调解员	闾长	学董	总计
无产者	—	—	—	—	—	—
贫农	—	—	—	—	—	—
自耕农	—	—	10	15	—	25
富农	22	47	54	83	12	218
地主	28	56	47	69	15	215
手工匠	—	—	11	10	—	21
小商人	4	12	13	7	—	36
总计	54	115	135	184	27	515

无论是制度设定还是调查资料，均可表明阎锡山的村长副多数拥有一定财产。如前文所述，拥有一定的经济财产是村庄领袖获得声望与地位的首要前提，因此，村领袖出任村长的概率最大。

1933年，农村教育改进社的王雅轩、郭应魁对山西省阳曲县的20个村长"等级"做了调查，如下表所列：

---

① Sindey D. Gamble, *North China Villages: Social, Political and Economic Activities Before 1933*, Berkeley and Los Angeles: University of California Press, 1963, p.60.
② 范郁文：《晋北边境三县农民生活概观》，《新农村》1935年第24期，第35页。

表3-3 阳曲县二十个行政村村长职业调查表①

村名	榆林坪	黑土巷	陈家裕	马庄	松庄	老军营	亲贤村	王村	前北屯	北寨屯	三给村	芮城村	呼延村	上兰村	向阳镇	南寨	皇后园	青龙镇	黄寨镇	大盂镇
区	一	一	一	一	一	一	一	一	三	三	三	三	三	五	五	一	一	三	三	七
绅士数		8						2			2							1	2	3
村长职业		务农	务农	务农	务农		商人			务农	务农	务农	大学生	务农	务农	务农	务农	大学生	警界	务农

① 刘容亭:《山西阳曲县二十个乡村概况调查之研究》,《新农村》1933年第3—4期合刊,第4—6页。以下《新农村》均由太原农村教育改进社编著。

上表所列16名村长中12名村长职业系务农。一般而言，在尚未有现代职业分工的乡村社会，"务农"职业并不反映社区成员的地位与声望。但是，4名非务农职业者出任村长的现象十分引人注目，尤其是有2名大学生位列村长行列。在文盲与半文盲占多数的民国乡村社会，大学毕业生至为稀缺。大学生担任村长的现象，至少表明有社会地位相当高的人出任村长的事实。此外，亦有调查者看到，出任村长的人往往拥有较高的学历、较强的办事能力："经调查之十余村村长，或系初级师范学院毕业者，或系曾经在政界作事及经营商业者，均有相当的办事能力。于党义亦颇能了解，虽系义务职，然均能表现其作事的精神。"①

除了拥有学位、办事能力者充当村长副，乡绅担任村长副的情形亦不鲜见，如梁漱溟与陈敬棠有关村政的问答记录。

> 梁：村长副之身份如何？对于县长有无畏惧之情？
> 陈：村长副以品行端正、粗通文义者即为合格，此在事实上不能强其过高也，惟其中亦有绅士充任者，抑尚有不及粗通文义之程度者。②

据一位村公职人员叙述，当村长的几乎都是"年高望重"的乡绅："民国二十六年前村长是义务职，当村长的都是'年高望

---

① 茹春浦：《山西村治之实地调查》，《村治月刊》1929年第1卷第7期，第1—10页。
② 《村政问答记》，苏华、何远编：《民国山西读本·政闻录》，太原：三晋出版社，2013年，第45页。

重'的乡绅，决没有青年……这时的村长名义上也是民选……其实不用开票都知道当选的那些人。譬如魏家滩一定是裴绍明，高农崖一定是高克藻，瓦塘一定是康恶炳，石门庄一定是李述牧，裴家川一定是裴迁璋。这就是士绅或有钱有势的人。老百姓认为这些人是当然的村长或村副，除了这些人，别人干不了，自己连想都不敢想可以当村长副。"①

以上可见，充任村长副的群体中，社区地位较高的士绅、大学生、师范生占了相当的比例；此外，即使有粗通文墨者，此类成员也有一定的财产做支撑。综合而论，拥有一定财产、社区声望与知识的地方领袖充任村长副的现象，在一段时期内成为阎政府治理下的主流。

（二）"好人"充任村长副的多彩谱系

阎锡山通过各种防弊措施努力克服基层代理人"差役化"的倾向，吸纳社区有地位、有声望的乡村精英充任村长。就如何办理好村政，如何进行履职，阎锡山提出了他的期望。阎锡山以日本模范村为例，希望村长要"用心做事"，不要被动地应付上级："日本有一村人民很懒惰，村长提倡栽树，大家所种的树活的很少，村长所种的树不活得很少。人问其道理，村长说，'你们是用手栽，我是用心栽，所以结果不同'。"②阎锡山在一次讲话中指

---

① 《反顽固斗争前的村政权》，晋西区党委：《政权建设材料汇集》，1941年，档号：A22-1-4-1，山西省档案馆藏。
② 阎伯川先生纪念会编：《民国阎伯川先生锡山年谱长编初稿》（二），台北：台湾商务印书馆，1988年，第333页。

出村长只有"热心""用心"办事,才能把村子治好。村长的好坏关系着村庄发展的好坏,如下史料:

> 我前到南路经过屯留县,见一五十余户之村庄,田园培养的很好,道路修理的很平,问及村人,佥称:"前二年时,因村长腐败,嗣经更换村长,办事认真,村人每日种地毕,村长还劝多栽株树,或将附近道路,修理平坦,因此才有这样好。又有一河南乞丐,村长见他年轻,就留在家受苦,蓄积三年,用工资买地十五亩;因村长好,那人也就不为乞丐了。"村长副等果能照此办理,三年工夫,必可把村中治好。①

那么,在"村制"具体实施的过程中,村长副是否"达标"呢?从史料记载来看,确有相当一部分村长副基本符合阎锡山政府的要求,受到肯定,试举四类。

其一,能够"抵垫"摊款的村长副。

有的村长副在完成上级摊派的各项任务时,能够苦口婆心做村民的工作,办事公道。如果村民因各种各样的原因一时交不上,村长副能给予慷慨的抵垫,此类村长既能赢得村民的支持,又受到阎锡山政府的褒扬,如下案例:

> 二十一日首去贾家堡二百余户,村长吴云已连任十数年

---

① 《阎伯川先生言论类编》卷三下,1939年刊行,第63页。

矣，虽今春改选时，意欲告辞而村民竭诚拥护，只得再事连任。吴受村民之欢迎，何如也？据一般人云，该村之各种摊派及捐款筹措甚易，盖无故意推诿或延缓抗交者也。当此需款浩繁，民穷财困之秋，筹措款项，本最不易之事，……该村长能将利害分明与村民剀切宣传，务使明了摊款，不得不然之苦衷。又该村长自身廉洁，账簿清白，故村民无不乐相赞助也。①

太原大井峪村闾长孟生海，办公热心异常，每遇按闾派款时，该闾长招集本闾花户说明派款用途，使闾人了然款无虚糜，始行挨门提取，如遇不给之家，该闾长即设法代为周转。是以每逢摊款，该闾不但无拖欠之弊，且可免闾人逼迫之苦，故闾人俱爱如父兄焉。②

其二，对上级"公事"认真、对乡间"公益"热心的村长副。 有的村长副对于"公事"异常认真，对乡间"公益"热心，亦受到阎政府的肯定，如下个案：

安泽县，西庄村村长王步青老成持重，办事热心，以故各项成绩无不斐然可观，最可注意者，该村长知识虽浅，而非常用心，凡公事到村有不明白者，必往返数十里亲到区公所详加询问，然后着手办理，惟恐有误要公，难对村人选举

---

① 《太谷县实察员张纯熙日记一则》，《山西村政旬刊》1928年第1卷第11期，第18页。
② 《各县村民会议进行概况（据实察员报告）》，《山西村政旬刊》1929年第2卷第11期，第14页。

之初衷。①

还有的村长副对于乡村各项"新政"措施热心积极，在诸如调解诉讼纠纷、治理游手好闲的游民等方面富有成效，受到阎锡山政府的肯定，如下叙述：

> 沁水苏庄村……大半均由该村副徐海一手经理。息讼会处和事件不少，闻邻村有争执事，都要往该村请其公断，因能主张公道也。②

> 徐沟县桃花营村长詹哲君，为人忠诚，勤俭自持，曾经村民共赠一"惠我乡邻"四字之匾额，兹述其事绩于下。……该村向无求学之人，土地又硗薄，故乡民多为烟民窃盗游手好闲者。自詹君膺任以来，注意男女学校及戒烟局，并开渠筑堤引水灌田，乡民凡属游荡者，均托本村商民引诸辽东，学习商务，以故该村近来无一贫乏之家，无一乞丐之人。③

> 大宁县，该县地处偏僻，人民贫者多而富者少，以致各种应办事项，多不能举办，兹有该县上鹤村村长李君无璋，对于工艺竭力提倡，……该村长为提倡工艺，开辟利源起见，除先出资本五百元外，并续行集股，在该村设立毛织工厂。④

---

① 《村长副》，《山西村政旬刊》1930年第3卷第5期，第31页。
② 《沁水县实察员尚宗琦日记》，《山西村政旬刊》1928年第1卷第6期，第19页。
③ 《各地政教现状撷要》，《来复》1923年第277期，第8页。
④ 《村长提倡工艺之可嘉》，《来复》1924年第287期，第8页。

其三，热心办乡村教育的村长副。

山西省被冠以"模范省"的称号，其中一个重要缘由是在全国率先实行了义务教育。山西地处内陆，表里山河，交通不发达，近代开埠以来，经济落后，封闭保守。在此社会经济文化环境中推行义务教育，阎政府面临重重困难。即便如此，山西义务教育还是在艰难中得以推行，并取得一定成效，此当归功于村制的实行。阎锡山的村长副成为阎锡山义务教育政令的执行者。对于能够克服困难、热心办学的村长副，阎锡山政府相当推崇，如下史料：

> 榆社县道坪村村长张君子平对于公益事业，素个热忱，且乐善好施。近为整顿该村学校暨补助寒家子弟升学起见，慨捐款一千余吊，作为母金，以所得子息，作为经费云。①
>
> 沁县：固亦村村长田锁办理村政，非常尽力，对于学务，尤为热心。该村初级小学原甚不振，自该村长接任以来，不时亲往各花户催迫上学，屡劝不听者，不徇情面，依照村禁约行处罚。村人一则感该村长之热心，二则畏禁约之处罚，促学童上学。现该村小学学生竟达七十余名之多，无一失学儿童。②

其四，为支持阎锡山军阀战争做出贡献的村长副。

阎锡山内战取得一系列胜利，很大原因归功于村长副们，如

---

① 《热心教育之两村长》，《来复》1924 年第 287 期。
② 《村长副》，《山西村政旬刊》1930 年第 3 卷第 5 期，第 31 页。

1926年的雁北战事，"各村长副有报告敌人如何侦探者，有报告敌军如何行动者，至供给军需克期无误，尤赖各村长副尽力帮助，乃能不误戎机，恐未行村政以前，不易致此，可见从前办理村政，并非枉费辛苦"①。阎锡山对支持军阀战争的村长副表示嘉奖："在整理村范以至北伐时期，完全是用村长副的力量。北伐的胜利，可以说是村长副打的。所以北伐完成后，我首先下令嘉奖。"②

阎锡山政府"好村长"的多彩谱系中，可谓色彩斑斓，各有所能。他们首要的品格是"热心公道""尽心尽责"地完成上峰的各项任务，同时，带领村民进行生机勃勃的地方自治各项事业建设。这样的村长，即是阎锡山所期待的"合格"的村长副。

三、山西省防避"差役化"努力的失败

阎锡山采取种种措施，对于基层代理人可能出现的"差役化"倾向予以防避，经过坚持不懈的努力，收到一定成效。在其"新政"革新的最初十多年，社区精英出任村长副成为主流。村长副们无论是完成上级的各项任务，还是带领村民进行"自治"建设，均有不俗的表现。然而，阎锡山"新政"革新能走多远是值得怀疑的。山西"新政"的实质是试图在一个封闭落后的内陆

---

① 《第四次告知委员并分别转告官绅事项》，1926年，《山西村政汇编》，沈云龙主编：《近代中国史料丛刊》第98辑，台北：文海出版社，1973年，第506页。
② 《阎伯川先生言论集》，民族革命社刊行，1937年，第103页。

省份全方位地进行现代化转变。现代化的启动需要巨量资金,各项资金来源不可避免地指向"小农经济"。此意味着山西现代化革新,"农业资源"承担主要重负。无论阎锡山的"村制"愿景多么"美好",无可回避的矛盾是需向农村汲取大量资源,这使山西"村制"大打折扣,对此,梁漱溟一针见血,直陈时弊:"家家有余的种种办法,全是空的!所以它的村政,亦是向村民要钱的村政。"①

在此情况下,村长副无可奈何地成为阎氏政府向乡村汲取资源的代理。对于"社区精英型"的村长副来说,如果他们将地方公益、地方建设事业置于工作的首位,或将赢得乡民的尊重,维持"一乡之望"的社区影响力;如果他们作为阎氏"汲取"资源的代理,他们可能与乡村社区利益"剥离","声望地位"难以维持。历史演绎的具体情形更大程度偏向"后者",村长副在实际履职过程中,基于外界汲取资源的强大压力,不可避免地向"差役化"方向蜕变,具体表现如下:

其一,许多时候,村长副扮演着外界政府向村庄攫取利益的代理,领导村庄进行积极自治建设的任务几成空话。

如前所述,村长副的责任主要有二:一是执行国家委派的各项任务;二是领导村民进行自治建设。然而,在具体政治运行中,村长副更多扮演着上级委派任务的执行者,而不是领导乡民进行生机勃勃的自治建设领袖。在灵石县,"近闻各村村长副,

---

① 梁漱溟:《山西之所见》,苏华、何远编:《民国山西读本·政闻录》,太原:三晋出版社,2013年,第162、163页。

为办理摊款事,颇招嫌怨"①。民国学者祝君达直截了当地说:"当村长的人,几乎全为官差而设,每日里催款缴款忙个不了,哪有余力去办村政呢。"②

梁漱溟在考察山西时看到:"村民一面,对于村政亦有疲累厌烦之意——官厅的命令,使他疲累厌烦;村内纠纷,使他疲累厌烦;征敛要钱,使他疲累厌烦。而村中所办唯一的一件事,即那小学校,近固不生利,远亦望不到好处,此外更无什么与他有好处的了,对于村事不但不热心,只是不愿理会;此种情形非常之多,不胜枚举。"③

其二,在资源汲取的巨大压力下,村长副们经常受到村民抱怨,声望无从获得,有时还要承受较大的经济损失,人身安全无法保障。

山西的村长副们是没有薪水的,"山西村政执事人员,村长和村长副,须选品学兼优,且有资力者充之。……均为绝对义务,办理尽职者,由政府奖以荣誉而已"④。"根据我们的记录,村庄的长老和官员都是无偿地服务……大部分的长老,是较富有村户的成员,因而有余暇为社团服务……通常甚少谋取得私利的机会。"⑤

---

① 《规定村中摊款办理》,《山西村政旬刊》1928年第1卷第4期,第14页。
② 祝君达:《山西村政的检讨》,《新农村》1934年第9期,第76页。
③ 梁漱溟:《北游所见纪略》,《梁漱溟全集》第4卷,济南:山东人民出版社,1989年,第902页。
④ 闻天钧:《中国保甲制度》,上海:商务印书馆,1935年,第360、371页。
⑤ 〔美〕甘布尔:《华北乡村》,转引自〔美〕黄宗智:《华北的小农经济与社会变迁》,北京:中华书局,2000年,第254页。

关于不给村长副发薪水,梁漱溟曾提出反对:"然而无薪给似亦不行。因为我们期望村长副做的事很多,绝非很清闲的。事务一忙,则自己原有的生业,便难照管了。不能自理生业,生活费将何从而出?况且非有点知识能力的人,来担任村中公职,一定不行。而此种有知识能力的人,本来都要自觅一项职业的,现在不要他作旁的事,回到乡村专心于此,无薪给断乎不行。"①

村长副们不仅没有薪水,而且所担负的工作非常繁杂,目不暇接:

> 报告官厅事件:凡村长副所管的村中,有不平常的事发生,均应即时报告知事,以便知事迅速处理,免得民间受害。兹将村长副应报告知事事项列左:水灾,雹灾,霜灾,蝗灾,旱灾,村中有被盗者,村中有传染病发生时,村中有行为不正、屡劝不改、应请知事惩罚者,秋收后年成如何,村中有坏人暗中勾结、图谋扰乱村中治安者,村中有杀人者,凡村中有强盗,或在所管村附近路上出有劫案时,应一面以最急方法报告知事,一面纠合村众设法捕拿。……以上一款至九款,或由邮局寄信,或托人捎寄,或专人报告均可。第十款必须村长副着一人亲见知事,当面报告。②

---

① 梁漱溟:《北游所见记略》,《梁漱溟全集》第4卷,济南:山东人民出版社,1989年,第901页。
② 阎伯川先生纪念会编:《民国阎伯川先生锡山年谱长编初稿》(二),台北:台湾商务印书馆,1988年,第506页。

霍县实察员的一则日记中记录了某村长不仅没有薪水,还要抵垫车马费、饭费,他的"无私"慷慨之举揭示了村长副"无利可图",还可能遭受个人财产损失的"窘境":

> 我当村长六七年,从没有私用过村中一文钱,近二三年来,村事异常多,不是到城交款,便是去城开会,店钱饭钱,就去年说竟花费三四十吊,村人均劝我开支公款,我总没有如此做,难道不当村长,不办公事时,就不吃饭么。这几日监察员清查村款,总要叫我开支车马费,我想我要开了这端,下年别人当了村长,照例也要开支,村中近年负担太重,能省钱处总得减省,还敢增么?所以当时我绝不承认这个,他们就公议了个,以后不论谁当村长,这笔款也是照例的不能开支的。①

阎锡山要求村长"勤勉、公道":"为一村主宰,其执行公务,须具公道、热心、毅力,不为亲戚、爱憎所偏,不为金钱、势力所感动。"② 可是,面对事务繁杂的诸多工作,村长副们即便有公道勤勉之心,也没有胜任之力。以下个案记述了某村长因催缴欠款,被村民憎恨诬告的实况,如下史料:

> 本年有第一区西韩村村长张炳祥者,前经商于城内永泰新布庄,屡被村民投选为村长,坚辞不就,去年生意歇业

---

① 《霍县实察员高知日记一则》,《山西村政旬刊》1928 年第 1 卷第 15 期,第 23 页。
② 冯国桢:《村政常识》,上海:上海卿云图书公司,1929 年,第 18 页。

后，又被村民投选，并经大众力劝，接办一二年，整顿村政：该民迫不获已，勉强担任，任职未久，对村中兴利除弊事件竭力倡办……

本年春季，改选村长时，村民仍一致爱戴，选伊连任；不料连任以后，有该村二三坏人，因去年该村长严催该等积欠，心中怀恨，竟密报视察委员，谓该村长有舞弊情事，视察员当即会同县府传集该村办公人员等携带村账，详细查阅，并无舞弊痕迹……①

有的村长副在执行公务中人身安全受到威胁："贩吸烟民，仇视闾邻长之报告搜查，间有发生栽赃陷害情事，实为村政行之障碍。"②有的村长副还有被暗杀的险状："听说去年太原县东堡村，有村民刺杀村长的事，结果有一人判无期徒刑，一人判死刑；村民不服，上告到省，尚未完案。据说这村民刺杀村长的事，以前平陆、寿阳县亦曾发生过。"③

又有某村长为了征收捐款，在村民集会上苦口婆心反复说明，后村民勉强同意，但也难以掩饰村长征收捐款时场面的"尴尬"，在此类场景中，村长副的声望根本无从获得，如下，据晋城村政实察员的日记叙述：

---

① 《村长难》，《祁县通讯》，《盐政周刊》1935年第123—124期，第12—13页。
② 《覆方山县知事用众一事段将心操到将力用到方能逐渐有功函》，1925年4月18日，山西村政处：《山西村政汇编》，沈云龙主编：《近代中国史料丛刊》第98辑，台北：文海出版社，1973年，第286页。
③ 梁漱溟：《北游所见记略》，《梁漱溟全集》第4卷，济南：山东人民出版社，1989年，第902页。

午十钟到浪井村。事前虽通知,至今人未召齐。先与少数村闾长谈论该村一切。……村长王裕来能力尚可,不敢抱怨,颇以起派捐困难为辞,并请向众讲演开导,以利进行。良久人始召齐,除查询各项村政成绩外,复将上峰派借款项不得已之苦衷,为之反复说明,劝其慷慨输将,以维大局。有一年闾长当场发言,曰官厅每次派捐款项,要与人民说明理由才好办理,否则人民只怨官厅敛财,不晓有何用途,听了委员此次讲话,吾村以后起派款项,当不为难矣。①

其三,顾及名声的社区精英表现出辞职的强烈意向,"牟利的不轨之徒"出现在基层权力舞台。

阎锡山的村长副们在执行上峰政令时,在村民面前扮演了不受欢迎的角色,此种工作与社区领袖追求声望与地位的社区目标相悖离,洁身自好、顾及名声的人士往往不愿担任;同时,他们在执行公务过程中免不了替村民抵垫摊款,经常受到村民的抱怨,甚至人身安全受到威胁,可谓费力不讨好。于是,"村制"实行过程中出现了社区领袖试图躲避村职的现象,"年来军事迭兴,支差摊款,村长副的责任甚重,自己已经畏难,村人不免怨望。故好村长副,每因感受困难,自请辞职"②。

有的村庄成员担任村闾长竟是被上峰所逼,被迫承担:

---

① 《晋城实察员侯毓材日记三则》,《山西村政旬刊》1928 年第 1 卷第 8 期,第 21 页。
② 《村长副要力去专断》,《山西村政汇编》2,沈云龙主编:《近代中国史料丛刊》第 98 辑,台北:文海出版社,1973 年,第 511 页。

我们在平遥到介休的路上，有一次下车散步休息，与田间一个人闲谈，知他是一个闾长，而甚以当闾长为苦。就问他既不愿作，何必还作？他摇头露出为难的样子，并以手作式，如果不作，便要被区长用绳牵到区里去。①

对此现象，甘布尔亦指出："由于来自于上级政府官员的压力以及一些地区军队与土匪的烦扰，村长的职位并不是一个令人愉快的工作。如果官方的命令得不到执行，官府会抱怨他们，当他们不得不完成上峰要求的钱款时，他们又受到村民的抱怨。"②

在此情境下，有人却主动"运动"，希望当选村长副，这些人往往是欲借职务牟利的不轨之徒，如祁县一类村长，"历年以来本为义务无给职，办事认真者，每多闻罪坏人，暗中受其陷害，以故洁身自爱之士，率皆不愿充任，而运动当选、把持恋栈者，无非欲藉村长职务，便利私图；甚或侵蚀村款，饱其私囊，此种现象，诚属司空见惯，不足为奇"③。辽县第二区羊角村村长侯金庆、村副侯德庆，曾贿赂该区代理区长巡官辛荣兰、公安局驻村卡警头棚什长王成章，召集下庄村烟贩赵某等，在羊角村饭铺大设筵席聚会四日，让各贩吸烟民分四等纳捐，然后保证他们自由贩吸。该村长副共有弟兄五人，串通作恶，舆论沸腾，村人

---

① 梁漱溟：《北游所见记略》，《梁漱溟全集》第 4 卷，济南：山东人民出版社，1989 年，第 901 页。
② Sindey D. Gamble, *North China Villages: Social, Political and Economic Activities Before 1933*, Berkeley and Los Angeles: University of California Press, 1963, p.2.
③ 《村长难》，《祁县通讯》，《盐政周刊》1935 年第 123—124 期，第 12—13 页。

均称之为"五大王"。①

由上可知，阎锡山在"新政"实施中，对于村级权力主角可能出现的"差役化"问题采取了一系列措施予以防范与抵制。他积极吸纳"正绅"与"社区领袖"出面担任村长副，期冀社区领袖能够利用他们的声望、影响力与感召力完成上级的任务，同时肩负起地方自治建设的各项事宜，使上情下达，政令畅通。阎锡山还要求他的官员对村长副要优待以礼，充分尊重；禁止下乡人员任意需索；极力保护村长副的人身安全等。

阎锡山认识到，要想避免基层代理人差役化就必须给他们以充分的尊重，这样才能吸引"正绅"与社区名流"参与其中"，保障政令落实到位。然而，20世纪二三十年代，一方面阎锡山政府极力"维持基层代理人"的社区地位，另一方面却将汲取现代化所需巨量资源的重任负载到他们身上。事实上，在对待基层代理人方面，阎锡山的政策本身是有矛盾的。在资源索取的压力下，"社区精英"的声望与地位很难维持，其个人的物质利益财产时常受到损失，人身安全亦受到威胁。社区领袖们表现出躲避公职的强烈意向，普通百姓更不愿出任，畏之如虎。村庄权力架构上，遂出现了"权力真空"，由此给"不轨之徒"僭取村政权提供了可乘之机。以上种种表明，随着"新政"的纵向推进，阎锡山政府基层政权代理人不可避免地蜕变为"官之差役"。

1937年7月，抗日战争爆发，中国共产党深入敌后，建立了

---

① 《山西省政府行知惩处文1930年2月25日考字第107号》，《山西村政旬刊》1930年第3卷第7期，第1页。

抗日根据地。中国共产党通过"村选"运动进行了基层政权的改造,基层政权代理人"差役化"倾向逐渐得以扭转。

第三节 中共抗日根据地乡村权力结构的变动(1937—1945)——以晋西北抗日根据地为例

抗日战争爆发以后,中国共产党深入敌后,开辟了抗日民主根据地,建立了抗日民主政权。对于敌后抗日根据地的研究,学界已有很多论著。但从区域史的角度而言,研究地域多集中于陕甘宁边区和晋察冀边区,对于晋西北抗日根据地的研究尚不多见;从研究的视角来看,多集中于政治、经济、军事的领域,对于根据地基层权力结构变迁的研究尚停留在叙述的层面,未做出进一步的理论探讨。中共晋西北抗日根据地的大量档案材料较为全面系统地反映了中国共产党基层政权建置的过程,为此,本节欲以此为分析的主要依据,从基层权力主角的重塑和基层权力组织的再造两方面对晋西北抗日民主根据地基层政权的建置进行探究,以此作为观察阎锡山基层政权如何转化为中共抗日根据地基层民主政权的窗口。

一、乡村权力主角的重塑

(一)抗战前晋西北乡村社会的权威构成

乡村民众将国家视为与己无关的外部世界的意识较为强烈,这里的民众一般把国家的"公事"当成与己无关的甚至危害其利益的但又必须完成的任务,认为在办"公差"中能与上级周旋的人,同时具有诸如"玉石嘴""能抗公事""会应付"等能力的人是最称职的乡村领袖。如当时的一位乡村干部谈道:"部分群众认为最好的村长是应付上级,长于抗差的,至于派粮、派款多少,是否贪污还在其次。因此有些村长就专靠抗差来维持在落后群众中的'威信',如能抗差,首先就能得到很多人的支持,否则廉洁也坐不住。"①

撤除国家与地方社会之间的藩篱,唤起民众对国家政事参与的意识,取得民众对其政权的支持,是阎锡山"村制"的目标之一。在其"村制"中,把在农村中有钱有势、在村民中有一定威信的士绅名流吸收进其行政统治网中,主要是由于传统的乡村领袖在乡村社会中起着实际的领导作用,阎氏期冀通过这一举措消除上层政府与地方社会相分离的状态,达到其控制乡村社会,并从中汲取社会资源的目的。结果是,从表面看来,传统的土生土长的乡村权威有了官授的合法身份,并为阎氏的军阀统治提供了较为稳定的税收来源,在一定程度上达到了对地方社会控制的目的。但是,作为国家与地方社会沟通的唯一渠道,这些新进入官制系统的乡村权威在行使国家赋予的权力时,并未成为"通上下壅蔽"的连接,反而因为有了这种官方的授权,利用官方赋予诸如税收之类的权力,在为"公家"办事的过程中贪污中饱,使他们对地方社会的责任感和保护性减弱,在老百姓的心目中,他们与政府一道站在了民众的对立面。"村政权工作的主要内容是

---

① 晋西区党委:《政权建设材料汇集》,1941 年,档号:A22-1-4-1,第 63 页,山西省档案馆藏。

'要',即要粮、要款、要兵、要差。许多在公费项目下开支的却另行摊派。上级人来吃饭,花五角钱,账上写买酒钱若干,肉钱若干,以超过原价数十倍的数目向群众摊派。什么修理费、购置费等又可以随意出账……摊派不公,有时群众难免要问两句。这时村长或间长的答复是:'嫌不公你来办呀!'"[1] 在当地民众中流传着这样的民谣:"村公所好比阎王殿,阎王爷就是村长特派员,还有地下三朝官,就是主任协助员,村警好比催命鬼,白天黑夜来催租,间长好比地方官,不是催粮就催款,家家户户都发慌。"[2]

可见尽管"村制"的实行使得阎氏政权在一定程度上获得了支持其军阀统治的经济来源,而当地主士绅借助政府授予的权力为自己谋私时,政府的政策向乡村的贯彻则大大打了折扣,因而,阎锡山军阀政权对乡村的渗透是有限的,"村制"的结果只是将传统的乡村权威从地方社会"剥离"出去,不仅未将上级政府与地方社会的距离缝合,反而由于基层权力执行者的劣行大大毁损了其在民众心目中的形象,把政府的利益与地方社会的利益进一步对立起来,拉大了国家与民众的距离。

(二)抗日民主政权对晋西北乡村权力主角的重构

晋西北抗日民主根据地正式建立于 1940 年春,并于 1941 年初开始了基层政权的正规化建置。抗战以来,晋西北的政权结构

---

[1] 晋西区党委:《政权建设材料汇集》,1941 年,档号:A22-1-4-1,第 63 页,山西省档案馆藏。
[2] 《晋绥日报》,1947 年 8 月 25 日,第 3 版。

发生了较大的变动。首先，由于抗战的爆发以及受"晋西事变"战事的影响，地主士绅经济利益受到很大冲击。其次，由于抗战后一般负担的加重及根据地"合理负担"的执行，地主每年的负担超过了收入。加之"晋西事变"后，晋西北抗日民主政权刚刚正式建立，负担主要落在了地主富农身上。再就是减租减息政策的实行，亦大大减少了地主士绅的高利贷利息及地租收入。经济上的巨大损失，无疑动摇了其权力的基础。因此，"政权结构中从县以上看可以说基本上已经扫除了地主富农的把持操纵，惟地主富农把持村政还有些"①。抗日民主政府欲通过民主"村选"的方式合法地改造村级权力机构，扫除阎锡山政权在晋西北乡村社会的权力基础，使得基层政权和平过渡，从而稳定抗日根据地的基层权力结构，达到对乡村社会资源控制的目的。而这一过程是经过多次基层的民主"村选"运动而逐步完成的。

首先，我们以兴县蔡家崖"村选"为例来看1941年的"村选"结果。"村选中各阶层一般趋向：在今天无论任何阶层，是趋向中农。如地主富农估计本阶级力量已脆弱，但仍不放弃其经济利益，所以他们就趋向和本阶级利益不过分冲突的中农了。村选中最初这些人替张致全、王元鹏（富农）竞选，但后来估计到他们的失败，所以又转替韩为大、王家保（中农）来竞选，其原因是本身力量的不足和'基本群众'的觉悟给予他们的威胁。贫农、雇农基本上为获得生活上改善，从封建势力解脱出

---

① 晋西区党委:《统一战线工作总结》,1940年,档号:A-22-4-8-1,第13页,山西省档案馆藏。

来,但由于本身的困难,对本身力量的轻视,政治资本不雄厚和在经济上中农与他们的矛盾不大,所以此次试选中,他们趋向中农,一般都选了办事公道,不欺负人的中农王家保、韩为大。"[①]

从1941年的"村选"结果来看,新的乡村权力的主角以中农为主。此时由于抗日民主基层政权的初步建置,地主富农的力量从整体上走向没落,贫雇农由于生活困难,耽误不起工夫,且参政的热情尚未激发起来,多不愿意积极参加政治活动,形成了基层政权结构中以中农为主的权力格局。

下面,我们再来看一下1945年"村选"的结果。

表3-4 1945年兴县六个行政村当选的自然村主任、村代表[②]

试选村		二十里铺	杨家坡	康宁镇	贾家沟	魏家滩	蔡家会	合计
成分	地主		1			1	2	4
	富农	2	2	6	3	2	2	17
	中农	33	46	22	19	26	32	178
	贫农	14	1	34	8	35	20	112
	雇农	1	1					2
	商人					3	1	4

---

① 晋西区党委:《统一战线工作总结》,1940年,档号:A-22-4-8-1,第11页,山西省档案馆藏。
② 沈越:《兴县六个行政村试选的总结》,《抗战日报》,1945年5月17日,第4版。

续表

试选村		二十里铺	杨家坡	康宁镇	贾家沟	魏家滩	蔡家会	合计
英模	边区		1			1		2
	县	2	2	2		3		9
	行政村	1	5	5		3	2	16
	自然村	6	3		7		4	20
干部	农干	7	8	6	1		2	24
	分小队长	5	14	3	1	8	3	34
	连任主任	2	7	6	4	11	6	36
	连任代表	15	24	13	7	21	16	96
	落选主任	8	5	4	3	4	6	30
	落选代表	8	15	8	7	31	21	90
备注			在中农中，新中农38人，老中农8人		在中农中，新中农10人，老中农9人			

从1945年"村选"的结果我们可以看到，尽管乡村的权力主角仍以中农为主，但其内容却发生了变化，如"杨家坡村当选

的四十六个中农中,新中农三十八人,老中农只有八人,贾家沟新中农十人,旧的九人"①。这是由于随着根据地各项建设运动的展开,尤其是关系民生的各项群众运动,如减租减息、变工互助大生产、春耕秋种、妇女为主的纺织运动等,以及民主政权实行"合理负担"政策,"基本群众"的生活有了一定的改善,加之民主政权大力宣传鼓动,普通民众的政治冷漠心理发生了变化,参政的意识有所提高,因而许多新翻身的中农进入基层政权中来。此外,抗日民主政府对于基层权力主角的重塑,其意不仅仅在于通过"村选"的方式使"基本群众"的代表成为权力主角,达到对旧日以地主士绅为权力主角的基层政权的改造,还在于通过动员新的基层权力主角领导民众来执行其各项法令政策,因而吸收在运动中涌现出的具有一定威信的乡村领袖加入基层权力的结构中来是极为重要的。这样,"村选""不仅选进了一大批英雄模范,而且农会、武委会有威信的干部也大部分当选,落选的多半是不负责的,违抗工作及老好人和老得没牙的;当选的一般是群众中有威信的干部或英雄"②。

从上文对晋西北抗日根据地在 1937—1945 年的乡村权力主角变迁的勾勒,我们可以看出其变动的一条清晰的脉络:随着抗日民主基层政权建设的展开,晋西北乡村的权力主角由传统的集"官授的正规权力、地主士绅、家长"于一体的乡村权威转向中农、贫雇农为主的"基本群众"的代表。

---

① 沈越:《兴县六个行政村试选的总结》,《抗战日报》,1945 年 5 月 17 日,第 4 版。
② 同上。

晋西北抗日根据地的政权处于从国民党阎锡山政权向共产党政权过渡的阶段，如何将旧的基层权力结构改造成新型的抗日民主政权权力基础，从而达到对社会资源的控制，这是此时基层政权建设所面临的主要任务。抗日民主政府在基层政权的建设当中，通过民主"村选"的方式将昔日的乡村权威从基层政权剔除出去，代之以"基本群众"的代表，其意不仅在于将其阶级理论付诸实践，也在于希望新的权力主角在行使上级政府所赋予的权力时，不再重蹈民国时期失败的覆辙。其理论依据主要在于新的权力主角不再是剥削广大民众的地主士绅，而是与"基本群众"出身相同的贫农、中农。民主政权期冀通过吸收"基本群众"的真正代表进入乡村基层权力结构，使他们"沟通上下、教育人民，使人民认识个人的利益要服从团体的利益，目前的利益要服从永久的利益。同时使上级政府要了解民间的情况，使得政府的政策法令能够灵活地适应于不同的环境，自己要做人民的公差，又要做人民的公仆"[①]，以此获得民众对其政权的支持。

（三）新的乡村权力主角在工作中出现的偏差及其纠正

由于多方面的原因，新的乡村权力主角在从事基层政权工作中暴露出一些偏差，对此抗日民主政权下了很大的力气进行纠正。

其一，由于新的乡村权力主角是以中农为主，他们中的大多数是文盲或仅仅粗通文字，因而在传达上级的政策时有时不能全面领会，加之受旧日乡村办事人员工作作风的影响，屡屡发生强

---

① 《打破贯彻政策的障碍》，《抗战日报》，1942年2月21日，第3版。

迫命令的做法，致使民主政府的一些法令不被民众理解。这种情况在整个抗日民主根据地普遍存在。正如当时一篇社论所评述的："在各抗日民主根据地——特别是陕甘宁边区政府人员都是从来没有问过公家事的工农分子，他们怀抱着满腔的革命热忱，具备牺牲苦干的精神，但是由于文化程度低浅，对于政府的政策往往不能有全面的了解……在工作方式上习惯于直接了当地摊派命令，却不善于适应不同的情况不同的对象去说服教育，因此使得上级政府的政策法令，由县区传到乡、乡传到村，往往沿途丢失；最后只剩下了光秃秃的命令。"① 为了纠正以上偏差，晋西北民主政府在基层政权建设中非常注重通过各种形式对乡村干部进行教育，如举办干部培训班、开扩干会，以及在"冬学"中对基层干部进行政府的法令政策的教育等，使乡村的基层干部在具体工作中逐步转变工作作风，对民众采取说服教育、民主的方式，从而使民众理解民主政府的政策法令，认识到民主政府从根本上是为大多数民众谋利的。

我们从下面一个村干部的工作作风"反省"材料可以看出，通过转变工作作风，就可以使民主政府的政策法令得到较为顺利的执行。

> 我是郭家土焉村主任，我们村里对我有许多反映，说我压迫人家。我心里常想：当了主任是个干部，干部的话，应该说一句算一句，老百姓不听干部的话，还能行？过去旧政

---

① 《打破贯彻政策的障碍》，《抗战日报》，1942年2月21日，第3版。

府时，我见人家办事人，一遇见灾害，就由他自己给全村摊开，我年时当主任，认为自己有了权了，就用摊的方法，我不晓得什么是个民主。这几天的会，开得我的脑筋有了些开化，越想越不对，往年时冬，要集军火合作社的款，村公所给我们村计划给老百姓自动集一千块，我回去就按户每家摊了五十块，款是集起了，可是下层有反映，说我主任办事不公道，"枣核桃一类数"，为什么不论穷富一律五十块？我那时心里不舒意，埋怨老百姓意见多……这一次开会，我可想通了，前天队伍打开方山圪洞我想应该发动劳军，这次我再没有用摊的办法，我民主了一下，让众人们自动，想不到人家都自动哗哗报上来，你出三斤面，我出一担萝卜，不论穷富都出得干脆，比心里事先计划的多，你们看，不民主，群众有反映，事情也弄不好，发扬民主，事情就办得比想象的还要好。①

新的乡村权力主角工作方式的转变，在忻县上沙沟村"变工组"活动中也有体现：

忻县检查了春季生产之后，发现上沙沟变工组织得较好，而变工队长张春英领导贯彻调查、说服与民主检讨的精神，则是他成功的原因。在着手组织变工时，他不采用开会动员的方式，而是个别了解与说服。最初他只找了徐二满一个人，根据徐二满没有牛而自己有牛的条件，整整劝说了十

---

① 刘裕池：《工作作风的反省》，《抗战日报》，1945年3月31日，第4版。

来个晚上，说得徐二满愿意了以后，两人又共同说服李二毛和郭从有，他们的情况也是一个有牛一个没有牛，互相需要变工。变工发生问题，也以调查和说服的方式解决。一次开荒以后，郭从有疲劳不堪，第一天说是"参加变工开会，老婆和他吵架"，无论如何不去了，张春英和徐二满向他老婆作了调查，大家开会教育，郭从有也检讨了自己的不对；又一次李二毛也不说什么就不变工了，问他为什么也不说。向他母亲作调查，才知道是因为给他的豌豆地耕迟了，于是第二天就给他耕，又开会检讨，二毛也作了反省，解决了问题。村里人亲眼看到变工省工有利于生产，连最初骂"变工是胡闹"的薛银有也认为"的确不赖"。现在全村已经扩大到四个变工组，包括二十户人家。①

通过上面几个案例，我们可以看到抗日民主政权与民国时期政权的不同之处在于给予了乡村干部一定的教育和培训，使其适应新的公共身份的角色变化。新的基层权力主角以从未有过的"民主说服"的工作方式执行上级的政策，使得抗日民主政府的各项政策法令在民众认可的状态下得以实行，从而使民众支持和拥护新的抗日民主政府。

其二，新的乡村权力主角在工作中出现的另外一个值得关注的现象就是他们尽管出身大都是贫农、中农，不可能再凭借其经济上的优势站在民众的对立面，对民众进行剥削，然而这并未完

---

① 《个别说服组织变工》，《抗战日报》，1945年6月21日，第4版。

全消除个别新的乡村权力主角利用新获得的职权从事贪污而导致严重脱离群众的情况。如"宁武二区新堡是工作开展得最早的老区，还在新政权正式建立之前，我党即在群众中工作，数年来，该村于尖锐对敌斗争中，始终表现英雄坚毅……可是在这样一个村子里，也发生了干部脱离群众的严重现象……最明显的是在买地的运动中，几乎个个村干部都滥用权力，比群众多买了地，而且多是近地好坪地，而群众则是坏地，甚至根本买不到地，如四三年农会秘书周某某，一年就买好坪地八垧。他的买卖方式是这样的：地主周林如欠下公粮，他一面鼓动闾长去叫地主周某限期交公粮，一面暗中告诉地主周某：'只要你把地卖给我，公粮可缓交。'在如此'逼迫'下，本值二十元白洋的土地，六元就便宜卖给了他……这样，使得群众普遍看不起干部，干部威信扫地"[1]。这种现象虽然只发生在少数干部身上，但如果不对其加以纠正，将会给抗日民主政权的基层建设带来不利的因素。晋西北抗日民主政权在基层政权的建设中与国民党统治时期的根本不同之处在于，民国以来由于国家政权的扩张所需的大量摊款和税收离不开"赢利型的经纪"[2]，即对赢利型经纪的再生无可奈何。这是阎锡山政府欲维持其军阀政权所必须支付的成本。正因为此，对于进入官制系统的乡村权威的贪污劣行，阎锡山政府采取了一种默认的态度。抗日民主政权在基层政权的建置中，建立了一套

---

[1] 纪希晨、周恭：《新堡干部怎样转变了干部脱离群众的现象》，《晋绥日报》，1946年8月24日，第2版。
[2] 〔美〕杜赞奇著：《文化、权力与国家：1900—1942的华北农村》，王福明译，南京：江苏人民出版社，1994年，第67页。

有效的动员群众的组织方式,摆脱了对乡村"赢利型经纪"的依赖,因而对于其基层政权的权力主角的贪污腐败行为是不能容忍的。抗日民主政权主要是通过发动群众对干部的腐败行为进行揭发,以及重新改选新干部的方式,将这种行为有效地控制在一定的范围之内。

抗日民主政权通过"村选"等方式,使得中农、贫农为主的广大民众的代表进入乡村的权力中心,从而根本上消除了地方权威凭借其经济优势与民众产生对立的可能性,加之民主政权对新的权力主角不断地进行教育和改造,使其在基层政权的建设中起到了极为重要的作用。

二、基层权力组织的再造

晋西北抗日民主政权通过对基层权威的重构与改造,使得新的权威最大限度地发挥其"纽带"和"桥梁"作用,为抗日民主政权在获得民众的认可和支持上迈出了关键一步。然而,抗日民主政权欲争夺更广泛的社会资源势必要同乡村固有的权力组织结构发生碰撞。20世纪三四十年代的晋西北乡村社会,游离于国家政权之外的传统权力赖以存在的文化网络在控制社会资源上还占据着很大的优势。"文化网络是地方社会中获取权威和其它利益的源泉,也正是在文化网络之中,各种政治因素相互对立,领导体系得以形成。"① 民国初期山西实行的"新村制"将村一级纳入正式

---

① 〔美〕杜赞奇著:《文化、权力与国家:1900—1942 的华北农村》,王福明译,南京:江苏人民出版社,1994 年,第 13 页。

的官制系统，但村一级地方权威的权力发挥须得到传统的建立在血缘和地缘基础上的乡村内生的权力网络的支持，因而，民国以来国家政权的建置给传统的权力组织提供了很大的生存空间，尤其在偏僻落后的晋西北乡村社会，村落家族、乡村会社、宗教组织以及秘密会社组织仍具有很强的整合乡村社会秩序的功能。任何一种外来的力量欲将其权力向这里延伸都绝非易事。

史料记载了20世纪30年代在临县和离石县交界处的天宫寺，由于官方与民间会社争夺三株古柏而发生争斗的前后经过，足以说明传统的权力组织在晋西北乡村社会对民众的集结力，以及官制系统对其渗透和控制的有限性。

> 天宫寺附近28个村落联合举办的寺社习称28社，每年由28社举行庙会、唱戏、祭神。后来东社、土焉头退出寺社，只有26社了。民国八年初春，临县派人前来天宫寺砍伐古柏，被寺沟村的乡绅薛庆长等人阻拦，未遂。民国二十年，临县知事马延久批准将古柏打来修建三交高等学堂，并让人用三百银元贿赂薛庆长不要阻拦打树，薛不但拒绝，反而训斥了一顿来人。民国二十年三月初八，知事马延久仍指派人在保安队的带领下砍伐柏树，五六天后，26社在薛庆长带领下堵打柏树，官方打柏树的人被迫撤回。知事马延久并不甘心，又派保安队抓走了26社的农民李正言等人，引起26社的愤恨。民国二十年农历三月二十日上午，26社的500多壮丁，人人手拿武器在临县交界处与保安队发生了激烈的冲突，双方均有伤亡。民国二十三年，省府判天宫寺柏

树是"公产",不是"官产",撤销临县知事马延久等人的职务,26社最终取得了胜利。①

除了上述的民间会社组织,在晋西北地区秘密会社、宗教组织亦不少见,如兴县石门庄行政村在1940年的调查报告里就提到了哥老会、佛教以及外国教会,其中尤其以哥老会活动为多。②而在民众日常生活中,其活动的组织形式主要是以血缘、地缘为纽带的村落家族的组织形式。这种组织形式具有一定的经济功能,如民间自发的变工互助:"锄地变工,是土地较远的农户,自己人少,因此找家族、亲友或相好的变工,一天锄完,他再给人家还工;捞麻晒麻捞出后不管多少都要在太阳出山前全部铺开,人少是不能做到的,一般的人家全是变工,他们是家族亲友关系……"③而值得注意的是,村落家族的政治整合功能亦较为突出,如1941年根据地"村选"时,一些农民习惯于以村落家族的组织形式参加竞选。"王家坡有'分散户'(外来人)与'坐地户'(本地人)两个'封建集团',一部分上层分子领导基本群众,互相对立,为他们效劳,双方斗争非常激烈,连80岁的老太太都到场,你提一人,我亦提一人,不管提的人好坏,专为意气用事,互相打击,直至在一块候选区名单上硬把一个人写成两个名字。石佛山是刘户与张王户按户族地区分成两个派别,双方

---

① 中国人民政治协商会议山西省离石县委员会文史资料工作委员会编:《离石文史资料》第2辑,1991年,第167—173页。
② 晋西区党委:《政权建设材料汇集》,1941年,档号:A22-1-4-1,山西省档案馆藏。
③ 《晋绥边区的劳动互助》,1944年,档号:A90-5-6-1,第7页,山西省档案馆藏。

几个头目不时地斗争。杨家坡马有福联合同姓的马有贞、马有禄、马有祥等数家结成姓马的统一战线，一方面在村中自己宣传村中要选的人，同时通过其党羽发动群众选姓马的。"①

由此可以看出，在20世纪三四十年代的晋西北乡村社会，传统的权力组织结构还在较大的范围内存在，仍具有很强的整合乡村社会秩序的功能。民国以来国家政权不断向乡村进行有计划的渗透，抗日民主政权在根据地的基层政权的建置在很大程度上也是沿着民国以来"现代化"建设的轨迹向前发展的，这样，被定义为"现代化的敌人"的各种"封建迷信"意识和组织无疑是革命的对象。然而，在晋西北抗日根据地的基层权力结构的变动中，破除各种"封建迷信"思想、瓦解其组织，意义远不止于此。因为在政权过渡的时期，最重要的任务是争取各种有利于抗战的社会资源，而乡村内生的权力组织大大抑制了基层政权扩展，冲破这些权力的文化网络，对基层组织进行再造，使得抗日的各种组织能够赢得民众的支持，是抗日基层政权在乡村社会得以立足的关键。这一行动是由三个互为因果的环节组成的。

其一，对传统的"封建意识"的改造。

这里的"封建意识"包括"家庭观念，讲人情、讲面子，封建的亲属关系，群众之舆论，命运论，自私自利，迷信等"②，这里面有许多是基于血缘、地缘组织而形成的一些农村中自生的传

---

① 晋西区党委:《政权建设材料汇集》，1941年，档号：A22-1-4-1，第17页，山西省档案馆藏。
② 《晋西区表联工作团——岢岚区工作报告》，1940年，档号：A22-5-5-3，山西省档案馆藏。

统观念。抗日民主根据地的基层政权向乡村扩展，为了求得农民对新的基层组织的认同，就力求削弱民众中的种种"封建意识"，从而否定传统权力组织存在的合理性。同时，基层政权又将"阶级的观念"通过各种通俗的方式逐步注入民众的意识当中。如史料记载："边头村是王、田、郭、石几姓共15户的小村子，其中王姓12户，田、郭、石各一户。王姓户族大，是所谓'在地户'，势力相当大，其他三家都是所谓'外来户'。80年前，王姓户内某某（现已成绝地户）将边头村坪地58亩押给债主石某（现已绝户），当时未作死契。隔十余年，田某之祖父即由石某手中承种此地，一直种到民国三年。田姓因石姓户绝，无人经营，即将此地向当时政税契写了个'申告书'。今春王姓以王一为代表、王二为帮手，组织王姓一族提出理由种种向田姓要地，而田姓拒绝。王姓势大，把地夺去，田某全家无奈，告到政府。经过政府思想法令政策的教育，让群众明确了此地是绝户地，应归公代管。并且教育群众打破王田两姓的界限，认识到'天下农民是一家'，并从受压迫的方面让群众诉苦，启发两家从劳动发家方面反省。田某的父亲讲述了起早爬黑的劳苦一生，感动了王家，使王家的'基本群众'认识到田家不是斗争对象，王一才是真正的斗争对象，因为他暗中反对减租。于是人们开始酝酿向王一的减租清债斗争。"[①]

上述案例使我们看到民主政权往往把宗族之间、村落之间的

---

① 《晋西区1946年全所司法工作总结》，1946年，档号：A22-5-3-2，第9—11页，山西省档案馆藏。

冲突引向阶级斗争，从而削弱民众的村落家族意识，并用"天下农民是一家"的思想来教育民众，达到弱化以血缘地缘为纽带的乡村权力组织的目的。

其二，乡村传统权力结构网络凝聚力的重构。

在晋西北乡村社会，由于偏僻闭塞，这里民众的"封建意识"浓厚，对传统的权力组织的依赖较强，因而民主政权在基层权力的建设中，除了不断用"天下农民是一家"的思想及"阶级"的观念取代人们的各种"封建意识"，还通过各种群众运动使普通农民认识到自己力量的强大，从而使民众摆脱对传统的权力组织的依附。"就五寨几个村子的情况说来，农村中一些迷信组织是为地主所操纵着的，一些什么'点拳师'、'坛主'几乎都是一些地主的人。他们向农民灌输什么'命运'、'良心'，'挨人的打，不要打人；吃人的亏，不要占便宜'等宿命论观点。"如"小寨村，这个村子完全由一些封建迷信组织来掌握（他们笼络上村干部）。去冬反贪污成果未分给农民，斗争出的好地几乎全调剂给一些迷信组织人员，贫苦农民只分得二三垧的'狼不吃'的地……杜县长和孙善文同志在这村工作，耐心与一些正派的农民亲近，发现了此问题，即由农会讨论，把好坏地打乱重新分配……紧接着，向群众教育，贫穷不是命运，而是由于地主剥削，于是又清算义仓，在清算中有人提出地主吕应宪转嫁负担，于是即领导群众与之清算，并把此清算出之款项多分给受苦的贫苦农民。此时某某会中就有了矛盾了，一些一时被欺骗参加的群众要向头子算账，并纷纷自动脱离该组织，李五参加某某道十二天，花了四元白洋，他说：'你快还我那四块钱吧。'斗争之所以取得成功，在于这村工作同志一直努力为群众谋经济利益，从中启发群众的觉悟"①。

其三，基层组织的再造。

抗日民主政权在晋西北乡村基层政权的建设中，使旧有的传统权力格局逐步瓦解，以阶级划分标准逐步取代了村落家族整合社会的方式，并在此基础上进行基层组织再造。新的基层组织是超血缘和地缘的新型组织，以农会为中心，包括妇救会、青救会、儿童团以及民兵组织等，在发动和组织群众进行各种轰轰烈烈的群众运动中发挥了中坚作用，并在领导民众运动中提高了其在群众中的威望，取得了民众的信赖，从而使得民众对旧有的权力网络和昔日的乡村权威的依赖性逐渐减弱。由于新的群众组织逐渐成为了团结群众的中心，抗日民主政权通过对基层组织的再造逐步实现了对乡村社会资源的控制。如"临县一、三、五区三十九个自然村农民在农会的领导下，召开了减租大会。到会佃户六百余人，地主二十人。会议开始，由群众选出县农会薛广大等九人成立减租委员会，以领导大会进行。先由薛广大报告政府减租法令，接着群众纷纷提出地主非法夺地，不减租等问题。在农民群众的合理要求下，对个别不明大义的地主经过劝解后，他们承认了自己的错误。大会解决了夺地问题及佃户提出的许多要求，农会的威信大大提高，未参加农会的农民，当场要求加入农会的，有三四十人"②。

晋西北抗日根据地的基层组织建设，通过对民众"封建意

---

① 元青：《发动减租与迷信组织》，《晋绥日报》，1946年7月25日，第2版。
② 《临县六百余人开农民减租大会》，《抗战日报》，1944年10月28日，第1版。

识"的改造以及传统的权力组织形式的不断瓦解,代之以超血缘和地缘的群众组织,并在满足民众最迫切的需要和领导民众进行各项群众运动的基础上使自己不断发展壮大,并进而逐步实现了对乡村社会的渗透和对乡村社会资源的控制。

三、结语

晋西北抗日民主政权为巩固其权力基础,获得晋西北乡村社会广泛的认可和支持,提出了"一切工作在于村"的工作口号。本节从乡村权威的角色转换和基层组织的再造两方面阐述了晋西北抗日民主根据地对乡村基层权力结构的改造,达到对社会资源的逐步控制并将其纳入施政的范围。晋西北抗日根据地对乡村基层政权的改造,可以看作新民主主义国家基层政权向乡村社会不断渗透的一个实验,该区域的基层权力结构发生的变化,对今后中国共产党政权在全国范围内向乡村的延伸具有重要的意义。

从乡村权威角色的转换来看,抗日民主政权从阎锡山军阀政权依靠乡村精英转向依靠普通民众,乡村权威由地主士绅及其代理人转变为基于阶级划分的"基本群众"的群众领袖。民国以来阎锡山的"村制"将村一级纳入国家正式的行政单位,使得地方权威获得官方的正式授权。然而同时,地方权威也利用了国家授予的权力,在办"公事"的过程中渔利,使得国家政权在民众中的形象受到极大损害。晋西北抗日民主政权的基层政权建设在阎锡山军阀政权失败的基础上展开,对新的权力主角不断进行各种政策和法令的教育,使其在行使权力、完成上级的各项任务时多用说服教育民主的方式,从而使得民众对民主政府的法令在理解的基础上加以接受,消除了政府与地方社会的隔膜,最终取得了民众对抗日民主政权的认可和支持。另外,民主政权还通过发动群众,对基层干部中出现的贪污腐败行为进行斗争,从而避免了国民党阎锡山统治时期的失败重现。

晋西北抗日根据地基层政权要想在乡村社会立足和发展,实现对社会资源的控制,必须摧毁乡村传统的权力网络。由于晋西北乡村社会的落后性,在20世纪三四十年代传统的内生的乡村权力组织活动仍较频繁,极大地抑制了民主政权的扩展。为了突破传统的权力网络,民主政权通过削弱民众的"封建意识",代之以"天下农民是一家"的观念,并且在群众运动中弱化传统权力组织的凝聚力,同时进行基层组织的再造。超越传统的、以农会为中心的各种组织,通过自下而上地发动群众的各项斗争树立了威信,发挥了重新整合乡村社会秩序的功能。随着各种基层群众组织不断壮大,民主政权对晋西北乡村社会资源得以逐步控制。

第四章
乡村教育现代化的阙失及矫正尝试

第一节 20世纪前期乡村教育现代化的历史阙失

一、问题的提出

关于20世纪前期乡村社会教育模式，大多数学者看到了私塾与新式学堂教育并存的二元结构，并且从量上权衡，新学堂尽管有着代表官方的教育当局的强力扶植，却一直未得到乡民的充分认同，乡民呈现出与国家迥异的心态。究其原因，学者们大致归纳为三方面：一是受传统观念的束缚，乡民生活闭塞、愚顽不化，没有充分认识到新式学堂的优点。由于传统信仰观已使私塾教育内化为乡民风俗习惯的一部分，欲在短期内改变，实非易事。二是地方政府办理"新学"，新增学捐，使农民不堪负荷，由此对"新学"生厌。三是私塾较新式学堂具有适应性与灵活性特点，使乡民仍趋向于私塾。

如果从私塾教育的消费群体——乡村民众的视界出发，我们会对20世纪前期新式学堂"势弱"、乡村私塾在草根社会强存的原因有一个与上述观点不尽相同的认识。务实而追求实际利益的中国农民，他们也在追求利益最大化，如果"新式学堂"真正能够带来福祉，他们是不会付出相当代价与心智长期对抗政令的。而事实表明，旧式私塾几经周折，几经风雨，在乡村民众强烈的认同下，一直潜伏于草根社会，"新式学堂"的处境始终十分尴尬，"现在各县市私塾的数目和生徒，比之学校学生数，都要超过好几倍"①。此种现象，如果仅从乡民愚顽与传统观念上解释，无法彻底解决；"新增"苛捐杂税与私塾的乡土适应性与灵活性，固然从不同侧面可以解释新式学堂"势弱"的原因，然而，新增"学捐"与"新式学堂"并不能完全画等号，农民对新增"学捐"憎恶，未必就一定排斥"新式学堂"，事实上，二者是两个不同的概念；此外，为何新式学堂难以以"灵活性""适应性"的面貌出现在乡村、融入泥土生活？其终极原因究竟何在？本研究拟从乡民的视界来充分理解"私塾"与"新式学堂"在乡村中不同地位的成因，进而探寻20世纪前期教育现代化的历史阙失。

二、乡村民众视野中的私塾与新式学堂

私塾教育通常被认为是从孔子兴私学开始，是中国传统的教育方式。千百年来，中国人在私塾中开始或完成自己受教育的生涯。19世纪晚期，在内忧外患的巨压下，晚清政府被迫实施"新

---

① 黄志成：《私塾在普及教育运动中之地位》，《中华教育界》1935年第22卷第7期。

政",有识之士纷纷将"废科举,兴学堂"置于变法求强的首要任务,"亡而存之,废而举之,愚而智之,弱而强之,条理万端,皆归本于学校"①。"科举不停,学校不广,士心既莫能坚定,民智复无由大开,求其进化日新也难矣。"②以尊孔读经为主要内容,以应科举为最高目标的私塾在近代教育改革语境中被看作是远落后于时代的淘汰物,阻碍社会变革和发展的挡路石。"四书五经"中找不到救国的良方,背诵章句得不来实用的知识。有人在报上撰文感叹:在私塾"念了十几年书,一点什么也不懂。先生给讲书,说了些个之乎者也,也不明白那里的奥妙。……要破除这牢圈子,不要再把这些苍生都耽误尽了"③。亦有当时先进知识人士如此描述私塾:"提起私塾,我的脑中就不假思索的联想到那个可笑陈腐的疣物,光线不足的房间,几张缺腿的桌子,衔着旱烟袋的老先生,几个垢面拖鼻涕的小猢狲,还有森严殿似的案桌,厚沉的戒尺,脱落了石灰的墙壁,洒满了黑墨水,……总之,比之她是一个人间地狱,小孩子的牢笼,实不为过。"④如果说废除科举是破除封建文化的既定价值目标所需的工具性连环的最高一环,那么在晚清与民国的私塾改良与取缔实践可以看作是将这种连环的根锄掉。晚清政府、北洋政府以及国民政府在推广新式学校的同时都对私塾教育进行了干预、改造,其终极目的是取消被

---

① 《变法通议·论学校》,《时务报》第 6 册。
② 舒新城编:《中国近代教育史资料》上册,北京:人民教育出版社,1981 年,第 363 页。
③ 《讲训蒙当改用善法》,《大公报》,1911 年 5 月 5 日,第 9 张。
④ 黄志成:《私塾在普及教育运动中之地位》,《中华教育界》1935 年第 22 卷第 7 期。

视为落后的私塾教育方式，迫使私塾教育内容现代化。

传统私塾虽然以应科举为最高目标，然而，具体到草根社会，其教育内容并非单纯面向科举、为科举应试提供"人才"。实际上，私塾分为较高层次的专馆与较低层次的蒙馆，二者分别承担着读书仕进与略识文字两大功能。与科举有着直接、紧密关联的教学内容主要系较高层次的专馆所为，而低层次的相当于小学性质的私塾——蒙馆的教学内容几乎都是乡村非常实用的基本文化知识，如日常杂字、洒扫应对、简单的算数记账以及乡村教化，其内容与八股"坏心术"的科举之学关系不大。而现代化的教育改革，其力度之深，速度之快，并未区分不同层次的私塾所承载的不完全相同的教育内容，而是全盘取缔，即使是民国时期兴起的改良私塾，其终极关怀也是朝着近代学堂的方向演绎，而留存的目的几乎不存在。

作为"现代化"的产物，新式学堂似乎具有天然的"正当性"，旧式私塾则被上层精英视为"反教育"，阻碍现代化的桎梏。然而，在乡村民众的视野中，私塾却具有无可争议的"合理性"，移植于西方工业社会的新式学堂在其试图插入乡村社会的几十年中，几乎未得到乡民的认同，受到了强烈的"排异"，这种现象不得不引发世人的关注。而乡民为什么会对现代教育的"对立物"——私塾有着强烈的认同感，为什么对代表"文明""进步"的新式学堂抱着拒斥的态度？此种情况若只从乡民的保守、落后与愚昧角度解释恐有失偏颇，事实上，乡民有着他们的生存智慧与利益判断能力，对此，我们将通过乡村私塾与新式学堂的对比分析得到解释。

首先，与新式学堂相比，私塾收费低廉，收取方式与讲授时间都与农耕社会相适应；而新式学堂与城镇正规化、制度化的办学模式同步，与乡土社会颇不协调。

传统的私塾教育大多是免费的或收取极少费用，所需的书本笔墨花费也不多，唯一支出的大项是周期性的赶考费用。对于一般乡民而言，除了基本知识，高层次的科举考试几乎不涉及。学费的收取也不像学堂一次收取，而是按端午、中秋、春节三节分期交纳，这更符合农民现金流动的习惯，而且"穷照穷出，富照富出，家长无不胜担负的痛苦"，如下所述："书籍用品方面，私塾只要买一本书，和毛笔一支，砚一方，几张描红纸，随时用完随时买，如《三字经》、《百家姓》等，哥哥读了弟弟妹妹还可读，甚而有儿子孙儿读爷爷祖父的旧书的。而学校里呢？则教科书年年换，期期换，买起来不止一本，国语算术学识……不幸而留级重读的小孩子，也得再买一套新书。除了课本以外，还有毛笔铅笔石板和好几簿子，乡村人家，钱来路不易，一钱如命，哪肯拿出这许多零钱？再说收费吧。私塾论季节收，一年四节，大概是清明端午中秋冬至，那些时正是经费集中的时候，而且分期交，数目少，比较容易拿出。学校呢？在城镇是寒暑假开学时先交，在乡村是假期结束时交齐，一年两期，除年节外，正是青黄不接之时。"① 《癸卯学制》明确指出："除初等小学堂及优级初级师范学堂均不收学费外，此外各项学堂，均需令学生贴补学

---

① 黄志成：《私塾在普及教育运动中之地位》，《中华教育界》1935年第22卷第7期。

费。"① "以江南号称财赋之区,凡小学生徒能毕初等小学五年之业而不为家庭之生计所迫以致中辍者,尚属寥寥;其他贫瘠之省,更复何望。"② 私塾不仅收费低廉,而且杂费亦较学校为少。学堂除收基本的学费外"又有操衣费、运动费、听差节赏等之额外耗费"③,这些费用更为一般贫贱之家所难以承受。

私塾的授课时间与农历的作息时间步调一致,与学堂相比,显示出极大的灵活性与乡间适应性:"私塾每年以正月二十日开学至小暑节前为第一学期,立秋节后仅开学至十二月二十日散学为第二学期,计年假暑假合七十日。而村中上学的学生大多是十二岁左右的孩子,已经到了可以从事农事的年龄,在农事活动的日历中有两段空闲的时间,即一月到四月,七月到九月,但在这段时间里,学校却停学放假;到了人们忙于蚕丝业或从事农作的时候,学校却开学上课。"④

此外,学堂章程严格"有定限",学生一般不得随意请假,"各学堂凡例准假期之外不得无故请假,并责成该监督堂长年终送功课册。若每日上课不全,定当照章核扣分数,于各该生毕业成绩难免减色"⑤。"洋学堂,你缺一两个星期的课,就不容易追捕,在乡间是不合适的。"⑥ 而私塾则不然,"私塾公共假期以阴历

---

① 朱有瓛主编:《中国近代学制史料》第二辑上册,上海:华东师范大学出版社,1989年,第95页。
② 《宣统元年江苏教育总会呈学部请变通初等小学堂章程》,《教育杂志》1909年第5期。
③ 《论我国学校不发达之原因》,《申报》,1909年5日24日,第3版。
④ 《学部奏增订各学堂管理通则折》,《申报》,1910年3月29日,第26版。
⑤ 《禁止学生请假》,《申报》,1909年3月28日,第11版。
⑥ 廖泰初:《汶上县的私塾组织》,天津《益世报》,1936年8月12日,第12版。

作标准，清明、端午、麦收、中秋，此外，私塾生由于贫富的不同，还各有各自的假期，如端午后，贫穷点的塾生，需到地里帮两三个礼拜，私塾的个别教授法减少了不规则假期的严重性，各不妨碍，各不侵扰"①。在此情形之下，乡民理所当然地要倾向私塾了，"普通农家子弟每到六七岁，便可帮助父兄工作，而入了学校，既费金钱，又失助。农村学校，不适用时间，变更教学，利用闲暇，所以农民只好不愿受其损失，不许子弟入学"②。

其次，在乡民看来，与新式学堂相比，私塾所教内容、培养出的学生更符合他们的实际需要；而新式学堂所授内容、毕业生与乡民有着很大的隔膜。

在乡民具体而微的生活中，文字的功效主要有四方面：喜丧、技术、商业或争讼。③乡民教育观念比较现实，并不指望子女能从政入仕，而以读书识字满足上述功能为主要目的。乡村学子的出路一则为实际务农生活中所用；二则出外经商学徒。私塾大多为低层次的蒙馆，其教学宗旨恰能满足乡民日常需求。从务农实际来看，私塾启蒙教材中的《日用杂字》多用韵语，结合农村的生活用品，较通俗易懂，非常实用，如"人生天地间，庄农最为先，要记日用账，先把《杂字》翻……开冻先出粪，掷下镢和锨"，这类结合农村生活的教材颇受乡民青睐。山东汶上县的私塾，"读书课目是两件升官最根本的工具，实用的东西有时也

---

① 廖泰初：《汶上县的私塾组织》，天津《益世报》，1936 年 8 月 12 日，第 12 版。
② 邓准山：《农村教育的失败原因与改进途径》，天津《益世报》，1937 年 2 月 22 日，第 12 版。
③ 〔美〕吉尔伯特·罗兹曼主编：《中国的现代化》，国家社会科学基金"比较现代化"课题组译，南京：江苏人民出版社，1995 年，第 189 页。

有一些，如珠算，信札，请帖，讣文，对联，横额一类的学习也是有的……"① 再从经商学徒的功用来看，一般商贾、业主对子弟的文化学习重在识字、作文和珠算，而这些皆是私塾的强项。学生从私塾毕业，一般都娴于写算，能写一手工整的字，会写往来书信和其他应用文章，会打算盘和算账，这些技能正适应乡间社会需要，特别在当时能适应到外去学生意的需要。有学者调查山西西流村的私塾，乡民送子弟入学的原因之一就是意欲赴城市经商，学习写字记账。②

而学校提供的知识在他们看来属于遥远且陌生的世界，这类新知识符合升学需要及城市生活趣味，却脱离当时农村现实，成为"洋八股"，"乡村小学教材，完全说些城里的东西，不合农村的需要"③。"现在的农村小学的课程，太觉空泛，不切实际生活。"④ "小学教材不切于民生日用，使生徒毕业者举其所学，与社会不相入。"⑤ "近代新学教育，其模板源自西方国家，无论其办学模式，还是其教学内容都可以说是都市社会的产物。政府指定之教科书，均采用上海各书局发行的教材。这些教材多以城市生活为场景，且富于南方色彩，与北方乡村毫无相干。"⑥

此外，"识文断字""读写计算"等乡民十分看重的基础能

---

① 廖泰初:《汶上县的私塾组织》，天津《益世报》，1936年8月12日，第12版。
② 刘容亭:《山西阳曲县三个乡村农田及教育概况调查之研究》，《新农村》1933年第1期。
③ 《毛泽东选集》第1卷，北京：人民出版社，1991年，第40页。
④ 江问渔:《乡村教育》，《中华教育界》1930年第4期。
⑤ 《教育部整理教育方案草案》（1914年12月），朱有献主编:《中国近代学制史料》第三辑上册，上海：华东师范大学出版社，1989年，第34页。
⑥ 《乡教研究会第一届年会纪录》，《乡村教育》1935年第26—27期合刊。

力，学堂毕业生反而有所欠缺。1909年北京的高等小学毕业考试，不仅"经学、国文无一佳卷"，而且"各堂学生于经学、国文殊少合格"①。又有学者论：学堂"受指责最大的地方，就是读书不能成诵，写字别字太多，算法又缓慢又错误"②。

学堂毕业生也难以在乡土社会中发挥其价值，并且其行为举止观念与乡村传统价值观相去甚远，故难得到乡民的尊重与认同，"一般儿童入了学校，即不愿再和父兄下田工作"③。"乡间儿童到县城里入了高等小学以后，便对他旧日乡村简朴生活已过不来，旧日饭亦不能吃了，旧日衣亦不能穿了，茶亦没得喝，烟亦没得吃，种种看不来，种种耐不得。而乡村农家应具的知识能力，又一毫没有，代以学校里半生不熟不相干的英文理化等学科知识；乡间的劳作一切不能作，代以体操打球运动与手足不勤等习惯。"④在此情状下，乡民如果不选择私塾反而不合逻辑了，"高尚之学堂，大为社会所诟病，洁身自好之子弟，相戒不入"⑤。

最后，在乡民的视界中，塾师是他们社会支持网络的一部分，他们是同一秩序的共生物，他们之间保持着天然的亲近感；而学堂教师则是外来世界的成员，与他们总是格格不入。

塾师其实就是一个识文断字的农民，他们身上的泥土味十

---

① 《孟丞堂对于小学之箴言》，《大公报》，1909年3月19日，第5张。
② 俞子夷：《小学教法上的新旧冲突》，俞子夷撰：《俞子夷教育论著选》，董远骞、施毓英编，北京：人民教育出版社，1991年，第54页。
③ 邓准山：《农村教育的失败原因与改进途径》，天津《益世报》，1937年2月22日，第12版。
④ 梁漱溟：《梁漱溟学术论著自选集》，北京：北京师范大学出版社，1992年，第451页。
⑤ 庄俞：《论小学教育》，《教育杂志》1909年第2期。

足,他们与乡民有着几近相同的价值观与信仰体系,他们就是乡土社会的一份子,而非乡民陌生与疏离的"洋学生""洋教师",诚如梁漱溟所说:"在中国读与耕之两事,士与农之两种人,其间气脉浑然,相通而不隔。"① 因此,塾师的生活是完全融入乡间的,他们往往是当地的社会的中心,承担一定责任,尤其在乡间的文化礼俗精神生活层面,乡间"有人做生,请先生做寿联;有人死去,请先生做挽联或祭文悼词……甚至于下葬看风水,出门做屋看日子,小病看脉开方子,都来请先生"②。又如山西阳曲县的私塾教师,"对于谈掌故,以及看八字,择吉日等迷信之事,皆稍知一二。村民凡不能自解之事,皆请教于教师,故视教师如一乡之圣人"③。

乡村小学校教师则表现出与乡间生活极不协调的态势,难以融入乡间生活。在乡民看来,"早年乡村的教师,多是长杆烟袋,八字胡须,慎言谨行,呈一种斯文的态度,此种情形尚深深印于农民的脑里,所以他们对于年轻教师多方面的不称赞,他们所根据的理由是这样:年轻不会择日合婚,看阴宅谈龙穴,指定财方……"④ 私塾教师是乡村礼仪文化生活的中心,他们具备乡民所看重的各种文化知识与仪式技能,对此,乡村小学教师"或认

---

① 梁漱溟:《中国文化要义》,上海:学林出版社,1987年,第156页。
② 王楷元:《辛亥革命前后的私塾生活》,中国政协文史资料委员会:《中华文史资料文库》第17卷,北京:中国文史出版社,1996年,第22—24页。
③ 刘容亭:《山西阳曲县三个乡村农田及教育概况调查之研究》,《新农村》1933年第1期。
④ 吴腾霄:《乡村小学不进步的原因在哪里》,天津《益世报》,1937年2月7日,第12版。

为无关重要不加注意，或认为愚民迷信而言反对，乡民固已深致不满"①。加之他们"对于新的乡村建设与生产事业，又不能有所指导，故乡民认为学校教员完全无用，以致转而又崇拜私塾教师"②。此外，他们"对待农民的态度又非常之不好，不但不是农民的帮助者，反而变成了农民所讨厌的人"③。由此，乡村小学教师在乡间不受欢迎则成情理之中的事了。1934年对山西乡村教育调查发现，小学教师不受当地人欢迎程度竟达到一半以上。④

有学者论："非常可叹乡村师范毕业生，往往不愿到农民间去。有的身在乡村而心在城市。"⑤然而，乡村教师"身在乡村而心在城市"的社会现实绝非其本身主观所愿。不同的社会结构由特定的要素构成，不同的要素只有在与其相适应的社会结构中才能发挥其正常功能。毕业于正规师范的乡村小学教师是在工业化、城市化的社会环境中孕育而生的，他们是现代社会的产物，他们在乡间的种种不和谐，诸多不适应，是不同社会结构与其不和谐要素之间产生排异现象的结果，是社会组织与其肌体搭配错位的不良反应。事实上，他们也经受着怀才不遇、错位搭配之精神痛苦，难怪有学者感叹："怀恋都市的乡村教员，并不是大部为了待遇。……因为他们根本没有怀恋乡村的精神啊！教员们没有

---

① 刘容亭:《山西阳曲县三个乡村农田及教育概况调查之研究》,《新农村》1933年第1期。
② 同上。
③ 《毛泽东选集》第1卷，北京：人民出版社，1991年，第40页。
④ 宋震寰:《山西乡村教育概况之调查》,《新农村》1934年第13—14期合刊。
⑤ 江问渔:《乡村教育》,《中华教育界》1930年第4期。

爱恋乡村的精神。"①

三、近代乡村教育的历史阙失

从以上所述,我们看到乡村私塾本质是"乡土的",中国两千多年的历史演进中,低层次的私塾教育已经深深在乡土社会扎下了根,与农业社会有机相融,是农耕社会的共生物,是传统社会结构肌体上极富生命力的鲜活组织。费孝通在《汶上县的私塾组织》绪言中谈道:"教育制度的生长、存在和变化处处和整个社会相呼应。在一个传统的中国社会中私塾因有长期的发展历史,早已和其他社会制度搭配得很凑合,只有在这凑合里我们才了解一个私塾真正的功能。若是不从这方面去了解私塾,而想在其他社会组织中去抄袭一个教育制度来,强制配入中国传统组织尚强的农村社会中去,自然会发生格格不入的情形,……这显然是一个现代教育界尚没有充分认识的重要问题。"②从私塾先生到塾生,从讲授方式到讲授内容,从授课时间到费用收取,无论从哪一方面,私塾与乡土社会的耕作方式、乡间礼仪文化、乡民价值观都紧紧黏合在一起而不可分割,它与乡村社会的缜密搭配关系不是短时间国家的政令机械拼凑成的缔造物,而是乡土社会在自然演化与发展过程中形成的有机体,而这种有机体无论何种高科技手段都无法人工合成。

新学堂本质上是工业社会的产物,它是适应工业化、城市化

---

① 王树槐:《农村教育的致命伤》,天津《益世报》,1936年9月28日,第9版。
② 费孝通:《写在〈汶上县的私塾组织〉前面》,天津《益世报》,1936年8月12日,第12版。

社会的，从学堂中培育出的人才，无论其专业、价值理念还是生活风格，都是工业社会的一个环节与要素，如时人所论："农村教育的致命伤——学校模仿都市不合农人需要……"① 当这种教育体制被植入农耕社会时，它的灵魂仍属于工业化、城市化社会，与农耕社会格格不入实属必然，梁漱溟感慨道："未见到何种成功，却贻给社会许多病痛……几乎可以说他是替另外一个社会办教育养人才。"② 诚如学者所论："我们看乡村小学内部的办法哪一点是适合穷人的？哪一件是适合乡村的？乡村小学为什么农忙不放假？而要依照部令入寒暑假。为什么教材内容不合乡村生活的实际需要？而要和城市学校是一套。为什么课程的安排是有助少数人准备升学？而不顾到大多数人的需要。为什么不使学生穿的衣服整齐卫生？而要他另出钱作制服。为什么不使他养成忍苦耐劳的习惯？而要他成一个少爷小姐。其他如学生进校一定要穿鞋袜，所用的器具要一律，一定要学生住校……都不适合乡村生活，皆足以推穷人于学校门外。"③

在一定时期内，现代化并不意味着全民的福祉，对于农民来说，有很多时候恰恰相反，意味着被剥夺，意味着边缘化与贫困化，意味着生活境遇的更为悲惨，诚如梁漱溟所论：近代中国的问题不是"贫"，而是"贫而越来越贫"。④ 乡村教育的变革也没

---

① 王树槐：《农村教育的致命伤》，天津《益世报》，1936年9月28日，第9版。
② 梁漱溟：《梁漱溟学术论著自选集》，北京：北京师范大学出版社，1992年，第451页。
③ 吴可：《中国乡村小学教育的危机》，《新农村》1936年第29期。
④ 〔美〕艾恺采访，梁漱溟口述，一耽学堂整理：《这个世界会好吗——梁漱溟晚年口述》，北京：东方出版社，2006年，第183页。

有逃脱此种厄运,农民拥有的教育资源不是匮乏,而是越来越匮乏。富有"理性"与追求实际利益的农民对"现代教育的陷阱"有着深深的切肤之痛。与其说乡民强烈抵制学堂、私塾的韧性强存成为阻碍现代教育发展的桎梏,不如说现代教育——新式学堂的嵌入引发了草根社会的教育危机,剥夺了贫寒家户的受教育权。面对受教育权利的剥夺,他们在挣扎、抵抗,他们绝非因保守而抵制"进步",因顽劣而抗拒"文明",他们是在生存危机中抗争,是面对现实社会环境追求利益最大化的"理性"选择,是对"现代化"破坏自身生存系统的反应与调适,是对国家现代化努力阙失的有力回应。

"农村他自己还会走他自己的道路,他自己会求进步"[①],这是梁漱溟晚年发出的历史强声。农民对20世纪前期教育现代化的回馈警醒世人,在探寻现代化道路旅途中,当代表"文明、进步"的先进人士试图改造"落后、顽愚"的农民时,应当首先尊重农民,尊重农民的"理性",洞察农民的生存智慧,从农民的视界出发考虑问题,在此基础上的社会进步才是真正意义上的前进,否则,往往会适得其反,使农民陷于痛苦的深渊。

---

① 〔美〕艾恺采访,梁漱溟口述,一耽学堂整理:《这个世界会好吗——梁漱溟晚年口述》,北京:东方出版社,2006年,第266页。

第二节　乡村振兴视阈下陶行知乡村教育思想的再审视

近百年来，中国社会由传统向现代的转型过程中，在某种程度上出现了"过度工业主义"的发展模式，这种模式对乡村社会产生持续冲击，"中国近百年史，可以说是一部乡村破坏史"①，其负面影响波及政治、经济、文化等方方面面。对现代化的"激进"追求表现为"不顾资源禀赋、社会条件、文明形态和生态制约等国情特点，强势且大规模推动以工业化、都市化、非农化为特征的社会变革，其既产生了包括'三农'问题在内的整体性危机，同时导致了多元可能性和丰富性受到遮蔽与消解"②。诚如梁漱溟所论："外力破坏乡村尚属有限，我们感受外面刺激而起反应，自动的破坏乡村，殆十倍之不止。"③

党的十九大报告提出了乡村振兴战略，中共中央、国务院印发了《乡村振兴战略规划（2018—2022年）》。文件着重指出了乡村社会对于人类生活具有"不可或缺性"："乡村社会具有城市不可替代的功能，它是自然、社会、经济特征的地域综合体，兼具生产、生活、生态、文化等多重功能，它与城镇共同构成人类

---

① 梁漱溟：《乡村建设理论》，北京：商务印书馆，2015年，第11页。
② 潘家恩：《回嵌乡土：现代化进程中的中国乡村建设》，北京：中国人民大学出版社，2020年，第130页。
③ 梁漱溟：《乡村建设理论》，北京：商务印书馆，2015年，第22页。

活动的主要空间，理应与城镇互促互进、共生共存。"①此内容从根本上揭示出无论现代文明、都市社会发展到何种程度，也不能取代乡村社会这一人类特有的生活、生产方式，此正是乡村振兴战略的意义所在。报告还指出，实施乡村振兴战略就要坚持农业农村优先发展，坚持农民主体地位，坚持乡村全面振兴，坚持城乡融合发展，坚持人与自然和谐共生。这些内容表明，国家决意从新的战略高度对偏重于工业主义的发展模式进行全面"矫正"。

乡村振兴首要在于振兴乡村教育。目前而言，乡村教育仍然面临着一系列亟待解决的问题，例如农村教育投入普遍落后于城市；教育内容主要面向工业社会，脱离乡村实际；乡村人才"离农倾向"明显。当然，此种情形并不是当前中国社会激烈转型过程中的特定现象，而是早在20世纪初近代新式学堂教育大规模嵌入乡村社会时业已发生。百年以来，中国乡村教育向现代转变，结果却反成为乡村人才的"抽水机"：一方面为都市文明与工业建设输送了大量人才，另一面自身却处于文化衰败与枯竭中。

20世纪二三十年代，以梁漱溟、晏阳初、卢作孚、陶行知等为代表的一大批知识分子，面对"乡村残破"的局面，曾经展开轰轰烈烈的乡村建设运动，提出不同的救济方案与变革思路，究其本质，皆欲对"过度工业主义"给乡村社会造成的"破坏"进行修复与"自救"运动，"起于中国乡村无限制的破坏，迫得不

---

① http://www.gov.cn/zhengce/2018-09/26/content_5325534.htm，中华人民共和国中央人民政府网站，中共中央、国务院印发《乡村振兴战略规划（2018—2022年）》。

能不自救；乡村建设运动，实是乡村自救运动"①。

在乡村建设的思潮与行动中，陶行知专注于"乡村教育"，尝试对现代教育带给农村的"伤害"进行"矫正"，总结了一整套符合中国国情与乡村社会实际的乡村教育理论，备受世人瞩目。对于陶行知的乡村教育思想，学界虽已进行了大量深入而细致的研究，然而总体而言，鲜有从"过度工业主义教育"的理论视角进行本质剖析，也未窥探出其与乡村振兴战略的"契合"与"共振"之处。乡村振兴战略成功与否，历史的智慧不能缺位。为此，有必要将陶行知的乡村教育思想置于乡村振兴战略的视阈下再审视，从中探寻前人的思想与宝贵经验，汲取历史养分，为乡村振兴战略的实施提供重要的历史参照。

一、中国百年历史进程中乡村教育现代化的阙失

改革开放 40 多年来，我国农村教育取得了长足的进步，尤其是近年来政府采取了一系列措施，包括加大对农村教育的投入、减少农民的教育负担、减免学费、推进农村的义务教育等，使得农村人口义务教育得到极大普及，教育质量明显提升。然而，从整体来看，目前的乡村教育现状距离乡村振兴战略目标尚有较大距离。

当前，农村教育最大的问题是城乡二元结构政策模式下投入相对不足，致使城乡教育出现新的不平等，农村教育发展相对城

---

① 梁漱溟：《乡村建设理论》，北京：商务印书馆，2015 年，第 13 页。

市滞后。有学者研究指出,目前城乡教育不平等表现已经不在九年义务教育阶段,而是由初中升入高中阶段。这一阶段城乡升学率差距持续扩大,成为导致农村家庭子女上大学机会下降的源头。① 在"80后"群体中,城里人上大学的机会是农村人的4倍,城里人接受高级中等教育的机会是农村人的4.7倍。②

近十几年来,为了达到农村教育资源最大效率配置,"撤点并校"、集中资源办学,成为各地普遍现象,但随之也出现了新的问题。一部分农村地区"撤点并校"的直接后果就是"那些原本在村小学教学点就读的学生,转到中心学校上学后的上学路程大大增加"③,另一种后果"是将改革的成本转嫁给了偏远村落的农民。那里的学生到离家远的学校读书,需要交通费、伙食费,住宿的学生还有住宿费,以及购置被褥、餐具的费用"④。有许多农村家长为了获得优质教育资源,选择赴县城陪读,"很多核心家庭由于人手不足,只能被迫放弃了田地耕种"⑤。对于经济本就薄弱的农村家庭来说,要付出一个主要劳动力才能在激烈的教育竞争中获得成功的可能,这种条件又非多数农村学生可以达到,其结果意味着农村学生通过教育成功的大门变窄。不具备到县城

---

① 李春玲:《教育不平等的年代变化趋势(1940—2010)——对城乡教育机会不平等的再考察》,《社会学研究》2014年第2期,第87页。
② 李春玲:《"80后"的教育经历与机会不平等——兼评〈无声的革命〉》,《中国社会科学》2014年第4期,第76页。
③ 21世纪教育研究院:《农村教育向何处去——对农村撤点并校政策的评价与反思》,北京:北京理工大学出版社,2013年,第39页。
④ 同上注,第45页。
⑤ 赵忠平:《村庄里的陌生人》,北京:社会科学文献出版社,2018年,第314页。

上学条件的农村家庭仍不得不留在村镇中小学读书,不少村镇中小学则因"缺乏资源而教育质量低下,学生普遍学习成绩差,对学习缺乏兴趣,教师对学生放任自流。这些学校的学生、家长和教师都感到升学无望,以混日子的心态完成九年义务教育,而后进入劳动力市场"①。

除了城乡二元结构政策下对农村投入的相对不足,农村教育所呈现的问题还表现在农村学校教学内容不是面向农村、农业、农民教育,而是与城市同质化,同为面向工业社会的教育。在激烈竞争的应试通道上,部分高素质的农家子弟高考取得成功,迈入了大学。然而,从农村的立场看,更高的教育投入换来的并不是农村地区人力资本的增加,而是更高的农村人才流失率。②现代乡村学校的离农价值取向以及教育所发挥的人才"抽水机"吸附作用对农村地区的人力资源储备构成挑战,它使乡土社会农民子女通过教育实现离农成为可能,同时也使农村地区越来越成为一个被边缘化、荒漠化的所在。③

以上乡村教育的种种问题,究其本质,皆可归因于"过度工业主义的教育"模式。此种教育主要面向工业社会,其教育资源投入、人才培养目标、受教育者的理念与价值观均与城市发展、工业文明相配套,与乡村社会则日渐疏离,甚至给乡村带来"伤害"。从百年历史演绎的脉络来看,乡村教育问题的症状非今日

---

① 李春玲:《教育不平等的年代变化趋势(1940—2010)——对城乡教育机会不平等的再考察》,《社会学研究》2014年第2期,第66页。
② 阮荣平、郑风田:《"教育抽水机"假说及其检验》,《中国人口科学》2009年第5期,第35—45页。
③ 赵忠平:《村庄里的陌生人》,北京:社会科学文献出版社,2018年,第296页。

而发,而是早在 20 世纪初,随着科举制的停废、新式学堂教育自上而下地嵌入时,业已浮现。清末"新政"以来,科举制停废,新式教育在国家的强力推行下大规模进入乡村。新式学堂教育体系是模仿欧美工业社会的产物,其性质为工业主义的教育,无论办学模式还是教学内容,都偏于都市社会,"中国教育,整个模仿日美。然日本以工商立国,教育之设施,多趋重都市,而中国教育之设施,因交通便利,最初模仿者,当然为通商大埠之都市。而农村教育,直接抄袭中国的都市,间接也舶来自外国"①。以"工业主义教育模式"为导向的新式学堂教育在向乡村强势推进的过程中,乡村社会产生了种种不适的反应。

现代新式教育虽然给工业社会源源不断地输送了大量人力资本,但带给乡村社会的却是人才外流,甚至是"枯竭"。美国学者温德尔·贝瑞对现代工业教育进行了反思,他认为技术理性下的工业主义教育对乡村的伤害是深刻的。它以进步和效益为名对农村、土地及其居民造成了巨大的损伤,并且人们通常会否认或者模糊化这些伤害,称其为不可避免的"副作用"、社会进步的"代价"。② 一位来自农村的"80 后"学者这样述道:"我们可能更加努力,但那是为了对农村生活的逃避与对生我们、养我们的村庄的逃离;我们可能也有梦想,但那梦想却常常建立在只能是梦想的现实基础上;我们来自乡村,可却不属于乡村,甚至不再有'少年闰土'般的无邪与快乐;我们的生活经验背靠乡村,但我

---

① 阎积荟:《乡土化的农村教育》,《新农村》1933 年第 15 期,第 4 页。
② 转引自蒋福昌、赵昌林:《乡村教育中的人、知识与社区——基于温德尔·贝瑞教育哲学的思考》,《国家教育行政学院学报》2020 年第 10 期,第 45 页。

们的想象图景和思维却已与城市无异。"①

乡村振兴战略强调必须走城乡共融、绿色发展之路，提升农耕文明，兴盛乡村文化，此一目标意味着国家已从战略高度反思现代化文明的"不足"，明确强调农耕文明在人类发展中的不可或缺性，国家决意消融城乡二元结构差别，弥缝工业主义教育对乡村的"伤害"。回观历史，陶行知的乡村教育思想正是基于"工业主义教育"给农村带来"伤害"而提出的，他的乡村教育思想体系中，"生活即教育""社会即学校"蕴含着一系列"活"的教育理念，与乡村生活"合体"，与乡村实际"合拍"，其乡村教育目标是对被激进现代化冲刷的乡村教育的努力修复，其教育思想与试验极富前瞻性与先知先觉性，也具有时代穿透力，对当前乡村振兴战略的实施有非常好的借鉴启迪作用，值得我们认真回味与反思，以下详述。

二、陶行知对过度工业主义教育阙失的洞察与修复努力

（一）"爱"：为农人服务的动力源

20世纪初，随着工业主义的教育嵌入乡村，新式教育成为乡村人才流失的"抽水机"。工业主义教育不断拓进，乡土社会处于守势与被动的地位。面对"乡村的破败"，陶行知一针见血地指出："中国乡村教育走错了路！"②他分析道："他教人离开乡下

---

① 黄炎培：《中国教育史要》，上海：商务印书馆，1930年，第118页。
② 本篇是陶行知在1926年12月12日上海中华教育改进社社员举行的乡村教育讨论会上的演讲词。

向城里跑;他教人吃饭不种稻,穿衣不种棉;他教人羡慕奢华,看不起务农;他教人分利不生利;他教农夫子弟变成书呆子;他教富的变穷,穷的变得格外穷;他教强的变弱,弱的变得格外弱。"① 受过新式教育洗礼的乡村小学教师再也"不愿过农村生活,不安心取低微待遇,或一时找不到职业,暂时苟安一下,有机会便走"②。有的则是"身在乡村而心在城市"③,"根本没有怀恋乡村的精神"④。面对此种窘境,陶行知向世人疾呼:"前面是万丈悬崖,同志们务须把马勒住,另找生路!"⑤

对于农耕文明而言,工业文明如同一头怪兽,其侵蚀力是强大的,亦如同瘾品,一旦接触便产生难以抗拒的诱惑。面对此种情形,谁来拯救乡村?怎么能够"悬崖勒马"?如何才能抵制诱惑?又从哪里"另找生路"?这些困惑都是陶行知乡村教育"自救"无法绕过的难题。他非常清楚,乡村教育是一项巨大的工程,亦是充满艰险的事业。欲抵制工业主义的"虹吸效应",唯有靠坚强的意志、坚定的信念与坚韧不拔的精神,"逆水行舟"才能知行合一。于是,陶行知提出了"爱"的教育思想,即对中华民族、对农民的"爱",这种"爱"是一种不去追求奢侈、甘于奉献农村的精神,只有"爱"学子们才不会"随波逐流",才会勇敢走

---

① 陶行知:《中国乡村教育之根本改造》,胡晓风等编:《陶行知教育文集》,成都:四川教育出版社,2005年,第210页。
② 邓准山:《农村教育的失败原因与改进途径》,天津《益世报》,1937年2月22日,第12版。
③ 江问渔:《乡村教育》,《中华教育界》1930年第4期,第7页。
④ 王树槐:《农村教育的致命伤》,天津《益世报》,1936年9月28日,第9版。
⑤ 陶行知:《中国乡村教育之根本改造》,胡晓风等编:《陶行知教育文集》,成都:四川教育出版社,2005年,第210页。

入乡村,逆流而行,知难而上,乐于为农人服务。陶行知倡导的"爱"的思想是行动的前提,贯穿其整个乡村教育改良实践。

在创办晓庄试验乡村师范学校时期,陶行知提出要向"农民烧心香",要有一颗"农民甘苦化"的心,他说:"我们心里要充满着农民的甘苦,我们要常常念着农民的痛苦,常常念着他们所想得的幸福。……倘使个个乡村教师的心都经过了'农民甘苦化',我深信他们必定能够叫中国个个乡村变成天堂,变做乐园。"[1]

晓庄师范三岁之际,陶行知饱含深情地总结道:"晓庄是从爱里产生出来的。没有爱便没有晓庄。……他爱农人,只是从农人出发,从最多数最不幸的出发,他的目光,没有一刻不注意到中华民族和人类的全体。"[2] 在吉祥学园里,他写了两句话:"捧着一颗心来;不带半根草去。"[3]

有了对农人的"爱",对"最不幸人"的同情之心,才愿意"为农人活,为农人死,和农人共甘苦,同休戚"[4]。获得了这样的动力源,何愁乡村教育人才匮乏呢,"一个乡村小学里的教师有了这爱,便是一个晓庄;一百万个乡村小学的教师有了这爱,便是一百万个晓庄"[5]。

---

[1] 陶行知:《我们的信条》,胡晓风等编:《陶行知教育文集》,成都:四川教育出版社,2005年,第199页。
[2] 陶行知:《晓庄三岁敬告同志书》,胡晓风等编:《陶行知教育文集》,成都:四川教育出版社,2005年,第312页。
[3] 同上。
[4] 陶行知:《为农人服务的方针和做学问的方法》,胡晓风等编:《陶行知教育文集》,成都:四川教育出版社,2005年,第461页。
[5] 陶行知:《晓庄三岁敬告同志书》,胡晓风等编:《陶行知教育文集》,成都:四川教育出版社,2005年,第312页。

在"爱"的动力与召唤下,乡村教育工作者自然会成为时代潮流的"逆行者",没有什么困难不可克服:"有了爱便不得不去找路线,寻方法,造工具,使这爱可以流露出去完成他的使命。流露的时候,遇着阻力便不得不奋斗——与土豪劣绅奋斗,与外力压迫奋斗,与传统教育奋斗,与农人封建奋斗,与自己带来的伪知识奋斗。这奋斗之历史,也就是这颗爱心之历史。"[1] 他还强调:"倘使我们肯把整个的心捧出来献给乡村儿童,那么,无论如何困难,必有达到目的之一日。"[2] 他向晓庄师范学生动情地呼唤:"不要你的金,不要你的银,只要你的心。"[3]

(二)做乡村需要的教育,培养乡村需要的人才,服务乡村,改造乡村

以工业主义为导向的新式教育不可避免地与农业社会的需求脱节,在一次国际会议报告中,陶行知讲道:"中国现在的乡村学校,老实说起来,确实不能适应乡村的需要。他们给儿童唯一的东西是书本知识,他们从来不知注意到农人的真正需要。"[4] 陶行知试图扭转过度都市化的教育导向,将服务重心重新引向"农

---

[1] 陶行知:《晓庄三岁敬告同志书》,胡晓风等编:《陶行知教育文集》,成都:四川教育出版社,2005年,第312页。
[2] 陶行知:《晓庄试验乡村师范的第一年》,徐莹晖、徐志辉编:《陶行知论乡村教育》,成都:四川教育出版社,2010年,第108页。
[3] 同上。
[4] 陶行知:《中国乡村教育运动之一斑》,胡晓风等编:《陶行知教育文集》,成都:四川教育出版社,2005年,第243页。本篇系英文论著,是陶行知为世界教育联合会第三次年会而准备的,年会地点在加拿大,陶行知本人未出席,系由中国教育代表团代为提交大会,由张宗麟译成中文。

村""农业",一切以农人的需求、农人的关怀为出发点。晓庄试验乡村师范学校的校旗图案,中间是一个等边三角,三角上面有一个"心"放在当中,表示关心农民甘苦之意。①陶行知在对山海少年工学团的讲话中②,明确表达了服务农民、帮助农民的教育宗旨:"工学团是为农民服务,帮助农人解除痛苦,帮助农人增进幸福。……不是说在城市里做不到绅士,来到乡村里做绅士的;也不是说到乡村里做隐士,把乡村当作桃花源;更不是说城里少爷小姐多,乡村里也要少爷小姐来做点缀品。到乡村里来,完全为农人服务。"③他还说:"这个地方没有升官发财的机会。这里只有一个共同的目标,就是为农人服务。"④有了眼光向下、服务农人、为农人解除痛苦的方针,才不至于把乡下看成人生不如意的避世之所,把乡村看成和城市一样需要华而不实的点缀之处。⑤

陶行知创办乡村幼稚园的动议与思路,可谓全心全意从农人的需要出发,为农人着想的一个范例。

陶行知在乡间看到,每当农忙之际,家中主妇异常繁忙,"她要多烧茶水,多弄饭菜,多洗衣服,有时还要她在田园里工作,那里还有空去管小孩子"。不光是父母,就连哥哥姊妹也是忙着送饭、挑水、看牛、打草鞋,没有工夫陪小弟弟妹妹。学龄

---

① 陶行知:《试验乡村师范学校答客问》,董宝良主编:《陶行知教育论著选》,北京:人民教育出版社,2011年,第194页。
② 此讲话系陶行知于1933年9月16日对山海少年工学团的谈话记录。
③ 陶行知:《为农人服务的方针和做学问的方法》,胡晓风等编:《陶行知教育文集》,成都:四川教育出版社,2005年,第461页。
④ 同上。
⑤ 同上。

儿童多因为照看弟妹，无法正常上学。为此，陶行知着力推动农村幼稚园的创办，实实在在从农人的需求出发，给农人提供便利，"乡村幼稚园除了为幼稚儿童造幸福以外，还可以节省农忙时农妇的精力，又可以间接帮助小学生减少缺课"①。"他所招收的儿童，正是农民要解脱的负担，要他们进来，正是给农民一种便利。"②

为了提供农人真正需要的幼稚园，陶行知提出，办乡村幼稚园一定要省钱，不能给农人造成额外负担："中国寻常城市幼稚园犯了三个大病——贵族的、外国的和浪费的病。倘若我们要办幼稚园，非根本的把幼稚园变成平民的、中国的和省钱的不可。"③

矫正"过度"西化、工业主义的"人才培养模式"，培育服务于农人的人才，是陶行知乡村教育试验的重要内容。他对友人吴俊卿说："我这里的学校，是以培植一般乡村农人和儿童所敬爱的教师为目的。……他们是为劳苦大众谋幸福，不是为资产阶级做奴隶。他们是把学生培植成为能够生产的劳动者，不是把学生培植成为只知道消费而且加倍消费的双料小姐与双料少爷。"④

那么，如何培养乡村农人与儿童敬爱的老师呢？陶行知提出"若要化农民（服务农民），先要农民化"的主张，他说："我们做乡村工作的人，必先农民化，才能化农民。我们与农民生活同甘

---

① 陶行知:《中国乡村教育运动之一斑》，胡晓风等编:《陶行知教育文集》，成都：四川教育出版社，2005年，第248页。
② 陶行知:《创设乡村幼稚园宣言书》，胡晓风等编:《陶行知教育文集》，成都：四川教育出版社，2005年，第191页。
③ 陶行知:《中国乡村教育运动之一斑》，胡晓风等编:《陶行知教育文集》，成都：四川教育出版社，2005年，第249页。
④ 陶行知:《为农人和儿童谋幸福》，徐莹晖、徐志辉编:《陶行知论乡村教育》，成都：四川教育出版社，2010年，第142页。

苦,才能了解他们的困难,帮助他们解决。"①

为了培养"农民化"的乡村教师,试验师范学校从学生入学的资格、学习的功课,培养的目标、教学方法,提出"农民化"的思路。就入学资格而言,陶行知说:"初级中等学校、高级中等学校、专门大学校末了一年半的学生和在职教职员有相等程度的都可以考。但是他们必须有农事或土木工经验方才有考取的把握。"他特别强调:"凡是小名士、书呆子、文凭迷的最好不来。"②

谈到要考的功课,陶行知提出五样内容:农事或土木工操作、智慧测验、常识测验、作国文一篇、三五分钟演说。③ 陶行知的考试范围超越了"书本"知识,把"农事或土木工操作"放在第一位,为培养"农民化"的乡村教师打基础。

至于乡村师范生培养的目标更与"新式教育"不同。陶行知说:"好的乡村教师,第一有农夫的身手,第二有科学的头脑,第三有改造社会的精神。"④ 在陶行知看来,乡村教师有了农人的身手,能够做农人的工作,就容易做农人的朋友,可以了解农民的艰难困苦和一切问题,帮助他们。⑤ 另外,"乡村教师薪俸特别低,具备了农民的身手,还可以利用闲暇时间做园艺工作,在生活方面不无小补"。再者,有了"农人的身手",亦会使乡村教师

---

① 陶行知:《介绍一件大事——给大学生的一封信》,胡晓风等编:《陶行知教育文集》,成都:四川教育出版社,2005年,第268页。
② 陶行知:《试验乡村师范学校答客问》,董宝良主编:《陶行知教育论著选》,北京:人民教育出版社,1991年,第200页。
③ 同上。
④ 同上注,第198页。
⑤ 陶行知:《中国乡村教育运动之一斑》,胡晓风等编:《陶行知教育文集》,成都:四川教育出版社,2005年,第245页。

们在乡村有用武之地，发现自己在乡村的价值，"多办学之乐而少办学之苦"①。

那么，如何培养出既有"科学的头脑，改造社会的精神"，又具备"农人的身手"的合格师范生呢？陶行知提出了"教学做合一"的教学方法，即"教的法子根据学的法子，学的法子根据做的法子"②。例如，在试验乡村师范，学校特意准备了田园二百亩，供师生耕种；荒山数座，供师生造林；最少数经费，供师生自造茅草屋居住。他们的具体做法是，每个茅草屋住十一个人，谁的茅草屋没有造好，谁就要住在帐篷里。学生们都要受茅草屋指导员的指导，按照图样建造一个优美的、卫生的、坚固的、合用的、省钱的茅草屋。每位学生都要参加，都要动手。教师不但是教书，学生不但是读书，他们是到这里来共同创造一个学校。③通过"教学做合一"的方法，达到培养学生的目标。

陶行知倡导的乡村教育基本目标是要办农人需要的教育，培养农村需要的人才；更高层次的追求是通过"乡村教育"路径改变"乡村颓败"的态势，实现改造乡村社会的目的。陶行知强调说："办学与改造社会是一件事，不是两件事。……办学而不包含社会改造的使命，便是没有目的，没有意义，没有生气。"④"他们

---

① 陶行知：《中国乡村教育运动之一斑》，胡晓风等编：《陶行知教育文集》，成都：四川教育出版社，2005年，第245页。
② 陶行知：《中国乡村教育之根本改造》，胡晓风等编：《陶行知教育文集》，成都：四川教育出版社，2005年，第210页。
③ 陶行知：《试验乡村师范学校答客问》，董宝良主编：《陶行知教育论著选》，北京：人民教育出版社，1991年，第201—202页。
④ 陶行知：《地方教育与乡村改造》，胡晓风等编：《陶行知教育文集》，成都：四川教育出版社，2005年，第275页。

(教师)有改造社会的精神。他们把自己的小学变成发电机,拿电力送到农家去,使家家发出光明来。"①

为了实现改造乡村社会的宏伟目标,陶行知认为乡村学校应当成为"中心小学",这样的"中心小学"不是相邻几所小学的"中心",更不是非中心小学的领导者,而是"以乡村生活为学校生活的中心","改造乡村生活的中心",教师成为学校和乡村的灵魂。②"中心小学"不仅是培养农村需要人才的中心,也是改造乡村生活、领导村民自治的中心:"他们以乡村生活为学校生活的中心,同时以学校为改造乡村的中心,并为小的村庄为大的世界沟通的中心。"③为此,陶行知提出独具特色的评价指标,即以是否改造乡村社会为依据,"不是校舍如何,设备如何,乃是学生生活力丰富不丰富。村中荒地都开垦了吗?荒山都造了林吗?村道已四通八达了吗?村中人人都能自食其力吗?村政已经成了村民自有、自治、自享的活吗?……"④

(三)"生活即教育""社会即学校"的教育思想,旨在弥合乡村教育与乡村社会的"裂缝",重建二者的有机联系

工业主义教育对乡村社会造成了一定程度的"伤害",这种伤害的运作机理是"消解",消解人与自然、人与社区、人与他

---

① 陶行知:《中国乡村教育运动之一斑》,胡晓风等编:《陶行知教育文集》,成都:四川教育出版社,2005年,第246页。
② 同上注,第244—245页。
③ 同上。
④ 陶行知:《中国乡村教育之根本改造》,胡晓风等编:《陶行知教育文集》,成都:四川教育出版社,2005年,第211页。

人甚至人与自我的联系。20世初的新式学堂教育嵌入乡村，亦无声无息地"消解"着乡村人才与乡村社会的关系。新式学堂的学生对社区事业漠不关心，对"自然环境"更没有兴趣。学堂的学生身处乡村，对村庄却是陌生与隔绝的，乡村社区文化与自然资源特有的优势教育功能被摒弃。陶行知"生活即教育""社会即学校"的教育理论，试图重新发现被现代教育"摒弃"的乡村社区文化与自然环境资源，弥缝被割裂的乡村教育与社区文化纽带，把乡村教育放回到丰富多样的自然资源知识体系中，"变遗忘为宝藏"，培养乡村社会所需之才。

清华大学教育心理学系学生操震球，因关注乡村教育，报考晓庄试验乡村师范，成为第一期学生。在晓庄期间，他以探求真理的精神向陶行知请教乡村教育的问题。他向陶校长提问，为什么要主张"生活即教育"，反对"教育即生活"。陶行知回答说：教育只是书本知识，与生活隔绝，力量极小。拿全部生活做教育的对象，教育的力量才能伟大，不致于偏狭。[1] 陶行知还以"笼中鸟"和"林中鸟"打比方进行说明："教育即生活"是拿教育当作生活，这样的教育犹如笼中鸟，其可能性受到抑制，所产生的力量有限。而"生活即教育"扩充了教育的实质范围，增加了教育的可能性，能够滋养人生、增进体力，由此而产生的力量也非同寻常。在此之下的教育好似从封闭的鸟笼里回归自然之林的鸟，可以在广阔的世界中任意翱翔。[2]

---

[1] 陶行知：《答操震球三问》，徐莹晖、徐志辉编：《陶行知论乡村教育》，成都：四川教育出版社，2010年，第95页。
[2] 陶行知：《生活即教育》，胡晓风等编：《陶行知教育文集》，成都：四川教育出版社，2005年，第303页。

"生活即教育""社会即学校"思想的根本目的在于弥补工业主义教育的阙失。工业主义教育模式使本合体的乡村教育与社区逐渐疏离分解,新式学堂与社区文化渐行渐远,它们中间竖立着高高的隔墙,"从前学校门前挂着闲人莫入的虎头牌以自绝于社会,不必说了,就是现在高谈学校社会化,或是社会学校化的地方,也往往漠不相关"①。陶行知的"生活即教育"就是要"拆墙","拆去学校与社会中间之围墙,使我们可以达到亲民亲物的境界"。②比起"活"的生活、"活"的社会,被新学教育视为核心内容的书本只是生活的助手,"不能让他们立在中央,把我们和人民、万物的关系离间掉"③。

新式学堂进入乡村以来,就将本具有教育价值的乡土自然资源、社区文化反而置于"无用"之地,"譬如与农民做朋友,是极好的教育,平常都被摒弃在课程以外。其他有效的东西,也是如此"④。陶行知的"生活即教育"就是"承认一切非正式的东西都在教育范围以内"⑤;他说,如果主张"学校即社会",学校里面的东西无疑太少,而主张社会即学校,整个社会不仅是生活的场所,亦是教育之场所,不论校内校外的人,都可以做师生,"学生、先生可以更多起来"。⑥

---

① 陶行知:《晓庄三岁敬告同志书》,胡晓风等编:《陶行知教育文集》,成都:四川教育出版社,2005年,第315页。
② 同上。
③ 陶行知:《这一年》,胡晓风等编:《陶行知教育文集》,成都:四川教育出版社,2005年,第278页。
④ 陶行知:《答操震球三问》,徐莹晖、徐志辉编:《陶行知论乡村教育》,成都:四川教育出版社,2010年,第95页。
⑤ 同上。
⑥ 同上。

乡村社区本是农家子弟人格养成的"活"场域。杨懋春认为，乡村社区就是一个天然合作共同体，在这个天然共同体中，可以养成"合作精神"。他说："一个村中的家庭，几乎无不加入一种至数种社会组织或家庭群。……一个农村中必定天天都有天然大规模的或小规模的合作行为。每种合作事项，参加者为一部分家庭或村民。此外也有包括全村家庭的合作。"① 乡村社区的共同体生活中，从日常的耕作到婚丧嫁娶各种仪式，从乡村年节娱乐宗教活动到天灾水患的抵御，都是在家户邻里、全村集体的合作中完成的。村庄还可能陷于暴雨水患、山林大火等威胁生命财产的灾难，更能显示乡村社区全村人同心协力、共挽大难的合作精神。如果将乡村学校与乡村社区隔离，无异于浪费了合作精神养成的社会实践课堂。对此，陶行知指出，"专在书本上学'做人''格物'的道理，究嫌隔膜"②。真正的教育，"必须使学者和人民万物亲近。与人民亲近是'做人'的第一步，与万物亲近是'格物'的大门口"③。

以下是晓庄师范和平门中心小学师生通过吃水问题的一次"教学做"，认识到"公众的力量比学校或任何少数人的团体的力量大得多"④，体现了"生活即教育""社会即学校"的教学理念。

1929 年，晓庄师范和平门中心小学师生共同修了一口水井，

---

① 杨懋春：《乡村社会学》，台北：正中书局，1970 年，279 页。
② 陶行知：《这一年》，胡晓风等编：《陶行知教育文集》，成都：四川教育出版社，2005 年，第 278 页。
③ 同上。
④ 陶行知：《生活即教育》，胡晓风等编：《陶行知教育文集》，成都：四川教育出版社，2005 年，第 307 页。

献给了全村公用。水井每天出水二百担，但不能满足全村用水之需，于是大家都起早取水，争先恐后，有时甚至用武力解决。过了几个星期，连学校先生也没有水吃了。有人主张，由学校限制各户取水数量，等学校取完了水，有余的才许开放。但是，这就与学校的"社会即学校""生活即教育"的主张相冲突，摆在面前的现实问题被陶行知师生作为教学资源。和平门小学师生组织了一个顾问团，协助召开村民大会，引导村民共同商议解决，问题最终得到圆满解决。①

学生从社区获得了社会改造生活力，也养成了关心民众、尊重农人的态度。社会生活不仅有助于学生人格的养成，同时还蕴藏着丰富的乡村智慧与实用技艺，诸如田间劳作、家务农活、民俗手工、木工泥瓦、戏曲山歌，也包含诸多学生可以与农人合作的事项，诸如"合种的田、合修的路、合享的娱乐、合办的消防、合编的山歌……"② 陶行知在谈及如何做学问时即指出，要拜农人为先生，向农人学习，生活处处皆学问："做学问要有先生指导。谁是我的先生？农人教我种田，农妇教我养蚕，木匠司务教我做桌凳，裁缝司务教我做衣服，字典教我认字，七十二行都能教我，都是我的先生。……先生越多，学问越大。学养鸡学养蜂的，就是拜鸡、蜂做先生，鸡、蜂是我们的太上先生。"③

---

① 陶行知：《生活即教育》，胡晓风等编：《陶行知教育文集》，成都：四川教育出版社，2005年，第307页。
② 陶行知：《活的展览会》，徐莹晖、徐志辉编：《陶行知论乡村教育》，成都：四川教育出版社，2010年，第184页。
③ 陶行知：《为农人服务的方针和做学问的方法》，胡晓风等编：《陶行知教育文集》，成都：四川教育出版社，2005年，第462页。

陶行知的"生活即教育""社会即学校"的教育理念，试图将乡村教育重新放回乡村社区文化、自然资源的教育场景中，力求使学生养成健全的人格，塑造尊重农人、服务农人的精神，练就"农人的身手"，弥补工业主义教育的阙失，达到真正为乡村培养人才的目标。

三、陶行知乡村教育思想的当代启示

20世纪90年代，"三农"问题成为举国上下关注的焦点。时至今日，仍然是中国转型发展过程中亟待解决的"症结"。"三农"问题的形成，虽然有多重复杂的原因，历史长期累积效应不可忽视。从中国百年现代转型的过程来看，现代化并非全部意味着"福祉"，"激进"现代化与"过度"工业化往往以损失乡村为代价。工业主义的现代化发展过程中，乡村社会面临现代化资源汲取的压力，承受了社会转型的阵痛，整体发展明显落后于城市。当下，国家通过乡村振兴战略，对百年以来的工业文明带给农业文明的"伤害"做出有力回应。国家提倡坚持农村优先发展，走城乡共融、绿色发展之路，提升农耕文明，兴盛乡村文化，让农民成为有吸引力的职业，表明决意扭转过度工业主义发展态势的坚定信念。

乡村振兴首要在于振兴乡村教育。如前所论，近百年来随着现代新式教育的确立，乡村教育面临着不适与挑战。本质而言，这些问题皆可视为过度工业主义教育"伤害"的具体呈现。陶行知的乡村教育理论与试验的根本意图是修复"损伤"，弥补现代

工业主义教育阙失，寻找一条符合中国国情、适合乡村社会的教育振兴之路。他的乡村教育思想与改良实践对于当前振兴乡村教育具有极强的现实启示意义。

其一，陶行知对农人、农村"爱"的教育思想，对于造就"乡村教师"与"三农"工作队伍，不无借鉴。

当前社会，城乡二元结构的差别仍然明显，较之一百多年前，高度工业化带来的都市繁华与现代生活方式对比农耕生活带给人们的吸引力超过以往。农村工作者身处高度工业化的时代，却需要远离城市的喧嚣与繁华，深入农村，扎根农村，"逆潮流而行"，此时唯有对乡村教育与"三农"工作的"热爱"，怀有振兴乡村的"使命感"与"理想"，才是他们工作的动力之源，才能支撑他们将毕生精力奉献给乡村振兴工作。乡村振兴战略要求"三农"工作者具备"一懂两爱"的素养，即懂农业、爱农村、爱农民，正是陶行知"爱"的思想的时代体现。

其二，陶行知从农民的"真正的需求"出发办教育，尤其值得当代审视。

陶行知特别强调办教育要面向农民，"用心"关爱农民，办农人真正需要的教育。例如，在办幼稚园过程中，陶行知充分了解到农民农忙时无暇看护幼儿之苦，看到农村小学生因照看弟妹不能正常上学的普遍现象，遂本着替农人省钱、为农人着想的原则，开始推行幼稚园教育。他的每个举措无一不是以农人利益为核心，以农人的便利为导向。对比之下，近十几年来许多地区掀起了"中学向县城集聚""小学向乡镇以上集中"的撤并村校之风。有研究指出，有的地方实行了过度的学校撤并，导致学生上学远、上学贵、上学难。大量农村教育点消失的同时,也造成了近年来农村学生辍学率提升,甚至改变了乡村文化传承模式,有让乡村文明的文化传承断根的危险。[①] 这种现象虽然整合了教育资源,达到了资源有效配置,但是却与农民的真正需求有所错位。"撤并村校"的办学结构调整其实质仍是"过度工业化"教育的体现。这种乡村变革思路不从根本改变,乡村教育振兴仍会流于表面。

其三,陶行知提出的"要想化农民,先要农民化""乡村教师要有农夫的身手,科学的头脑,改造社会的精神",这些思想对于当前乡村建设人才的培养,亦有较强的现实意义。

乡村振兴的战略目标是要建立生态宜居、乡风文明的乡村社会,让农村成为安居乐业的美丽家园,实现这一目标需要一大批热爱乡村,具备服务农村、农业技能与素养的乡村振兴人才。要想真正做到服务"三农",只拥有"科学的头脑"还不够,还要学会最大限度地贴近农民,发现农民的需求,进而激发农民,发挥出农民的主体性。那么,如何做到"贴近农民"呢?陶行知所提出的"农民化"思想极富启迪性,"通过农人的身手"先让自己变成"农民",在与农民同甘共苦中理解农民,与农民成为朋友,进而了解农民的各项需求,在此基础上再发挥"科学的头脑",才能真正为农民做好各项服务。

其四,陶行知的"生活即教育""社会即学校"的教育思想,对于造就传承乡村传统文化与人格健全的"乡村人才"、兴盛农

[①] 《"撤点并校"政策饱受专家批评》,《中国科学报》,2012年11月22日,第4版。

耕文化，具有导向性意义。

乡村教育的重要功能之一是"育人"，不仅培育技术人才，亦应当教会学生如何处理好人与自然、人与社会的关系，注重文化传承，才能塑造健全的、积极向上的人格。

与城市教育相比，乡村社会本是一个拥有自然资源与地方文化等先赋优势教育资源的场所，学生身在大自然的熏陶中，本身就是一个最基本、最理想的教育状态；乡村社区中，家族纽带、熟人互助、节日习俗场景，又可以使学生在潜移默化中进行传统文化传承。然而遗憾的是，长时间以来"过度工业主义"教育模式下乡村学生与城市学生一样，接受的是面向城市与都市同质化教育，"学校不再以文化传承为导向，而是以职业为导向。……没有教育儿童返回家园并对地方社会有用，而是教育儿童离开家园，并在为与地方或社区无关的未来赚钱"[①]。乡村学生生活经验背靠乡村，但想象图景和思维却已与城市无异，对于地方性"活"的乡土知识"视而不见"，以致许多乡村学生来自乡村，却不属于乡村，进入城市，又无法彻底融入城市，他们的性格中常常透露出没有归宿的焦虑。

另一方面，"过度工业主义教育"使得乡村地方性知识的保存与传承正面临危机。传统乡村文化与地方性知识是在土地上共同生活与劳动的人们中间生长的，人们彼此熟悉，通过各种纽带牵连。文化不是文物、装饰品、民歌、民俗的集合与展览，而是

---

① Wendell Berry, "What Are People For", *The Work of Local Culture*, Berkeley:Counterpoint Press, 2010.

一种实际的需要，是"活"的生活，是生活在村庄的人的记忆。然而，随着一代又一代年轻人不再返乡，地方文化记忆正在抹去，许多村庄出现空心化、老龄化，村庄不再，熟人社区不再，乡村文化的载体焉能存在？乡土文化何以兴盛？

为此，陶行知倡导的"生活即教育""社会即学校"的教育思想，尤其具有现实指导意义。他号召要拆去乡村学校与乡村社区、自然环境中间的"隔墙"，将乡村教育与大自然、社区文化"断裂"的纽带重新弥合。"拆墙"的教育理念对于未来乡村教育改革具有方向性意义，它提醒我们，应当重新审视乡村自然环境与地方性知识、社区文化所独具的优势教育功能，让学生走出校门，亲近自然，深入社区，向农人学习，从社区文化中养成健全人格；同时，乡村学生应当肩负保存与传承乡土文化的使命，有必要在不同教育阶段让学生在书本与实践，乃至日常生活中了解乡土知识与地方文化，为兴盛乡村文化做必要的知识储备与文化续接能力培养。

第五章
变动秩序中的乡村危机

第一节　晚清民事官司"安全阀"
机制的破坏与乡村教案危机

一、问题的提出

　　义和团从未淡出研究者的视野，人们的研究切入点日益宽泛，除了讨论帝国主义入侵的外在因素，内源性问题一直是研究者讨论的热点。从义和拳、神拳、梅花拳等武化组织自身的流变等传统话题，到中西文化差别、大灾荒与饥饿、中国乡村的暴力冲突环境的恶化等自然地理、社会环境因素，都进入研究讨论的界域；近年来，随着新文化史的兴起，人们又从迷信、种族、神话、民间仪式、谣言、山东本地尚武的习俗中探寻谜团。① 但无

---

① 参见相蓝欣：《义和团战争的起源》，上海：华东师范大学出版社，2003年；〔美〕周锡瑞著：《义和团运动的起源》，张俊义、王栋译，南京：江苏人民出版社，1994年；〔美〕柯文著：《历史三调：作为事件、经历和神话的义和团》，杜继东译，南京：江苏人民出版社，2005年；〔德〕狄德满著：《华北的暴力和恐慌：义和团运动前夕基督教传播和社会冲突》，崔华杰译，南京：江苏人民出版社，2011年。

论从何种角度切入，义和团的起因多数没有摆脱帝国主义入侵所激发的民族主义情结、文化排外主义心理的宏观构架。

就"民教争讼"①这一具体问题而言，研究者虽有所关注，但是人们更倾向于认为此一现象只是诸多因素中的一个普通诱因，"民教细故官司"从未被视为运动发生的核心原因，尚没有引起人们足够重视，此主要出于以下三方面原因：

其一，民事细故的"细小"与义和团的"血腥"暴力程度反差巨大。

民教之间的争讼内容大都是乡间户婚田土债偷等"口角睚眦""雀角鼠牙"的微嫌细事，而庚子年间的义和团事件却是充满了血腥与暴力的冲突，遍及华北乡村，"1900年春夏间，仅济南、东昌、泰安、武定4府和临清直隶州所属的三四十州县，焚拆教堂数百座，烧毁教堂房屋2000余家，杀教徒290人，教堂及教徒财产约值银160万两"②。"天主教在义和团运动期间，教堂毁损估计约四分之三，特别是在华北受到了相当沉重的打击。"③许多人习惯认为，日常民事纠纷，口角微嫌，事情非常细小，何以引发平民对教民如此巨大的仇恨呢？更何况是红光四溅的血腥杀戮，"义和团运动时期的民教纠纷，从法律角度看，绝大多数属于财产方面的民事纠纷或口角微嫌，属于社会生活层面的细枝末节问题。……尚未发现教士教民无理杀伤平民、强奸妇女、

---

① 民教争讼指平民与教民之间的民事官司，平民指非教民。
② 山东省地方史志编纂委员会编：《山东省志少数民族志宗教志》，济南：山东人民出版社，1998年，第655页。
③ 顾长声：《传教士与近代中国》，上海：上海人民出版社，2004年，第231页。

抢劫财物等刑事犯罪。对做了坏事的教民，……也未必罪该至死"①。秦晖也认为，教民可能不交迎神赛会份钱，不尽团练保甲义务，不参加宗族祠堂活动，并因此招致反感，但他们不像过去的天朝和后来的"农会"，并没有能力去禁止别人从事上述活动，由此造成你死我活的冲突是不合逻辑的。②

同样的看法更多来自西方人士。1899年，义和团运动发生之前，德国传教士福若瑟亲眼目睹了即墨的"民教冲突"，他很想弄明白"异教徒"冲击教民的原因，在一次旅行中他专门见了"异教徒"，让他们亲口说出不满的原因，福若瑟做了如下记录：

> 其中一个控诉说，十年前全村人把他的猪给杀了，并给煮了吃掉了，其中一个又吃又喝的人现在成了基督徒。人们要他赔那头猪，可这名基督徒拒绝赔偿。第二个控诉说：基督徒N在他的地盘上砌了一堵墙，但是墙给砌歪了，如果用测锤测一下，那堵墙就在异教徒的地盘上……还有一个没有一寸土地的乞丐也控诉说，基督徒N从他的地里偷走了两亩半地的大豆等等，这就是张家屯的那些主要心怀不满者。

福若瑟听到异教徒的"控诉"后，认为"异教徒"们显然在

---

① 侯宜杰：《义和团：在"灭洋"的旗帜下》，《炎黄春秋》2012年第5期，第88页。
② 秦晖：《"西化"、"反西化"还是"现代化"——太平天国、义和团与辛亥革命的比较》中、下，《南方周末》2011年10月6日，第D22版；10月13日，第D24版。

说谎，他们冲击教民的真正原因不可能是这些不值一提的"鸡毛蒜皮"，而是另有隐情。另一位德国牧师保罗·柯玛斯基也认为，如果将这样的琐事与仇恨洋人的怒火联系起来，"就好像要用小洼里的水汇聚成海洋，或者用坑洞里的光亮来解释火山爆发一样荒谬"①。

其二，在民教争讼中，传教士认为其对教民提供的"司法庇护"具有"合理性"，不应该引起异教徒如此巨大的仇怨。

在西方传教士的笔下，清代基层政府官吏通常被认为是贪污腐败、暴虐残忍、懒惰懈怠、不理民事，官民对立明显。那么，传教士对教民予以"司法庇护"，是保护弱势群体、对弱民施善的举动，不足以引发另一部分弱民"你死我活的斗争"，持这一观点的代表学者包括狄德满、秦晖等。狄德满认为，"教民与望道者在面临诬告、抵制衙门差役的勒索、反抗过分的土地剥削、时而还抵御土匪的掠夺时，传教士代表他们赢取这些争端，并在这一系列行动中展示权威"②。因为传教士扮演了保护弱势群体的角色，威胁到了地方官员的仕途与地方精英的权势地位，于是引发了地方精英的不满。许多反教暴力行动就是地方精英发起的。③秦晖也认为，"官府本来不把草民当回事，但'在教'的百姓只要拿主教的名片，就可以去见地方官，而地方官惧于教会的影响，常常不得不出见"。换言之，传统社会因为官府的腐败，不

---

① 〔德〕保罗·柯玛斯基:《中国的战争和传教活动》，收录于路遥主编:《义和团运动文献资料汇编·德译文卷》，济南：山东大学出版社，2012年，第230页。
② 参见〔德〕狄德满著:《华北的暴力和恐慌：义和团运动前夕基督教传播和社会冲突》，崔华杰译，南京：江苏人民出版社，2011年，第200页。
③ 同上注，第187—202页。

为民做主,弱势群体无以依靠,只好去信教。①

其三,中国乡村一向被认为是"无讼"的社会,民教之间的细故官司中,即便发生"袒护教民"的偏向,但类似的官司数量较少,不足以引发"大规模"的血腥暴力冲突。

人们经常受"衙门八字开,有理无钱莫进来"理念影响,认为乡民"屈死不告状","人民方面更视公门为畏途,不愿涉讼,到了公堂,不论原被告都长时间跪在县官面前,问官审案动辄用刑,逼取口供,难免受皮肉之苦,拖欠钱粮的人户经常受此责。此外,胥吏衙役都以讼案为生财之道,一打官司就索取种种规费(陋规)"②。既然人们畏惧打官司,不愿意打官司,打官司的行为也就不是经常发生,那么平民与教民之间偶然会有官司,即便是平民存在冤抑,但是数量并不多见,因此,官司审断不公造成的影响不足以引起血腥暴力冲突。

的确,"微尘细事"是如此的"琐碎麻烦""微不足道",除了日常的"家长里短",最大不过是土地财产的纠纷,并且数量上亦"屈指可数";对比之下,义和团的暴力冲突却是血腥而惨烈,波及面甚广,跨越华北数省,震惊中外。从普通逻辑推理,剧烈的社会震荡只有在历史重大事件的强烈刺激下发生才显得合情合理,西方列强的武力入侵、瓜分中国的狂潮、甲午战败

---

① 秦晖:《"西化"、"反西化"还是"现代化"——太平天国、义和团与辛亥革命的比较》中、下,《南方周末》2011年10月6日,第D22版;10月13日,第D24版。
② 瞿同祖:《法律在中国社会中的作用——历史的考察》,《中外法学》1998年第4期,第7页。

等"奇耻大辱"点燃中国民众仇恨洋人的"熊熊怒焰"看上去才顺理成章,亦只有西太后为首的高层统治者才具有煽动怂恿民众、掀起惊涛骇浪的能力。① 当然,灾荒与饥饿、中西文化差别、尚武的习俗,以及迷信、种族、神话、民间仪式、谣言等,都是不可或缺的诱发因素;或者,义和团民就是一群暴民,他们为了"夺取财物,获得暴利"。②

但是,历史吊诡的是,"民教细故官司"对于义和团兴起所产生的作用远超人们对它现有的认识与评价。比起恢宏而重大的历史事件,"无关紧要"的、"不被人重视"的民教细故争讼一直被宏大的历史叙事所遮蔽。在一些学者、官员,尤其是西方人士、传教士等"他者"看来,乡村民事细故争讼无非户婚田土债偷,鸡零狗碎,从逻辑上怎么也推演不出"血光之祸"。然而,对于生活在乡村文化情境中的乡民来说,这些个林林总总的"杂碎口角"争讼却是至关重要、利害相关的。也许在"他者"看来

---

① 不少人认为,义和团火山般的怒火根植于民族自负感与盲目排外的封闭性、愚昧性,以及帝国主义的武力入侵,这是对义和团运动比较流行的观点;除了帝国主义的侵略,握有实权的西太后的怂恿、山东保守巡抚对义和团的纵容也是义和团爆发的主要原因。参见〔德〕保罗·柯玛斯基:《中国的战争和传教活动》;〔英〕史莱门茨:《义和团之乱——政治及外交回顾》;〔美〕丁韪良:《北京之围:中国对抗世界》;〔英〕翟兰思(曾任英国驻华领事公职人员):《北京使馆被围日记》等。以上内容均收录于路遥主编:《义和团运动文献资料汇编》,济南:山东大学出版社,2012年;〔英〕李提摩太著:《李提摩太在华回忆录》,陈义海译,南京:江苏凤凰文艺出版社,2018年;秦晖:《"西化"、"反西化"还是"现代化"——太平天国、义和团与辛亥革命的比较》中、下,《南方周末》2011年10月6日、13日。
② 侯宜杰:《义和团:在"灭洋"的旗帜下》,《炎黄春秋》2012年第5期,第86页。

是"不可理喻"的小事,但有生活体验的乡民却视之为"生存要素"。在乡民的日常细故纠纷中,潜藏着乡民的生存策略、竞争法则,暗含着他们对社区地位的强烈竞争意识,是他们有意义的生活空间,也是他们生命价值的体现。帝国主义的入侵、文化的排外主义,波及面广泛而深刻,广大乡村腹地不可能不受影响。但是,对乡民而言,身边民事官司争讼中的成败得失、荣辱利益与他们的生活如影相随,对他们来说这才是最真实的内容。他们因之而有喜怒哀乐,因之而激发爱憎情绪,甚至因之而"不惜性命"。

历史事件的解读者当最大限度走近历史,贴近"被解读者",倾听他们的声音,与"被解读者"思维共鸣,体验"被解读者"的生活情境,才能尽可能避免用"他者"视角"自说自话",以至于给"事件参与者"要么授以"民族主义者""爱国者"的头衔,要么冠以"排外"与"愚昧迷信"者的帽子,最终导致"被研究者"的声音,甚至"呐喊"与"真正的冤屈"长时间被深埋于历史研究者的"自我理解"的话语体系中,"任人打扮",历史的真实渐行渐远。对此,下文将有论述。

此外,对于"传教士保护弱势群体"的说法,鉴于教民入教的复杂原因,我们并不否认乡村"真正的弱势群体"为了寻求保护而加入教会的情形,基层官员不作为、吏治腐败、吏役贪婪、懒政懈怠,也是中国传统基层秩序长期存在的痼疾。但是,传教士多大程度上保护了乡间"真正的弱势群体"不被官府恶吏、恶霸土豪等权贵欺压,多大程度上保护的不是"真正弱势群体",而是纵容了"假弱势群体",诸如"权痞"的横行,是尤其值得警示的;另外,清代地方政府又尸位素餐、腐败、碌碌无为到何种程度,以至于迫使乡民不得不寻求文化相隔的传教士作为保护,也是需要谨慎下结论的。

近年来,黄宗智等一批学者基于大量基层档案进行缜密研究,对于明清传统基层司法实践秩序有了不同于以往的看法,对于清代地方政府在基层秩序中的角色也给予了重新评估。黄宗智指出,关于民事诉讼,清代官方表达与具体司法实践是有不一样的。实际运作中,民事诉讼案件约占了县衙门处理案件的三分之一,数量可观。① 日本学者寺田浩明也指出,中国传统乡村的司法秩序中,清代地方政府的作用是不可或缺的,"对于人民来说,地方官主要就是为了听取告状给以善处而存在的;而地方官也把听讼理解为'答民所劳'的最重要手段"②。类似的结论使我们看到,清代地方政府并不像人们惯常所认为的那样,极其腐败不堪,起不到"为民做主"的作用;乡村司法领域更不是全然一幅"无讼"的图景,人们有了矛盾纠纷诉诸官司寻求解决是经常发生的行为。"打官司"在乡民生活中扮演着重要角色。

基于此,本研究不揣浅陋,借助法制史研究的最新成果,比照传统乡村冲突现象,欲抽丝剥茧,层层深入,探寻民教之间的民事细故官司与义和团兴起之间的重要关联。囿于功力,所论不当之处,尚祈方家赐教。

---

① 参见〔美〕黄宗智:《清代的法律、社会与文化:民法的表达与实践》卷一,北京:法律出版社,2014年,重版代序,第3、4页。
② 〔日〕寺田浩明:《权利与冤抑——清代听讼和民众的民事法秩序》,〔日〕滋贺秀三等著:《明清时期的民事审判与民间契约》,王亚新等译,北京:法律出版社,1998年,第193页。

二、民事细故官司——清代乡村秩序的"安全阀"

清代乡村"民事诉讼",特指因民事纠纷而起诉到官府的告状行为,俗称"打官司"。"民事官司"主要涉及"户婚田土债偷盗"等乡村日常纠纷。中国乡村是"一个由无数主体构成,且在他们之间充满了个别的不同利益主张和利益冲突的竞争社会。由此,主体间的纠纷自然会不断发生"①。乡村民众的日常聚落空间在以村落为单位的共同体中展开,由于物质资源的有限性、生活空间的邻近性、社会关系与身份的多重网络性、社会地位的区隔性、社会构成的复杂性,乡民之间产生各类冲突是不可避免的,从口角愤争、拳脚斗殴,到家族仇杀、宗族械斗,此类现象在村落社区屡见不鲜,"在帝制中国这样的社会里,全体人民在各部分间存着利益上的矛盾,行政动作罕能满足人民的基本需求,而(由于大体上紧缩的经济所致)对抗天然的与人为的不友善力量之生存斗争,在部分居民之间往往十分严酷,因此经常可能发生纠纷;……或强或弱、或大或小的争论与冲突,几乎时时刻刻都在帝国的每一个角落里出现……即使在社会状况大致平静的时候,不睦与争斗也很频繁"②。"剽掠攻击、殴夺愤争,所在

---

① 〔日〕寺田浩明:《权利与冤抑——清代听讼和民众的民事法秩序》,〔日〕滋贺秀三等著:《明清时期的民事审判与民间契约》,王亚新等译,北京:法律出版社,1998年,第193页。
② 萧公权:《调争解纷——帝国时代中国社会的和解》,《萧公权文集:迹园文录》,北京:中国人民大学出版社,2014年,第66页。

皆是。"①

值得注意的是，乡村中的一些升级成暴力的血腥冲突，如家族仇杀、宗族械斗，其事件的起因往往是一些鸡毛蒜皮的琐事、乡村细事，如以下实例。

在广东："如伐森林也，如盗耕牛也，如夺水陂也，如侵闲田也，如占山地也，如摘桑也，事起于细微，而动辄乎干戈，……致酿成千古奇绝之惨祸。"② 安徽当涂丹阳湖边的东陈村、吴村，"因割刈菱草，双方争斗，死伤多人"③。河北曲周的孝固、兴波流两村，因观剧起纠纷集合百人参加械斗。④ 刘坤一在一则告示中对此现象也做了描述："照得粤东民情强悍，每因细故微嫌，或争山地，或争田水，彼此负气相持，遂致固结不解，甚或焚烧房屋，掳捉人口，报复频仍，酿成重案。"⑤

无独有偶，德国社会学家西美尔在其社会学研究中也发现了社会冲突的此类现象："如果人们注意到一些令人难以置信的小事，甚至鸡毛蒜皮的小事引发各种严重的冲突，那么，人们似乎不可能放弃某种先验的斗争直觉。"西美尔接着举了一些例证，如爱尔兰两派怒气冲冲，武斗席卷全国，敌对是由一次争吵（关

---

① 黄六鸿:《福惠全书》卷十一，清光绪十九年文昌会馆刻本，第 1b 页。
② 郎金泽:《广东械斗潮》,《四路军月刊》1937 年第 9 期，第 54 页。
③ 佚名:《村民刈草界限甚严，聚众械斗伤颇多》,《民报》，1936 年 6 月 10 日，第 5 版。
④ 佚名:《各地简讯——曲周乡民械斗》（河北），天津《大公报》，1934 年 11 月 28 日，第 1 版。
⑤ 刘坤一:《严禁械斗》,[清] 欧阳辅之编:《刘忠诚公（坤一）遗集——公牍卷 2》，沈云龙主编:《近代中国史料丛刊》第 26 辑，台北：文海出版社，1966 年，第 5369 页。

于一头母牛颜色的争论)引起的;印度爆发了危险的起义,斗争的两派除了知道他们各自为右翼党和左翼党,其余的根本互不知晓。他总结道:"人们永远不会为这么一些小事和无谓之举而相亲相爱,但他们却会为此而不共戴天、嫉恨如仇。"①

小怨小忿引发血腥暴力冲突的机制并不是本研究讨论的内容。单从现象观察,我们可以获知此类事件并不是个别地区的偶发事件,而是有着一定的共性。雀角鼠牙、口角微嫌之争,可能引发难以预料的严重后果。日常纠纷怨气如果能及时消融化解,则可以避免一些不必要的剧烈冲突事件。

针对中国传统乡村中涉及乡民的细事纠纷,村落社区内部会有一整套自发的调解机制,权威领袖、家族长、社区威望人士在乡村冲突中扮演着仲裁角色,他们的行为得到官方的鼓励与认可,"长期以来通过村领袖的斡旋,村内争端通常采用媾和的办法解决"②。"在一般情况下,尽量争取在衙门以外解决,免得花钱,妨碍作业,采取调停、仲裁、和解的办法。"③

但是,民间调解毕竟属于"私人"领域,而乡村纠纷的范围是相当广泛的,"那些关心社会安宁与秩序的人所促成和解的幅度却不能与纠纷的范围同样的广阔"④。换言之,"民间调解"力

---

① 〔德〕盖奥尔格·西美尔著:《社会学——关于社会化形式的研究》,林荣远译,北京:华夏出版社,2002年,第188页。
② 杨懋春著:《一个中国村庄——山东台头》,张雄等译,南京:江苏人民出版社,2001年,第161页。
③ 瞿同祖:《法律在中国社会中的作用——历史的考察》,《中外法学》1998年第4期,第7页。
④ 萧公权:《调争解纷——帝国时代中国社会的和解》,《萧公权文集:迹园文录》,北京:中国人民大学出版社,2014年,第72页。

所不及的时候，乡间的冲突主体就要诉诸州县政府，即"打官司"，"为了自身利益，为了泄愤，或调解无效，往往不得已而打官司"①。"争必听断于族，族不能断，然讼于官。"②

无论是民间调解，还是官司审断，都是人们发泄积怨情绪的通道，对于调解、化解怨忿，抑制冲突升级，发挥着不可忽视的功能。如果乡间缺乏矛盾与冲突的表达机制，其结果可能会造成对峙情绪不断累积，最终演绎成流血暴力冲突。西美尔认为，社会冲突有可能激化矛盾，也有可能使矛盾得到解决或缓解。在冲突过程中，人们之间的敌对情绪得到宣泄，反面的观点得以表达出来，这使敌对情绪得到心理上的安慰，不至于使冲突上升到无法化解的尖锐程度，"如果人们心平气和不作抗议，对各种压迫逆来顺受，压迫一般会上升，愈演愈烈"③。科塞将西美尔的这一观点归纳为"安全阀"机制，"冲突充当了释放敌意的出口，如果不提供这种出口，就会损害对立双方的关系"，"这种出口等于为被堵塞的河流提供了一条河道，它使社会生活的其他部分免于受到毁灭性的影响"。④

比起"私人"领域的民间调解，"打官司"对于平息纷争、化解怨气功能更为显著，民事诉讼可谓是冲突双方怨愤宣泄的

---

① 萧公权：《调争解纷——帝国时代中国社会的和解》，《萧公权文集：迹园文录》，北京：中国人民大学出版社，2014年，第8页。
② 魏禧：《万氏宗谱叙》，《魏叔子文集》（上），北京：中华书局，2003年，第445页。
③ 〔德〕盖奥尔格·西美尔著：《社会学——关于社会化形式的研究》，林荣远译，北京：华夏出版社，2002年，第181页。
④ 〔美〕L.科塞著：《社会冲突的功能》，孙立平等译，北京：华夏出版社，1989年，第26、27页。

"安全阀","人们期待打官司本身能够起防止纠纷升级、抑制矛盾激化的作用,而且诉讼确实也起到了一定的这种作用"①。将民事诉讼视为社会的"安全阀"与"排气孔",其原因如下:

其一,在解决社会冲突的诸种手段中,诉讼具有"公权"的性质,是一种"最为权威、最为规范、形式效力最为明显的手段"。②

民间调解、仲裁之所以能够产生一定的效力,很大程度上根源于诉讼及"公权"强制的存在,民事官司的审断过程"正义""公平"等合法示范效应与规则是民间调解的参照与依据。如果没有官方的诉讼审判,其他手段也是乏力的。此外,尚有许多纠纷发生在"村落共同体之外"的群体之间,超出了共同体内部的自发调解的能力与范畴,如土客冲突、本地人与外地移民的冲突、村际之间的冲突等。③此种情形下,民间调解的力量所不达之处必须由官方出面,"如果近邻人们没有介入进来调停或者即使介入也未能收拾事态的话,这种争吵的归结之一或展开过程之一环,就是'打官司'——不堪忍受的一方向衙门提起诉讼"④。

---

① 〔日〕寺田浩明:《权利与冤抑——清代听讼和民众的民事法秩序》,〔日〕滋贺秀三等著:《明清时期的民事审判与民间契约》,王亚新等译,北京:法律出版社,1998年,第233页。
② 顾培东:《社会冲突与诉讼机制》(三版),北京:法律出版社,2016年,第43页。
③ 参见萧公权著:《中国乡村——论19世纪的帝国控制》,张皓、张升译,台北:联经出版社,2019年,第496—510页。
④ 〔日〕寺田浩明:《权利与冤抑——清代听讼和民众的民事法秩序》,〔日〕滋贺秀三等著:《明清时期的民事审判与民间契约》,王亚新等译,北京:法律出版社,1998年,第214页。

因为诉讼的权威性，人们往往将官司的输赢与"面子"相联系。对于大多数乡民而言，他们非常在意官司的输赢结果。一个人如果在诉讼中赢了，不仅意味着当事人的正当权益得到维护，也意味着在乡间很有"面子"："在村庄里有许多争执，人们总是情愿花上时间与金钱对质公堂。这种行为不具有什么物质利益，主要他们感觉到对个人或者家庭的荣誉来说，非常重要。"① "一经官为讯断，曲直分明，胜者所值无多，负者顿失颜面，蓄忿渐深……"② 在华北乡村，一个会打官司的人通常会得到乡民至高无上的尊崇。20 世纪 30 年代，河北昌黎县侯家营的萧惠升曾收到附近 38 个村子共同赠送的匾额。他在县里电话局工作时，乡邻经常上门求助打官司。③ 山西临县士绅郭俊选因为会写状子、包揽词讼，在当地被老百姓认为是"了不起的人物"，"求之者颇多"。④

其二，清代打官司的数量表明民事诉讼行为在乡村生活中司空见惯，非常重要。

来自传统的观点可能会质疑诉讼的"安全阀"功能。一直以来，人们视乡村社会是"无讼"的社会。⑤ "毫无疑问，将传统中

---

① Sindey D. Gamble, *North China Villages: Social, Political and Economic Activities Before 1933*, Berkeley and Los Angeles: University of California Press, 1963, p.117.
② 刘衡：《理讼十条》，[清] 徐栋辑，楚兴国、李炜校刊：《牧令书》刑名上卷 17，道光戊申秋镌。
③ 徐勇、邓大才主编：《满铁农村调查》（上）"惯行类"第 5 卷，北京：中国社会科学出版社，2017 年，第 80—82 页。
④ 《晋西北名人传略》，1941 年，档号：A22-1-4-2，第 9 页，山西省档案馆藏。
⑤ 参见费孝通：《乡土中国生育制度》，北京：北京大学出版社，1998 年，第 54—58 页。

国社会定义为以'无讼'为主体的'反诉讼'社会,大抵反映了中国的实际状况。"① 人们认为打官司可能会导致倾家荡产,受到吏役与讼棍的盘剥,乡民害怕打官司、不愿意打官司。由此推定,人们打官司的数量一定较少,乡间即使有了怨忿憎恨,"民事诉讼"审断的消解功能也是有限的。

然而,一些资料表明,中国乡村的许多人的习俗不是"无讼",而是"健讼",如《退想斋日记》所载:"今者岁暮,吾乡一带构衅者甚多,率皆农商,农皆不给,商反逼农,农不得已,遂生诡诈之端,以欺商人。商不让农之欺,理未能屈农,遂至成讼,此风不知伊于胡底也。"② "日来里中构衅者数家,皆由姑媳不和之所致,男子悉被妇人之害。"③ 狄德满也看到:"词讼是中国传统社会中最为普遍的特色,尽管帝国劝民息讼。据说山东人'热衷词讼'。"④

更有一些学者的研究指明了清代人们的诉讼行为在中国乡村司空见惯,寺田浩明指出:"实际上,全国统一的国家权力通过每二十万人口左右就设置一名的州县地方官直接向人民敞开着诉讼的门户,在此人口范围内每月平均可有千份以上的诉状提交给

---

① 陈宝良:《"乡土社会"还是"好讼"社会?——明清"好讼"社会之形成及其诸面相》,〔日〕夫马进编:《中国诉讼社会史研究》,范愉、赵晶等译,杭州:浙江大学出版社,2019年,第228页。
② 刘大鹏遗著:《退想斋日记》,乔志强标注,太原:山西人民出版社,1990年,第51页。
③ 同上注,第69页。
④ 〔德〕狄德满著:《华北的暴力和恐慌:义和团运动前夕基督教传播和社会冲突》,崔华杰译,南京:江苏人民出版社,2011年,第75页。

地方官。"① 陈宝良直接得出结论:"无论是官方记载,还是民间史料,无不证实明清时期已经形成为'好讼'社会。"② 萧公权在研究讨论了各类民间调解方式后,进行了总体上的判定,认为州县衙门解决纠纷应是主要的方式,"在任何一个特定的地方,法庭所解决的争端在数量上总是超过法庭之外的解决"③。

黄宗智解释道,所谓的"无讼"、诉讼不多的说法只不过是官方一厢情愿的"表达"与"期待","与不理民事的说法相反,清代地方法庭实际花费了大量时间与精力在民事案件上。……清代的官方表达也要我们相信,民事诉讼的增加是由于奸狡之徒与邪恶胥吏挑起讼案以求不义之财的结果,善良百姓则总是远离法庭",事实上,"大多数涉讼者都是普通民众,他们求助于法庭是为了保护自己的合法权益和解决难以调解的争端。普通乡民进入法庭的数量足以使法律诉讼成为大多数村庄集体记忆的一个组成部分"。④

以上我们看到,普通村民向州县官提出诉讼的规模数量是可观的,人们对"打官司"并不陌生,人们对"打官司"来维持权

---

① 〔日〕寺田浩明:《权利与冤抑——清代听讼和民众的民事法秩序》,〔日〕滋贺秀三等著:《明清时期的民事审判与民间契约》,王亚新等译,北京:法律出版社,1998年,第193页。
② 陈宝良:《"乡土社会"还是"好讼"社会?——明清"好讼"社会之形成及其诸面相》,〔日〕夫马进编:《中国诉讼社会史研究》,范愉、赵晶等译,杭州:浙江大学出版社,2019年,第228页。
③ 萧公权:《调争解纷——帝国时代中国社会的和解》,《萧公权文集:迹园文录》,北京:中国人民大学出版社,2014年,第72页。
④ 〔美〕黄宗智:《清代的法律、社会与文化:民法的表达与实践》卷一,北京:法律出版社,2014年,第9、10页。

益有着很高的期待与诉求,民事诉讼对于维持乡村社会秩序起着"安全阀"的作用。

其三,民事诉讼中,"息讼"是州县官司审断的目的之一,民事诉讼的平息怨气、化解积愤的功能正是"安全阀"功能的体现。

汪辉祖在《息讼》一文中谈到发生词讼的原因常常是"一时竞气","词讼之应审者,十无四五,其里邻口角,骨肉参商细故,不过一时竞气,冒昧启讼"[①]。乡民常因"里邻口角、一时竞气"而打官司,其行为尚不至于太过"离谱",让人"匪夷所思"的现象是乡间许多大规模械斗、刑事命案也往往发生于"小事小故","民间命案及械斗巨案,其起衅之由,往往基于细故,如些小钱债、寻常口角之类,其事微矣"[②]。罗尔纲看到,清代闽广流行土客械斗之风,"他们每为着土田疆界等事,甚或睚眦小怨,便常常掀起血衅"[③]。裴宜理也发现,近代淮北农村的一系列仇杀"因为庄稼、牲畜、钱款等矛盾而引发,微不足道的小事竟是家族械斗的理由"[④]。萧公权亦提到,19世纪以来清帝国的乡村居民"动辄为了微不足道的问题而寻衅争执"[⑤]。

小怨小忿、口角之争本是乡村极其常见的现象,乡邻生活在

---

① 汪辉祖:《佐治药言——息讼》,北京:中华书局,1985年,第6页。
② 刘衡:《理讼十条》,[清]徐栋辑,楚兴国、李炜校刊:《牧令书》刑名上卷17,道光戊申秋镌。
③ 罗尔纲:《太平天国史纲》,上海:商务印书馆,1947年,第44页。
④ 〔美〕裴宜理著:《华北的叛乱者与革命者(1845—1945)》,池子华、刘平译,北京:商务印书馆,2007年,第89页。
⑤ 萧公权:《调争解纷——帝国时代中国社会的和解》,《萧公权文集:迹园文录》,北京:中国人民大学出版社,2014年,第69页。

共同的经济圈与文化圈中,发生种种摩擦在所难免。重要的是,当乡民发生了户婚田土之争不得已上诉至官府时,官府如果及时审断,秉持公正,力求劝解双方,那么,这些小事所产生的怨气多数可以消融,不至于演变成大规模的械斗:"果能审理,平情明切,譬晓其人,类能悔悟,间可随时消释。"①

州县官的民事审断的首要任务是审断孰是孰非,但绝不仅仅停留于此。民事审断的最高追求是达到"息讼"的目的,而不是让"有理"的一方因为赢得官司而"自得",让"理屈者"因为失了官司而生怨。官员通过调解、劝解达到"息讼"的作用,让乡民在"无谓"争斗中产生的怨气得到化解,"来讼者固有不得已之情,而亦由不能忍。苟能容忍,则十省七八矣。长民者果谆谆切切,劝民忍忿兴让,必有气平而已讼者"②。日本学者滋贺秀三把州县官对民事官司的审断视为"听讼"的过程,认为这样一种形式有说服当事人平息纷争的意图:"由作为法官知州、知县发动强制性权力来实施,从最终来看却是一种靠说服当事人来平息纷争的程序。"③清代官员袁守定将官司审断比作"为百姓解心结":"判讼如解结,缓之则得其理而结解,急之则愈烦愈乱,不得其理,而结不可解矣。"④官司审断通过"听讼""息讼""解心

---

① 罗尔纲:《太平天国史纲》,上海:商务印书馆,1947年,第44页。
② 袁守定:《听讼》,[清]徐栋辑,楚兴国、李炜校刊:《牧令书》刑名上卷17,道光戊申秋镌。
③ [日]滋贺秀三:《中国法文化的考察——以诉讼的形态为素材》,收于[日]滋贺秀三等著:《明清时期的民事审判与民间契约》,王亚新等译,北京:法律出版社,1998年,第14页。
④ 袁守定:《听讼》,[清]徐栋辑,楚兴国、李炜校刊:《牧令书》刑名上卷17,道光戊申秋镌。

结"等过程,"安全阀"机制得以生效,"这种因小故而起的械斗,倘使有贤良的州县官来替他们排解,自然不会扩大"①。

反之,地方官员如果懒政怠政或者能力不到,对细故官司审断不明,判决不公,其"安全阀"功能就要"失灵"。如此,官司审断不仅无助于化解怨仇,还可能激化双方的矛盾,引起乡村激烈冲突。乾隆年间的大员陈宏谋在《请饬道清查讼案疏》中,揭示出在"民事细故审断安全阀"功能失灵状态下,乡间小案变成大案的逻辑过程。陈宏谋首先指出,"惟民间户婚田土,不得其平,咸欲赴官"的"健讼现象"。对于"钦部案件",因为上方的催促,地方官员必须马上办理。而对于"民间告词",地方官员则认为是"自理之事,可以推延",于是,民间细故经年累月,延搁不结。诉讼两造长期等着结案,守候拖累,两造皆破产。"负屈不甘者",气愤难耐,不能罢休,"则事外寻衅,藉端报复",其结果就是一个案子变为多个案子,小案变成大案。陈宏谋根据经年丰富的办案经验特别指出:"凡谋故命案,匿名揭帖,聚众械斗,殴差拒捕,行贿营求,一切不法之重案,由小事不结而起者居多,久经定例。"②

清朝的不少大员与陈宏谋持相同的看法。道光年间,封疆大吏程含章述道:"粤东风俗之坏。诚莫过于械斗矣。……祸流数十百年而未有止。其初由地方官惟知鱼肉乡民,不理民事。民间

---

① 汪辉祖:《佐治药言——息讼》,北京:中华书局,1985年,第6页。
② 陈宏谋:《请饬道清查讼案疏》,乾隆十九年,[清]贺长龄辑:《皇朝经世文编》卷23,沈云龙主编:《近代中国史料丛刊》第74辑,台北:文海出版社,1972年,第3319页。

词讼，延至数年不结，甚或数年不得一见官面。愚民无所告诉，不得已激而成斗。"① 光绪年间，大员丁日昌在《拟劝息械斗告示》中亦指出，"百姓之冤枉官已不能代伸，于是百姓受气之事不求官判曲直，而一斗决胜负"②。丁日昌还强调，如果告官的词讼少了，民间的械斗就会增多，③ 表明官司诉讼与社会冲突的密切关联，官司审断发挥着维持乡村秩序的重要的"安全阀"功能，是乡村小怨小忿疏解的通道。

以下是一则典型个案，本系土客普通户婚争讼，由于官司没有及时断讼，导致双方空前"大械斗"，最终一方走向"叛乱"：

> 太平天国金田起义之初，贵县客家人加入金田，是金田发难，并成为燎原之势的一件最大动力。事因客家人温阿玉与土家人争抢"美妾"而起。客家人温阿玉强抢已有婚约的土人美女，土人向官方控告，而官方竟然置之不理，由此引发两族空前大械斗。后客家人不敌土人，"房屋被焚，死伤枕藉"，归入拜上帝会。④

对于民事细故之争，富于治理经验的官员绝不敢轻慢，陈宏

---

① 程含章：《论息斗书》，[清]贺长龄辑：《皇朝经世文编》卷23，沈云龙主编：《近代中国史料丛刊》第74辑，台北：文海出版社，1972年，第887页。
② 《拟劝息械斗告示》，[清]丁日昌撰，温廷敬编：《丁中丞（日昌）政书卷十九——藩吴公牍卷九》（清刻本），沈云龙主编：《近代中国史料丛刊续编》第77辑，台北：文海出版社，1980年，第804—806页。
③ 同上注，第806页。
④ 简又文：《太平天国全史》（全三册），香港：简氏猛进书屋，1962年，第208页。

谋强调,"民间讼事,无不由小以积大。地方官为民理事,全在慎始而虑终,时时存一点惟恐累民冤民之心,乃不致有累民冤民之事。若任意率混,得推且推,可延即延,则小事必酿大患"①。方大湜在《平平言》中告诫地方官员:"户婚田土钱债偷窃等案,自衙门内视之,皆细故也。自百姓视之,则利害切己,故并不细。即是细故,而一州一县之重案少,细故多,必待命盗重案而经心,一年能有几起命盗耶?……古之治天下,至纤至悉。"②汪辉祖亦提醒道:"地方命盗重案,非所常有,惟词讼源源相继,实民事之最繁最急者,乃幕中第一尽心之要务也。"③官员刘衡述道:"审理词讼宁速毋迟也,……若稍为延缓,则旧案未结,新案复来,愈积愈多,小民受累,轻则激而上控,甚则酿成命案,其害不可胜言。"④

丁日昌在告示中,对民事细故诉讼表现出极其审慎的态度,他通过各种措施打通受理官司的各个障碍环节,尽其所能为百姓平冤抑,以求最大程度化解乡间矛盾,及时消解怨忿。

> 本部院细核械斗缘由,一由于官不能申理百姓冤枉,致百姓自相报复,一由于乡中正人绅士无权怕祸,任听族中无

---

① 陈宏谋:《饬各属办案条件檄》,[清]徐栋辑,楚兴国、李炜校刊:《牧令书》刑名上卷17,道光戊申秋镌。
② 《平平言·卷三·勿忽细故》,[清]方大湜著:《平平言桑蚕提要》,吴克明点校,长沙:湖南科学技术出版社,2010年,第132页。
③ 汪辉祖:《佐治药言——省事》,北京:中华书局,1985年,第5页。
④ 刘衡:《理讼十条》,[清]徐栋辑,楚兴国、李炜校刊:《牧令书》刑名上卷17,道光戊申秋镌。

赖酿成不解之仇。本部院现为尔等拣选好地方官,徐为劝化抚字,并令各乡各族设立正房副,子弟有不法者,准其网送至衙门,书差作弊害人者,立时捉拿惩办。尔等若有冤枉,立向地方官告状,必能照公办理,抑或地方官判断不公,准尔等前赴本部衙门申诉,无须尔花费一文半钞,本部院必秉公为尔等剖断是非,不好之官即时参办。尔等切勿以一时之气,仍旧兴动干戈,舍生机而就死路也。①

由此,各级官吏对于百姓日常冤抑愈是重视愈能显示出民事官司审断的"安全阀"的重要性。许多乡间普通口角争讼看上去如此"细小琐碎",但是由于民事官司审断不及时,最终酿成大案、要案,几乎成为"定例"。唯有充分认识并理解民事官司审断的"安全阀"功能,我们才能从根本上理解"小事不小""细事不细"的原因,才能晓然乡间一时愤争导致"血腥暴力"为什么并非"不可理喻"。

19世纪六七十年代以来,西方传教士不明就里地闯入乡村腹地,深度涉足民事细故争讼,触碰了社会灵敏的"安全阀",进而引发此起彼伏、旷日持久的民教冲突,最终积累与演绎成义和团的血腥暴力冲突。

---

① 《拟劝息械斗告示》,[清]丁日昌撰,温廷敬编:《丁中丞(日昌)政书卷十九——藩吴公牍卷九》(清刻本),沈云龙主编:《近代中国史料丛刊续编》第77辑,台北:文海出版社,1980年,第804—805页。

三、传教士深度干预民教细故争讼及原因

西方传教士在华的传教活动并非始于鸦片战争,康熙晚年后长达一百年的时间里,西方宗教在中国长期被禁止,① 传教士的工作集中在争取传教的合法性方面。1858年,《天津条约》签订之后,西方宗教解禁,得以深入中国广大农村腹地进行传播,"天主教在康熙年间,原准奉行。嗣以究系外洋之教,非中国所应有,遂行禁止。八年议定和约,复准开禁"②。随之,传教士得以大批拥入中国内陆开始扩张性传教活动,并"将传教重点转移到普通百姓"③。

西方宗教在中国传播以来,入教的居民占乡村人口的比例一直不高,据周锡瑞估计:"从开展传教活动直至1949年的一个世纪之中,皈依外来宗教的中国人尚不足总人口的百分之一。"皈依天主或基督"意味着与传统文化和现实社会的决裂;没有几个中国人愿意这么做"④。

传教士深入中国内地传教,希望尽可能多地吸引民众入教,

---

① 陶飞亚:《中国近现代史与基督教》,《济南大学学报》(社会科学版)2018年第5期,第41页。
② 《恭亲王奕䜣奏》,1861年,[清]宝鋆等编修:《筹办夷务始末》(同治朝)卷2,沈云龙主编:《近代中国史料丛刊》第62辑,台北:文海出版社,1966年,第191页。
③ 相蓝欣:《义和团战争的起源》,上海:华东师范大学出版社,2003年,第28页。
④ 〔美〕周锡瑞著:《义和团运动的起源》,张俊义、王栋译,南京:江苏人民出版社,1994年,第94页。

教民的数量是衡量工作业绩的重要指标,"以入教者多寡为教士之功过殿最"①,他们"由全球最强大的国家在背后撑腰"②,只要有可能,"便会利用世俗力量的强援"③。

所谓"世俗力量的强援"包括"物质援助"与"政治庇护","不是宗教而是外国宗教事业所能提供的物质和政治利诱,把这些问道者带给了传教士"④。这种方式实质属于"利益诱导":"以利饵民,诱其从教。"⑤ 在"物质利益"刺激下,有的贫穷村民为了度过饥馑而加入了"洋教"。但是,"物质援助"资源毕竟有限,比较而言"打官司护身符"更能吸引乡村居民的眼球,一位德国评论人士说道:"他们(天主教传教士的中国助手)告诉当事人:登记加入天主教吧,这样你们就是我们中间的一分子。我们的神父会带你们的案子过堂。我们保证,你们不会有事的,因为我们有法国人作为后盾。"⑥

民教之间"民事官司"的起因几乎都是围绕户婚田土债偷等

---

① 《粤督陶制军覆广学会李提摩太书》,《新闻报》,1901年7月22日,路遥主编:《义和团运动文献资料汇编·中文卷》(下),济南:山东大学出版社,2012年,第761页。
② 相蓝欣:《义和团战争的起源》,上海:华东师范大学出版社,2003年,第29、30页。
③ 〔德〕D. G. 瓦尔内克:《德国报界对在华传教活动的评论》,路遥主编:《义和团运动文献资料汇编·德译文卷》,济南:山东大学出版社,2012年,第255页。
④ 〔德〕狄德满著:《华北的暴力和恐慌:义和团运动前夕基督教传播和社会冲突》,崔华杰译,南京:江苏人民出版社,2011年,第173、178页。
⑤ 刘大鹏:《潜园琐记——教民》,载于乔志强编:《义和团在山西地区史料》,太原:山西人民出版社,1989年,第32页。
⑥ 〔德〕D. G. 瓦尔内克:《德国报界对在华传教活动的评论》,路遥主编:《义和团运动文献资料汇编·德译文卷》,济南:山东大学出版社,2012年,第255页。

民间常见细事,在此领域传教士涉足日益深入:"夫教士之干预词讼,初惟有关教务者不得不为之申理,积渐既久,虽寻常户婚田土案件,亦往往出而关说。"① 如下表所列,传教士对于诸如买房租地、地亩买卖、唱戏祈雨、修庙摊钱、偷盗聚赌、争水挖沟、家庭口角,无不涉足,"起衅之由,每因口角微嫌"②,"每以民间琐事,前来干预"③。

表 5-1　民教诉讼双方及原因④

诉讼双方	诉讼原因
巨野县李庄教民与刘庄	李庄的沟水流到刘庄,淹了刘庄,刘庄人让扒掉堵口,李庄不肯,遂成讼。(《选编》第 35 页)
巨野县李庄与刘庄	李庄教徒母子摘刘庄刘金银的绿豆,刘金银夺下包袱,引起官司,刘庄被罚好白面、鸡蛋。(《选编》第 38 页)

---

① 《粤督陶制军覆广学会李提摩太书》,《新闻报》,1901 年 7 月 22 日,路遥主编:《义和团运动文献资料汇编·中文卷》(下),济南:山东大学出版社,2012 年,第 761 页。
② 《护理四川总督文光奏陈筹办江北合州教案情形折》,1898 年 10 月 10 日,第一历史档案馆、福建师范大学历史系编:《清末教案》第 2 册,北京:中华书局,1998 年,第 777 页。
③ 《恭亲王奕䜣奏》,1861 年,[清]宝鋆等编修:《筹办夷务始末》(同治朝)卷 2,沈云龙主编:《近代中国史料丛刊》第 62 辑,台北:文海出版社,1966 年,第 192 页。
④ 表格中的资料来自山东大学历史系中国近现代史教研室编:《山东义和团调查资料选编》,济南:齐鲁书社,1980 年;山东省地方史志编纂委员会编:《山东省志·少数民族志·宗教志》,济南:山东人民出版社,1998 年。表格中分别简称《选编》《宗教志》。

续表

诉讼双方	诉讼原因
茌平县玉皇庙高、赵两家，赵家姓教	本是同族，争庙地。(《选编》第104页)
茌平县马庄扛活的教民马大秃子与周伯庄的小地主刘都元	刘都元在赶集路上，说了句教会不好的话，被罚三四桌酒席。(《选编》第107页)
夏津县吕洼村负责人李老西奉教，与梁园负责人于三猴打官司	大水决堤，于三猴想在吕洼开口子放水，李老西不同意，要在梁园后开口子，双方打起官司。梁园打输。(《选编》第298页)
冠县梨园屯"六大冤"，均为有名之人，与本村天主教徒打官司	争村庙，打了二年官司，用钱不少，庙未争回，卖产还账。(《选编》第333页)
高唐禀生唐印海与教徒	因地产涉讼。(《宗教志》第657—659页)
长清县乡民	教士称信教女子被不信教翁姑虐待，要求保护。(《宗教志》第657—659页)
栖霞县教民张旭与张姓宗族	张旭私向教会捐献祖茔庙地，盗伐茔树。(《宗教志》第657—659页)
烟台革役把总王四与英领事馆刘八	二人因宿娼挟嫌，刘八造言欲杀洋人。(《宗教志》第657—659页)
德平李家楼首事人与教徒	教徒不摊祈雨降神钱，遂有告白辱骂洋人和教徒。(《宗教志》第657—659页)
临邑文生刘承章与刘芳亭	不准服叔刘芳亭信教。(《宗教志》第657—659页)
临邑会首李学诚与教民	李学诚向教徒李台摊派酬神戏价引起争端。(《宗教志》第657—659页)

续表

诉讼双方	诉讼原因
沾化教徒李伦登与平民李于氏	李伦登殴伤李于氏并变卖他人车马,反诬李于氏不准其信教。(《宗教志》第657—659页)
商河教民李扬先与会首李汝贵	民教口角及摊敛香资戏价等。(《宗教志》第657—659页)
沾化庙会首事吴振海与教民	吴振海不准教徒占无主庙地。(《宗教志》第657—659页)
郓城庄长王一林与教徒	王一林呈控教徒聚财窝匪。(《宗教志》第657—659页)
滋阳贡生孟传方、李中孚、文生臧怀德与教徒	控告教徒孟传习不尽孝道、窝娼聚赌。(《宗教志》第657—659页)
泰安平民梁元壁与教徒梁元佑	因价买靛篓起衅,梁元壁将梁元佑殴伤。(《宗教志》第657—659页)

传教士的行为动机除了欲以"政治庇护"达到最大限度吸收教民,还有另一层原因就是在某种意义上,他们习惯于以自我的价值观念为参照,从西方的价值标准与文化视角来理解中国的制度文化。他们普遍认为,"庇护教民"就是保护"中国底层的弱势群体",帮助"弱民"对抗"腐败黑暗"的中国官府,"替民伸张权利"。

应当承认,许多传教士不惜远途劳顿深入中国的偏僻村落,本着传播福音的目的,客观而言,他们的干预司法行为确实在一些场合起到了保护"弱民"的作用。如某县官员禀陈在其所任职的县域一向有土匪滋扰,地方官员纲纪不振,"弱民无所控诉"。传教士最初去传教时,"教士偶见不平,一为伸雪,地方官察其实有情理,亦有听其嘱托即为查办"。于是入教的人开始增多。① 又据口述史料记载,在山东冠县红桃园,"有的村民为了不受气入了教。天主教有权,打官司能赢";在鲁西北平原县郭庄,"穷人为了吃穿,富人不稀罕这个,只是为了有势力"。②

然而,无论传教士的动机如何,他们保护乡村中"真正的弱势群体"的行为是否达到其预期效果是值得怀疑的。一个不争的事实却是,他们干预民事细故毫无疑问破坏了中国司法主权,闯入了中国乡村司法治理的敏感区;他们依凭的后盾是外来的帝国主义力量,这是一种"强迫权力","传教士支持鸦片战争,因为他们坚信当中国向贸易敞开大门时,也就是向基督教敞开了大门"③。更重要的是,他们的行为与价值判断没有建立在对中国固有制度与官民文化充分、全面、客观、深度的了解基础上,很大一部分来自"猜测"与"先验",如美国传教士何天爵所论:"我们总是喜欢用自己建立的一套标准模式去判断要求他人。……至于他人正确与否、明智与否,都要看他们是惟我们马首是瞻,还是与我们背道而驰来作定论。而全然不顾我们的评判尺度和理想模式如何武断专横,如何浅薄狭隘……我

---

① 《禀覆教民案件》,1880年,[清]邵之棠辑:《皇朝经世文统编》卷54外交9教案,沈云龙主编:《近代中国史料丛刊续编》第72辑,台北:文海出版社,1971年,第2171页。
② 路遥主编:《山东大学义和团调查资料汇编》上册,济南:山东大学出版社,2000年,第574、955页。
③ [美]周锡瑞著:《义和团运动的起源》,张俊义、王栋译,南京:江苏人民出版社,1994年,第82页。

们对中国的知识大多来自想像和猜测，而不是立足事实。因此，对于中国人的种种误会和曲解便是很自然而不可避免的事情。"①

许多传教士认为清政府"独裁""保守""专横"，认为中国官绅出于对自身统治力的维护，对基督教普遍存在天然的"敌视"态度。

1895年10月，李提摩太与恭亲王奕䜣会面时，感受到奕䜣的态度十分"不友好""专横""高人一等"。李提摩太没有细致追究恭亲王态度背后的其他深层原因，只认为恭亲王对基督教徒抱有偏见。李提摩太这样述道："他（奕䜣）说话的口吻很轻蔑……他理所当然的认为，基督教徒所遇到的困境都是由他们自己的不忠诚和愚蠢行为一手造成的。"②事实上，作为清政府经验丰富而务实的中央外交大员，奕䜣对于"基督徒""教民"的判断应当是有所洞见的，而非"理所当然"。③

---

① 〔美〕何天爵著：《真正的中国佬》，鞠方安译，北京：中华书局，2006年，前言，第1、3页。
② 〔英〕李提摩太著：《李提摩太在华回忆录》，陈义海译，南京：江苏凤凰文艺出版社，2018年，第160、160页。
③ 早在1861年，恭亲王奕䜣就在一道奏折中谈到了天主教徒在乡间恃教逞强的一些行为，对教民借端滋事表达了隐忧，如下奏陈："天主教在康熙年间，原准奉行。嗣以究系外洋之教，非中国所应有，遂行禁止。（咸丰）八年议定和约，复准开禁。虽其教以劝人行善为本，其名为尚正，然恐日久弊生，藉端滋事，是以臣等前与法国公使商定，发给传教士谕单内，载明不准丝毫干预公私事等语，以防其渐。近年以来，各省教民尚未间有好犯科之事，惟前据法国公使哥士耆来函，称有山西教民段振会因租种荒地，业主议欲加增租钱，该教民不愿加租，自定交纳钱粮数目，请为代求总理衙门，行文山西巡抚转饬照办等语。查各省地丁钱粮自有定额，岂容该教民擅自定数。今段振会则敢悬定，显系恃教妄为，推其弊之所极，则霸地抗粮，其势亦将不免。……"《恭亲王奕䜣奏》，1861年，〔清〕宝鋆等编修：《筹办夷务始末》（同治朝）卷2，沈云龙主编：《近代中国史料丛刊》第62辑，台北：文海出版社，1966年，第191、192页。

至于中国的司法审断，传教士则认为其中充满不道德、野蛮、残忍、暴虐。诸如此类的认识不时流露于传教士的笔端，顺此逻辑，遂不难理解传教士频频干预民教之间的民事细故官司有着以自我为中心的价值预设，比如下述个案：

山东栖霞县北水母庙内，有张姓祖产香火田七亩，系张姓合族的公产。1867年，张旭（教民）等希图霸占，经合族控告到县，断归道会司经管，张旭等霸占未遂，心怀气愤。1868年2月，捏造田契，冒名罗列了族内多人的名姓，将庙地私下捐与英国教士骆骍，并且盗伐茔地树木100余棵。张旭的行为是有违清朝律例的。经族人告发，栖霞县依法传讯张旭，并予笞责。会审期间，英国啊领事在场，忽然起立，走到职道案前，问讯为何将张旭等带上锁链，大声争辩。职道告之系中国法度，各供尚未讯完，领事官就欲偏护争辩，已与条约有违。当晚三更时，啊领事带外国人及中国习教人多名，闯入县令王寓住处，将张旭等劫去。啊领事认为，张旭年已六十余岁，责之至数百板，用刑极其刻毒。经总理衙门与英国驻京公使反复交涉，啊领事才将张旭送回。但是在英国公使和领事的干预下，总理衙门以"张旭捐地未成，姑免究办"。经官府核查，张旭其实为积年讼棍，控案累累。①

---

① 《栖霞县教案》，廉立之、王守中编：《山东教案史料》，济南：齐鲁书社，1980年，第89—103页；"中央研究院"近代史研究所编：《教务教案档》第二辑（一），台北："中央研究院"近代史研究所，1974年，第387—408页。

上述个案系传教士干预民教词讼、偏袒教民的典型。案件孰是孰非，县令已调查得非常清楚。但是，传教士、领事，乃至于驻京公使，仍强行干预，其意除了有意偏袒教民之外，就是传教士、领事们对于事件过程的价值判断。显然，传教士是站在本国司法制度的立场上理解与衡量中国的官司审断的，他们往往"不知构私怨者之非善类"①。也有传教士受教民欺骗的事发生："大率各州县教民来省朦耸主教，省城主教又到京朦耸该国公使。"②"今教为外国之教，民仍中国之民，乃中国无赖一充教民，性情顿改，其视教外之人，反若非我族类。教士为其所惑，遇事动为护持。故教士之讼百姓，皆教民导之；百姓之恶教士，皆教民祸之。"③有熟悉中国文化的西方人士将传教士在中国的系列行为称作"蠢事"。④

西方传教士干预民事细故官司的行为迫使地方官员不得不"曲意迎合"，偏袒教民，平民在民教官司争讼中"理直却难赢"，冤抑怨愤积久难平；此外，传教士"庇护的教民"有相当一部分不是"真正的弱势群体"，而是在乡村有一定控制力的"不安分

---

① 《山东巡抚张汝梅致德国亲王亨利、总督叶世克书》，"中央研究院"近代史研究所编：《教务教案档》第六辑（一），台北："中央研究院"近代史研究所，1974年，第353页。
② 《山西巡抚张之洞设立教案局片》，1883年1月24日，载于乔志强编：《义和团在山西地区史料》，太原：山西人民出版社，1989年，第32页。
③ 《山东巡抚张曜奏陈东省民教屡肇衅端拟请酌量办理以顺舆情折》，1888年6月7日，第一历史档案馆、福建师范大学历史系编：《清末教案》第2册，北京：中华书局，1998年，第472页。
④ 〔德〕D. G. 瓦尔内克：《德国报界对在华传教活动的评论》，路遥主编：《义和团运动文献资料汇编·德译文卷》，济南：山东大学出版社，2012年，第255页。

之人""无业游民"。此类教民依靠"打官司护身符"频频挑起民教矛盾,致使民教诉讼激增,加深了平民的怨愤情绪。

四、西方传教士干预民教争讼的后果

(一)传教士深度介入民教细故官司,地方官员难以持平,偏袒教民现象普遍发生

传教士插手的民教纠纷可谓至细至微,涉及乡村口角的拉杂琐事。然而,他们对中国司法制度的认知、乡土文化与习俗的了解程度事实上相对有限,"对地方人情,不能深晓"①。作为一群陌生人,"传教士人地生疏,无从详察"②。他们态度傲慢,行事主观,为了给教民提供所谓的"政治庇护",指手画脚,缺乏审慎,"鼠牙雀角,动辄架词诉诸领事、直接地方官,借以势压人"③。"小有龃龉,即指为刀匪,动辄请兵。"④"凡遇民教控案到官,教士必为间说,甚已多方恫喝。"⑤

---

① 《粤督陶制军覆广学会李提摩太书》,《新闻报》,1901年7月22日,路遥主编:《义和团运动文献资料汇编·中文卷》(下),济南:山东大学出版社,2012年,第761页。
② "中央研究院"近代史研究所编:《教务教案档》第六辑(一),台北:"中央研究院"近代史研究所,1974年,第241、242页。
③ [清]张廷骧:《不远复斋见闻杂志》(选录),中国社会科学院近代史研究所《近代史资料》编译室主编:《义和团史料》(下),北京:知识产权出版社,2013年,第641页。
④ 《张汝梅为详陈洋教洋商欺压太甚必酿巨变咨呈总督文》,1899年,中国第一历史档案馆编辑部编:《义和团档案史料续编》上册,北京:中华书局,1990年,第107页。
⑤ 《山东巡抚李秉衡奏》,光绪二十二年(1896)六月二十四日,引自山东大学历史系中国近现代史教研室编:《山东义和团调查资料选编》,济南:齐鲁书社,1980年,第53页。

面对传教士频频出手干预官司诉讼的现象,许多官吏"非惟怯无能,即意存见好外人,惟恐引发外交争端"①。地方官员们担心,本为"细事"的民教争讼如果处理不当因小失大,开启两国衅端;他们在办案中,或者"遇事斟酌,小事迁就以顾大局"②,或者"狃于保护之约章,有所偏私于其间"③,也有的官吏遇到民教争讼,"畏教士如虎,多袒教而抑民,以期蒇事"④。"每接彼族(传教士,笔者注)指拿之信,大半逢迎教士,曲从其意。"⑤

这种事态发展的结果就是平民若有冤抑却无以伸张,教民明明无理却总赢得官司,"明知教民不是,反责押平民"⑥,"曲直未能胥得其平"⑦,在乡民看来,"他们(信教的人)和老百姓打官司,不论是非曲直,总是他们赢"⑧。又如以下个案:

---

① [清]张廷骧:《不远复斋见闻杂志》(选录),中国社会科学院近代史研究所《近代史资料》编译室主编:《义和团史料》(下),北京:知识产权出版社,2013年,第641页。
② 《山东巡抚袁世凯文》,"中央研究院"近代史研究所编:《教务教案档》第六辑(一),台北:"中央研究院"近代史研究所,1974年,第501页。
③ 佚名:《论传教不宜专恃保护》,《清经世文新编续集》,乔志强编:《义和团在山西地区史料》,太原:山西人民出版社,1989年,第133页。
④ 《教民问答》,中国社会科学院近代史研究所《近代史资料》编译室主编:《义和团史料》(上),北京:知识产权出版社,2013年,第256页。
⑤ 《山东巡抚袁世凯文》,"中央研究院"近代史研究所编:《教务教案档》第六辑(一),台北:"中央研究院"近代史研究所,1974年,第501页。
⑥ 《泰安府禀》,1900年2月9日,中国社会科学院近代史研究所《近代史资料》编译室主编:《山东义和团案卷》(下),北京:知识产权出版社,2013年,第399页。
⑦ 《李秉衡奏折》,"中央研究院"近代史研究所编:《教务教案档》第六辑(一),台北:"中央研究院"近代史研究所,1974年,第154页。
⑧ 路遥主编:《山东大学义和团调查资料汇编》上册,济南:山东大学出版社,2000年,第728页。

1898年7月，山东临淄尧王庄发生了英国教民胡可宾等二十余人，挟同地方于怀玉，将该村七圣堂土地庙神像毁坏，弃置沟中，并将神衣、钟磬、匾额物件运至其家的事件。他们声称，这些东西已不再祀典庙宇，庙宇被批准改作教堂。庄民不服，生员胡星南，带领全庄庄民，一齐到城内，到县衙告状，情势汹汹，几酿事端。临淄县令秦福源对告状的庄民进行了反复劝谕调解，庄民的愤怒才略有消解，纷纷走散。胡于二人逃到青州县教堂藏匿，使案子一直难结。

县令秦福源经过调查，认定教民胆大妄为，不守官法。庙宇是村庄的公产，应归全庄共有。同时，县令上书，希望地方英国传教士不要替教民扛帮，偏袒教民，以消除衅端。

英国公使窦纳乐却认为，临淄县令"大有非是"，"固执妄报"。传教士卜道成也谴责县令："青州十一县各有教堂，别县从无教民滋事，教士袒庇之语，独至临淄，而教转蒙其咎……"同时，他还为教民喊冤，强调胡于二人之所以逃走，迟迟不归案，就是被严刑峻法所吓。卜教士继而认为，此案罪在原告，"教外人多，教中人少。如斯呈禀，无异自控自己，只可坐诬。"为此，在他看来，原告自知有罪，这才是原告最终撤诉的原因，而不是原告"宽容容忍"。

同样，上述民教官司的来龙去脉已查得很清楚，系教民胡某损毁全村庙产，霸占庙宇。传教士出面干预，为教民"强词夺理"。案件最终审断的结果是：原告撤诉，庄民与教民共同摊钱整修神像；如果教民不愿摊钱，由县捐廉帮助。县令秦福源承认，"明知实非持平之道，势不得不委曲求全。当时事孔艰，只有敷衍息事"。①

在司法天平失衡的情形下，传教士干预司法的行为无以约束，也不可能持平。如果说上述案例还存有传教士、领事官对中国法度、民间文化习俗"误读"的成分，以下个案，传教士干预词讼则显然不顾大体，有违常理：山西教民段振会租种荒地，业主要加租，该教民不愿加租，遂将其意愿向传教士表达。这件事惊动了法国公使哥士耆，他亲自出面向总理衙门代为请求，转饬山西巡抚照办。此外，传教士梁多明、副安当还擅定条约，不准奉教人摊派演戏酬神钱，且斥不奉教者为异端行为。

对此争讼，恭亲王奕䜣认为，"段振会显系恃教妄为，推其弊之所极，则霸地抗粮，其势亦将不免"。传教士将乡民分为教民与异端区别对待，"奉教者必因此倚恃教众，欺侮良民，而不奉教者亦必因此轻视教民，不肯相下"。②

有的传教士干预词讼的行为更严重，表现出毫无理由的胡搅蛮缠甚至敲诈勒索，如下个案：

> 1899年，山东汶上县靳家庄，因为修盖庙宇，发生民教口角之争。教民简泽受有微伤。教士德华盛派人到县，报说

---

① "中央研究院"近代史研究所编：《教务教案档》第六辑（一），台北："中央研究院"近代史研究所，1974年，第259—268页。
② 《恭亲王奕䜣奏》，1861年，［清］宝鋆等编修：《筹办夷务始末》（同治朝）卷2，沈云龙主编：《近代中国史料丛刊》第62辑，台北：文海出版社，1966年，第191、192页。

把教民扎伤致死。知县前往相验，了解到伤势极轻微，并没有身死。德华盛又开单，知县又传讯了二人。所传之人于是跪求该教士，表示愿意入教。德华盛于是说这两人是好人，勿庸拿究。于是又开了一单，知县传讯五人。之后有姜姓的教民，索所传五人共同京钱170串，于是，教士又说这五人也是好人。对于还没有被讹诈钱财之民，教士又让传讯七人。知县饬团绅出为调处，德华盛又索靳家庄出京钱九千。知县如数筹集交给德华盛，又备酒十席，才算了事。①

对传教士干预民事细故的种种不当行为，清政府早在19世纪70年代就已提出外交谕书："外国教士不可包揽抗讼，遇有民教交涉讼事，听凭地方官从公审断，传教士不得插身帮讼；如原被告有教民在内，不准隐匿不到，致案中拖累无休，倘教士干预讼事，地方官将请托原函禀呈督抚咨报本衙门，将教士撤回本国。"②

清政府官员的呼吁对于传教士们显然触动不大。之后二十多年的事态发展证明，在国家外交权利不对等与存在文化隔阂的情况下，此种抗辩是徒劳的。传教士干预民教细故词讼的行为不仅没有减少，反而变本加厉，直至平民持久郁积的怨忿如火山喷发。

---

① 《张汝梅为详陈洋教洋商欺压太甚必酿巨变咨呈总督文》，1899年，中国第一历史档案馆编辑部编：《义和团档案史料续编》上册，北京：中华书局，1990年，第107页。
② 《致各西国大臣书》，1871年，[清]邵之棠辑：《皇朝经世文统编》卷54外交9教案，沈云龙主编：《近代中国史料丛刊续编》第72辑，台北：文海出版社，1971年，第2168页。

(二) 利益诱导下"不安分之人"纷入教会，频频挑起争讼

对于教民群体的构成，有学者认为，他们多属于村庄中的"弱势群体"，传教士对教民的"司法庇护"有出于保护"弱势群体"的一面。① 这种结论也是需要斟酌的。中国乡村的社区群体中，贫民绝不等同于弱势群体。入教的成员中贫民不在少数，但有的贫民贫穷而不势弱，有媒体评论人士用"无业游民"概述此类教民，入教者中，"四万万华民中，仅得三四万而已，且此三四万者，皆赤贫无以自存，故藉入教徒以哺食者……彼蠕蠕于教士肘下者，惟此无业游民耳"②。"无业游民"在村落社区对于乡民是有一定的控制力的，"那些害怕蚀财的人不得不受他们控制"③。"老实的、兢兢业业的农民，经常受他们（光棍）的摆布。"④

西方传教士为了尽可能多地吸收教民，采用了"物质救济"与"司法庇护"双重利益诱导。对于入教成员不分良莠，鲜有甄别，"来者不拒"，"但求从教之众多，不问教民之善否"⑤。在此情形下，入教的教民中掺杂了不少伺机谋利的"不安分之人"，或

---

① 秦晖:《"西化"、"反西化"还是"现代化"——太平天国、义和团与辛亥革命的比较》中、下，《南方周末》2011年10月6日，第D22版；10月13日，第D24版。
② 《论白祸》，《警钟日报》，1904年5月5日，第3版。
③ 〔美〕明恩溥著:《中国乡村生活》，午晴、唐军译，北京：时事出版社，1998年，第213、214页。
④ 〔德〕马克斯·韦伯著:《儒教与道教》，洪天富译，南京：江苏人民出版社，2003年，第80页。
⑤ 《曾国藩奏折》，1870年，〔清〕宝鋆等编修:《筹办夷务始末》（同治朝）卷76，沈云龙主编:《近代中国史料丛刊》第62辑，台北：文海出版社，1966年，第7055页。

者说无业游民，他们事实上不是真正的信教者："盖因入教之华民，大都气质不纯。或为地方奸慝，不容乡里，遂以入教为护符；……西人不察，堕其奸计，为之卵翼，为之协助。"①

张之洞在山西省出任巡抚时，发现了民教官司的审判案卷中"教曲民直"现象普遍，"查晋民最称良懦，断不存与教堂为难之心，详核新旧各案，皆系教曲民直"②。之所以会出现这种局面主要缘由为教民的构成中有相当一部分不安分之人。早在办理天津教案时，曾国藩上陈密折，指出西方教会"其收入（教民）也太滥。故从教者，良民甚少，莠民甚多"③。一位御史也指出，"入其教者，半皆素无营业不甚安分之人，求藉其教为护符，此不相安之根所伏也"④。

在关于山东义和团的田野调查资料中，乡民对此类"不安分教民"也多有叙述，如下史料：

> 有些地痞流氓二流子之类的人，假借名义欺压老百姓，当时教会势力很大，教民牵了老百姓的羊，拿了东西，别人

---

① 《论民教龃龉之由》，《中外日报》，1899年9月6日，路遥主编：《义和团运动文献资料汇编·中文卷》（上），济南：山东大学出版社，2012年，第212、213页。
② 《山西巡抚张之洞设立教案局片》，1883年1月24日，载于乔志强编：《义和团在山西地区史料》，太原：山西人民出版社，1989年，第32页。
③ 《曾国藩奏折》，1870年，[清]宝鋆等编修：《筹办夷务始末》（同治朝）卷76，沈云龙主编：《近代中国史料丛刊》第62辑，台北：文海出版社，1966年，第7055页。
④ 《御史潘庆澜奏陈民教不能相安亟宜设法消弭折》，1896年7月21日，第一历史档案馆、福建师范大学历史系编：《清末教案》第2册，北京：中华书局，1998年，第652页。

只能干瞪眼。①

这些教徒十分厉害，入教的都是些流氓无赖，也有大地主，穷人参加。②

信教的人很杂，各种人都有，地痞、流氓也参加了。③

其实，不少西方人士对于"教棍"也有所觉察。德国地质学家李希霍芬看到方济各会在山东传教时，"中国教民多数主要是为了获得外国的保护而受洗入教的，就连马天恩神父也承认这些人大半不是好基督徒"④。德国公使克林德男爵述道："品行端正或是出身较好的中国人很少会和传教士打交道，向外国人寻求庇护的都是些贱民或罪犯。"⑤

"不安分"的教民中，不仅有平日为害乡里、扰乱秩序的"痞棍""讼棍"，还有逃犯乃至土匪，他们入教为寻求"司法护身符"逃避惩罚："当中国有事之秋，凡一切罪人讼棍，俱以教中为逋逃薮，从中生乱。"⑥"抢劫之犯入教者有之，命案之犯入

---

① 山东大学历史系中国近现代史教研室编：《山东义和团调查资料选编》，济南：齐鲁书社，1980年，第49页。
② 路遥主编：《山东大学义和团调查资料汇编》，济南：山东大学出版社，2000年，第656页。
③ 同上注，第493页。
④ 〔德〕李希霍芬：《山东及其门户——胶州》，青岛市博物馆等编：《德国侵占胶州湾史料选编（1897—1898）》，济南：山东人民出版社，1987年，第63—67页。
⑤ 〔德〕D. G. 瓦尔内克：《德国报界对在华传教活动的评论》，路遥主编：《义和团运动文献资料汇编·德译文卷》，济南：山东大学出版社，2012年，第255页。
⑥ 《致各西国大臣书》，1871年，〔清〕邵之棠辑：《皇朝经世文统编》卷54外交9教案，沈云龙主编：《近代中国史料丛刊续编》第72辑，台北：文海出版社，1971年，第2167页。

教者有之，负欠避债入教者有之，自揣无理恐人控告入教者有之……"①，"间有借奉教为护符以欺压平民者，又有身犯重案借奉教以为逋逃者"②。

这些不安分的人原本在乡村正常的礼法秩序中属于边缘分子，常常对乡村秩序有一定的威胁；当他们入了教，有了"诉讼护身符"，无异于虎兕出柙，行为更加难以约束，"挟其保护之权横行乡里"③，对乡村秩序形成挑战。他们凭借"打官司护身符"频频挑起争讼，致使民教之间诉讼频繁发生。丁日昌借用民间俗谚形象概述道："'未入教，尚如鼠，既入教，便如虎'。……一经入教，则凌虐乡里，欺压平民。"④乡民则用"撑起了洋劲"⑤来形容此类教民的行为。有官员称，"以平素不安分之人，一入教便思寻仇报复，父兄亦可控告，邻里视同寇仇"⑥。又据《茌平县志》记载："当时耶稣教民恃势，惯与平民争讼。"⑦

---

① "中央研究院"近代史研究所编：《教务教案档》第六辑（一），台北："中央研究院"近代史研究所，1974年，第241、242页。
② 《临邑县志：拳匪纪略》，转引自中国史学会济南分会编：《山东近代史资料选集》，济南：山东人民出版社，1959年，第99页。
③ 《论民教龃龉之由》，《中外日报》，1899年9月6日，路遥主编：《义和团运动文献资料汇编·中文卷》（上），济南：山东大学出版社，2012年，第212、213页。
④ 《丁日昌奏》，1870年，[清]宝鋆等修：《筹办夷务始末》（同治朝）卷76，沈云龙主编：《近代中国史料丛刊》第62辑，台北：文海出版社，1966年，第7041页。
⑤ 路遥主编：《山东大学义和团调查资料汇编》下册，济南：山东大学出版社，2000年，第1072页。
⑥ 《泰安府禀》，1900年2月9日，中国社会科学院近代史研究所《近代史资料》编译室主编：《山东义和团案卷》（下），北京：知识产权出版社，2013年，第399页。
⑦ 《茌平县志：义和拳之变》，转引自中国史学会济南分会编：《山东近代史资料选集》，济南：山东人民出版社，1959年，第100页。

如下史料，可进一步说明"教棍"往往是民教争讼的始作俑者：

> 济南临邑县："有一年我（口述者，笔者注）种了八分山药蛋，长得真好。奉教的赵建成看见山药蛋长得好，他说：'山药蛋太好了，我要了。'我气得跟他打官司，人家一个钱没花还打赢官司。我十一亩地卖了五六亩，没见官进城就花了二三百吊钱，把日子败坏了。"①

又如以下某官员叙述：

> 1868年，匪患平息，有著名漏网的积匪，也加入教会，"将入教恃为护符"，这些逃匪，一开始假借教士的势力，作为逋逃聚居处，"继而寻平昔之仇横，起争讼，终日合不逞之徒，夺犯殴差，横行乡里……"②

袁世凯指出"奸民"混入"教民"中寻求报复、挑起诉讼的乱象在山东普遍存在："窃思东省民教不和，实由近来教堂收纳教民，不分良莠。奸民混入教内，即倚教堂为护符，鱼肉良懦，

---

① 《茌平县志：义和拳之变》，转引自中国史学会济南分会编：《山东近代史资料选集》，济南：山东人民出版社，1959年，第1086页。
② 《禀覆教民案件》，1880年，[清]邵之棠辑：《皇朝经世文统编》卷54外交9教案，沈云龙主编：《近代中国史料丛刊续编》第72辑，台北：文海出版社，1971年，第2171页。

凌轹乡邻，睚眦之嫌，则寻报复。"①

五、民事诉讼"安全阀"功能的破坏与义和团的兴起

如前文所述，西美尔、科塞等经典社会冲突论者认为社会冲突不仅有消极的一面，也有积极的一面。社会冲突的积极功能可使人们怨忿情绪得到表达与宣泄，从整体上维持社会秩序。社会冲突是社会的正常现象，因各种矛盾产生的郁积情绪需要有发泄的出口，在此意义上，社会冲突起着"安全阀"作用。

对于清代社会而言，基层民事诉讼一定程度上扮演着"安全阀"的角色，"细故纷争，断非一时耳目之所及。其或涉讼公堂，则地方官秉公理断，或可化大为小，化小为无；或置官于不问，逞私忿以成械斗，官而从速弹压解散，犹属幸事"②。人们因雀角鼠牙、口角睚眦产生纠纷成讼，有经验、负责的州县官通常不敢怠慢，他们要把一大块儿的时间精力放在民事细故官司审断中。如果基层官员懒惰懈怠、不作为，案卷常年积压，民间的憎恨情绪不能及时化解，小忿则会积成大怨，常常会升级为械斗、仇杀等血腥争斗，甚至转向针对政府的叛乱。对此，前文已有介绍。

民教之间民事细故争讼与普通民事细故官司相比，有显著的不同。传教士"每以民间琐事，干预诉讼"，他们依托不平等条

---

① 《山东巡抚袁世凯文》，"中央研究院"近代史研究所编：《教务教案档》第六辑（一），台北："中央研究院"近代史研究所，1974年，第501页。
② 《论报纪两教相残事》，《申报》，1901年7月23日，路遥主编：《义和团运动文献资料汇编·中文卷》（下），济南：山东大学出版社，2012年，第763页。

约体系拥有对民事诉讼"隐形"裁决权:"自从教廷在法国驻北京公使的帮助下,成功的为其主教和神父争取到等同于中国高级官员的品级、地位和权力,并使他们有权在所有涉及中国天主教徒及朋友的事务中,以与当地地方官平等的甚至凌驾其上的身份旁听诉讼……"①凌驾于地方官员之上的传教士在民教官司审断中多是偏袒教民,奕䜣曾奏称,"数十年所办理教案,从未见有教士责罚教民之事"②。此种行为失却了民事诉讼合法性与息讼功能最关键的要素:公平公正。遇有民教争讼,"平民恒屈,教民恒胜"③。这种情形意味着"诉讼安全阀"功能的破坏,平民与教民因细故摩擦而形成的小怨小忿当诉诸官司时无法得到平息与化解;不仅如此,对于平民而言,"打官司"还成了小怨小忿放大与激化成仇恨的场合。正是在一场场教曲民直的细故官司中,平民埋下了怨恨的种子,在一次次无法打赢、希望渺茫的诉讼中,人们抑制的愤怒不断堆积。义和团血腥暴力冲突忽起于山东,却宛如赤龙喷火、洪水决堤,迅速蔓延,顷刻遍及直隶、京津、河北、山西,乃至整个华北,其发展速度之快,运动波及之广,映衬着人们抑制积久的熊熊怒焰。

---

① 〔德〕伊马努埃尔·格耐尔:《关于中国骚乱的新视角——一次关于传教活动的讨论》,路遥主编:《义和团运动文献资料汇编·德译文卷》,济南:山东大学出版社,2012年,第266页。
② 《恭亲王奕䜣等奏覆御史陈其璋所奏教案章程应毋庸议折》,1896年5月10日,第一历史档案馆、福建师范大学历史系编:《清末教案》第2册,北京:中华书局,1998年,第641页。
③ 《曾国藩密奏》,1870年,〔清〕宝鋆等编修:《筹办夷务始末》(同治朝)卷76,沈云龙主编:《近代中国史料丛刊》第62辑,台北:文海出版社,1966年,第7056页。

平民抱怨、愤恨、仇愤的情绪累积于民教争讼的各个环节，"将劝人为善之教，华人皆轻视之而存不服之心，加以入教者倚势欺人，于是不服之心固结，而不可解。迨民教上争，酿成案件，地方官理当查办，而教士又出而庇护之，教民藉此藐视官长，民心更为不服。且当中国有事之秋，凡一切罪人讼棍，俱以教中为遁逃薮，从中生乱，百姓抱怨，继将成恨，终将为仇"①。

据《晋省教务汇述》：义和团兴起时，山西的拳民大多是本地民众，并非外地而来。山西平民对教民含有"刺骨"的怨忿，其中，对教民最为痛恨、最为暴虐的是各个村庄的社首。这些"刺骨"的仇怨是平日里日积月累的结果。在日常的生活中，遇到庙会演剧酬神、迎神赛会或为盂兰会而向各家摊钱，教民不肯摊钱，并且恃教作威作福，乡民郁积不满，久而难发，直至义和团兴起时，"仇怨"得以宣泄。②又据长山县禀告文，京津一带义和拳闹教也非常厉害，其原因为："教民平日狐假虎威，欺凌平民，怨毒日积，一决横流，以至于此。"③

教民在日常生活中狐假虎威、恃教逞强缘于"打官司"受到袒护。因其不惧官司，理屈也能赢，以此为后盾，日常生活中的行为得以放纵。诉讼当是平民产生怨忿的关键性环节，如下论述。

---

① 《致各西国大臣书》，1871年，[清]邵之棠辑：《皇朝经世文统编》卷54外交9教案，沈云龙主编：《近代中国史料丛刊续编》第72辑，台北：文海出版社，1971年，第2166页。
② 《晋省教务汇述》，《新闻报》，1901年6月8日，路遥主编：《义和团运动文献资料汇编·中文卷》（下），济南：山东大学出版社，2012年，第737页。
③ 《长山县禀》，1900年7月20日，中国社会科学院近代史研究所《近代史资料》编译室主编：《山东义和团案卷》（上），北京：知识产权出版社，2013年，第151页。

（一）民教细事官司中，教民受到偏袒，平民加深仇怨；"不安分之人"为非作歹的行为亦时常受"保护"，平民仇忿层叠加深

平民与教民发生冲突常常诉诸官司。"打官司"本来是消解怨忿，由于传教士的庇护、地方官员的迁就偏袒，平民反生"仇恨"："地方官一遇教案，非偏袒教民，即有谴责。所谓持平办理四字，已行不去。只好曲意弥缝，即地方百姓亦皆知彼势大难犯，敢怒而不敢言，皆含垢忍辱，降心相从，所以委曲求全，实已不遗余力。"①

据山东高唐县张庄乡民口述：

> 教民范老八与平民曾雪城的地靠着，因多耕一亩地的事，范老八告县里，县官最先判平民曾雪城。后范老八找到神甫，神甫乘轿找到县官，与县官闹翻。梅神甫一脚将桌子蹬翻。县官后又给范老八翻案。②

1898年，山东日照发生了民众群殴传教士薛田资教案，充分暴露了民众对于传教士干预词讼、偏听偏信的愤怒情绪，如下叙述：

> 德国传教士夏教士，听信教民王英环之言，声称刘文穆

---

① "中央研究院"近代史研究所编：《教务教案档》第六辑（一），台北："中央研究院"近代史研究所，1974年，第222、223页。
② 路遥主编：《山东大学义和团调查资料汇编》下册，济南：山东大学出版社，2000年，第803页。

等"聚众灭教",请知县传讯。经县官审讯后,才知道王英环等,因为向屠户厉学珍赊借未遂,便向教士"捏词耸听",以图报复。德国传教士又听信教民之言,忽然声称,另查出许言蹱等跟随一起"讥诮教务",指请知县另加传讯,以问究竟。其实,也是王英环等垂涎许的家庭殷富,想索要钱财而设的诡计。

1898年11月8日,教士薛田资不问虚实,在教民怂恿下,赴后街头庄,强迫命令庄众将许言蹱等交出送县。如果不从,威胁派洋兵围庄剿杀。庄民认为许言蹱是良民富户,"群起不平",11月9日,将薛田资架至村外庙内评理。这天适值集期,赶集人去聚,有人揪损了薛田资的须发。

民众殴伤薛田资的行为已经表现出极大的怨忿。之后,德国主教安治泰亲自出面与中方反复谈判,夸大薛田资伤势,最终赔付"终身抚恤费"二万五千两,并由官府在日照县城择地五六亩修盖教堂一所,县令亲自率绅士赔礼。后街头教徒的损失由该县赔偿1050千文。日照县令被撤职,拿办打人案犯。事后,山东巡抚张汝梅痛感后患无穷,"右教民而抑平民,使良善无地可容,恐人心愤激,铤而走险,必致酿成巨变,殊于大局关系非浅"[①]。

乡民的口述白话将郁积的怨恨情绪表达得十分直白:"当时

---

① 《张汝梅为详陈洋教洋商欺压太甚必酿巨变咨呈总督文》,1899年;《德使陈述薛田资等案之说帖》,1899年;《总署为薛田资等已结清事致德使函》,1899年;《德使为薛田资被捏一案事致总署函》,1899年;《总署日照教案各除撤知县外均可照允事致德使照会》,1898年;《张汝梅为薛田资并无重伤已回青岛事致总署电》。收录于中国第一历史档案馆编辑部编:《义和团档案史料续编》上册,北京:中华书局,1990年,第257、258、213、212、186、179页。

教民狗仗人势，欺侮的人受不了啦，才办义和拳。要不的话，干嘛义和拳先朝信教的下手。"①

下述案例是平民与教民因修水道产生摩擦，争执不下，形成诉讼。平民输了官司后气愤难平，学习义和拳寻求报复，最终引发了暴力事件：

> 武城县发大水，临清以北决了口子。梁园庄管事于三猴要在吕洼庄头开口子，欲把水入到沙河，吕洼庄管理人李凤悟（教民）不同意，要在梁园后边开口，于是两家打起官司。打了三年，于三猴输掉官司，气愤异常，学习义和拳报复。1900年7月，包括梁园、李庄、金上等村庄聚集义和拳上百人，攻打吕洼，"不期聚拳日众，于十七、十八等日烧吕滑庄、吕洼、徐家窑、潘庄、杨庄、董庄、学口庄教民七十余家……始犹教民寻仇，发于怨毒，近已间阎被害，扰及官场"。②

时任山东巡抚袁世凯指出，审断不公会造成平民积怨成仇的普遍情绪："伏查东省民教积不相能，推究本源，实由地方州县各官平时为传教洋人挟制，不能按照约章，持平办案。遇有交涉之案，但凭教民一诉，或教士一言，即签票传人，纵役勒索。到案后又不分

---

① 山东大学历史系中国近现代史教研室编：《山东义和团调查资料选编》，济南：齐鲁书社，1980年，第98页。
② 《武城县禀》，1900年7月18日、22日，中国社会科学院近代史研究所《近代史资料》编译室主编：《山东义和团案卷》下，北京：知识产权出版社，2013年，第693、695页。

曲直，往往抑制良民，希图易结。而教民转得借官吏之势力，肆其欺凌。良民上诉，亦难伸理，积怨成仇，有由然也。"①

传教士事无巨细地深度介入民教细事争讼，袒护教民，地方官员无法秉持公平，乡民已在心中郁积了极大的不满；更令人不堪忍受的是，传教士偏袒的教民中无业游民、不安分之人不在少数，他们"往往造言倾陷，或谓某人将纠众滋扰教堂，或谓某人即是大刀会匪，教士不察虚实，遂开单迫令地方指拿。地方官或照单拘拿，惩责百姓，遂多不服，结怨已久，仇衅愈深"②。

(二) 平民输掉官司，被罚财物，伴有"羞辱性"仪式，仇怨情绪无以遏止，"义和团"起事在各地先后发生

民教冲突中，输掉官司或遭官府弹压的平民或被罚财罚物，罚的形式可谓五花八门，"或罚银钱，或罚屋宇，或罚酒席，或罚钟，或罚油"③。而最令人难以接受的是还要进行"羞辱性"的仪式，使得怨愤之情无以复加。对大多数中国乡村成员来说，"面子"是关于名誉、声望的无形资本，"是一种个人心理满足，是其他人给予他的社会评价"④。人们对于"面子"极其重视，尤

---

① 《署理山东巡抚袁世凯奏陈近日办理东省民教情形折》，1900年1月13日，第一历史档案馆、福建师范大学历史系编：《清末教案》第2册，北京：中华书局，1998年，第887页。
② 《山东巡抚袁世凯文》，"中央研究院"近代史研究所编：《教务教案档》第六辑（一），台北："中央研究院"近代史研究所，1974年，第501页。
③ 《毓贤为陈明济宁教民控报情形多属不实事咨呈总署文》，1899年，中国第一历史档案馆编辑部编：《义和团档案史料续编》上册，北京：中华书局，1990年，第488页。
④ 杨懋春著：《一个中国村庄——山东台头》，张雄等译，南京：江苏人民出版社，2001年，第163页。

其是稍有地位的人为了争"面子"有时不计代价。在一些地区的习俗中，输掉官司方要置摆筵席，"表面上是为酬谢调解人举办的，实际上是对失败的承认，负担筵席费用的一方通过这种方式向对方道歉"①。这样的仪式性场景无形中增加了胜方的"面子"，失败方会倍感羞辱。

民教冲突的官司中，对于平民而言，官司得不到公正的裁决，不得不赔礼致歉，屡遭"羞辱"仪式，令人极为难堪，山东巡抚张汝梅亦述道："查东省民教积不相容，莫甚于今日。……教士不察，动将平民送官，教民遂得阴逞其欲，重则罚款破家，轻则折席赔礼，甚至罚席，时不以人视平民，责令头顶杯盘，膝行而前，必如是甘心方得了事。此民教结怨日甚之实在情形也。"②官员彭虞孙亦奏称："其最难堪者，挟教士威势凌轹平民，莫甚于跪献一事。相传该教罚席，群饮聚哗，命俦啸侣。责令罚主亲到，如承大祭，每进一食，须令跪献，门外鼓吹鸣炮，俾众周知。在一乡、一社之中，大都聚族而成。若卑幼入教，尊长得罪议罚，则卑幼俨然座客，尊长傈若阶囚。"③

1900年8月，济南商河发生民教冲突事件，教堂被焚毁，教民死亡108人，创山东民教冲突死亡之最，冲突缘由系"头绳买

---

① 杨懋春著:《一个中国村庄——山东台头》，张雄等译，南京：江苏人民出版社，2001年，第162页。
② 《张汝梅为详陈洋教洋商欺压太甚必酿巨变咨呈总署文》，1899年，中国第一历史档案馆编辑部编:《义和团档案史料续编》上册，北京：中华书局，1990年，第257、258页。
③ 《彭虞孙呈东省民教冲突始末及筹办情形节略》，1899年，中国第一历史档案馆编辑部编:《义和团档案史料续编》上册，北京：中华书局，1990年，第424页。

卖产生的口角纠纷官司",平民输掉官司被迫摆设筵席,受到极尽的羞辱,如下史料:

> 教民张某与平民李某,在耿楼集市买卖头绳,教民仗势短钱,引起双方官司纠纷。平民李姓输掉官司,在耿楼集上摆酒席,在酒席宴前,教民迫令平民李家与事者,身披狗皮学狗叫,并点放鞭炮奏着鼓乐,令李家人侍酒送菜。人们怒不可遏,邀请义和团2000余人报仇。①

职是之故,各种原因层层叠加,民间含垢忍辱,郁结难伸,人们的怒气已如蓄势待燃的干柴,"万众一心,待机而发"②。愤怒的干柴在燃烧之前的躁动便是"从天降临的义和拳法术","近千件与外国人冲突的小型地方'事件',随后逐渐形成一个松散的'神拳'运动,最终自山东蔓延至华北其他地区"③。两起义和团起事似"星星之火"点燃遍布华北的干柴,顿成燎原之势。1898年10月,山东梨园屯义和团起事,暴力冲突波及整个山东;1900年5月,直隶地带发生了涞水教案,促成直隶、天津、保定的义和团同时发难。乡民再也无法遏制愤怒,最终借助"义和团"的"神话"倾泻而出,"朝廷不能诛,官吏不敢诛,而义和拳诛之,

---

① 《商河县人民武装部资料》,1957年,引自路遥主编:《山东大学义和团调查资料汇编》下册,济南:山东大学出版社,2000年,第1095页。
② 《彭虞孙呈东省民教冲突始末及筹办情形节略》,1899年,中国第一历史档案馆编辑部编:《义和团档案史料续编》上册,北京:中华书局,1900年,第424页。
③ 〔美〕罗威廉著:《哈佛中国史》第6卷《最后的中华帝国:大清》,李仁渊、张远译,北京:中信出版社,2016年,第219页。

即非义和拳亦皆得教民而诛之。岂残忍仁欤,殆天赫然震怒,假手于义和拳耳"①。

据《冠县县志》所载,1877年,德国朗神父来冠县传教。数年后,教民欲拆毁梨园屯的玉皇庙改建为教堂。村民群起抗议,村庄文武绅士纠合村民赴县联合控告。各级官员畏惧洋人势力,左袒教民,玉皇庙基地始终没有收回。村民非常气愤,阎书琴、高小麻等绰号"十八魁","积不能平",号召民众联络常徒,拟诉诸武力拆毁教堂。事情叠起,清政府派兵弹压。"十八魁"及其众徒遂改名"义和团",自诩有神助,能避炮火,有红灯照、蓝灯照等法术,"煽惑愚氓"。他们推举越三多为统领,啸聚了数千人,其影响力蔓延十余县,声势大振,与教民的拆堂修庙之争相持不下。最终梨园屯义和团遭到清兵镇压。②

1900年5月的"涞水教案"起事发生时,义和团成员集合数百人点燃了教堂的熊熊烈火,并在5月下旬打败前来镇压的清军,取得涞水大捷。之后聚众上万人占据涿州城,促使北京、天津、保定同时发难,震惊中外。③"义和拳自山东浸淫入畿辅,众亦渐盛。遂围涞水,县令祝芾请兵,直隶总督裕禄遣杨福同剿之,福同败死。进攻涿州,知州龚荫培告急。"④涞水教案的起因

---

① 刘大鹏:《潜园琐记——教民》,载于乔志强编:《义和团在山西地区史料》,太原:山西人民出版社,1989年,第32页。
② 《冠县县志》卷十,1934年,第17、18页。
③ [清]罗正钧:《劬庵官书拾存》(选录),中国社会科学院近代史研究所《近代史资料》编译室主编:《义和团史料》(上),北京:知识产权出版社,2013年,第361页。
④ [清]李希圣撰:《庚子国变记》,上海史学会主编:《中国近代史资料丛刊——义和团》(一),上海:上海人民出版社,1957年,第11、12页。

系涞水县高洛村某武举人平时与教民两造发生矛盾，互不相让，微嫌聚积成仇。一日，该举人与教民起诉讼，官司失败，被罚出制钱四百千、酒菜二十席作为赔礼。该举人蒙受羞辱，图谋报复，却苦无良策。恰闻山东义和团刚起事，闻有异术，于是倾家荡产聘请义和拳师数人至该村教授村中同道之人习练拳术，诵咒弄鬼，焚香播种。后惊动官府前来剿杀。武举人号召大众焚教堂，杀教士，红光四起，横尸遍街。①

德国一位牧师目睹了血腥暴力的严重程度，在一次宗教会议上禁不住发问："只要粗略想一想，每个人都会对自己说，数百万人在这场战争中所表现出的如此恐怖的愤怒一定有自己的来由。"② 而这种来由究竟何为？我们说，正是民教争讼中的层层叠加、无所发泄、积久难平的"小怨小忿"③的日益汇集，万众一心，共振共仇，"百姓怨毒积中，几有及尔偕亡之愤"④。这些怨愤如困兽之斗，似岩浆涌动，"一旦愤发，不可遏抑"⑤。"铤而走险，激成事变。"⑥

---

① 《涞水教案始末记》，《中外日报》，1900年6月5日，路遥主编：《义和团运动文献资料汇编·中文卷》，济南：山东大学出版社，2012年，第268页。
② 〔德〕保罗·柯玛斯基：《中国的战争和传教活动》，路遥主编：《义和团运动文献资料汇编·德译文卷》，济南：山东大学出版社，2012年，第223页。
③ 白鹤等纂：《武乡新志》，乔志强编：《义和团在山西地区史料》，太原：山西人民出版社，1989年，第145页。
④ 《丁日昌奏折》，1870年，〔清〕宝鋆等编修：《筹办夷务始末》（同治朝）卷76，沈云龙主编：《近代中国史料丛刊》第62辑，台北：文海出版社，1966年，第7041页。
⑤ 《书中国驻俄大臣杨星使论民教不和后》，《申报》，1901年1月10日，路遥主编：《义和团运动文献资料汇编·中文卷》（下），济南：山东大学出版社，2012年，第649页。
⑥ 《山东巡抚张汝梅奏折》，1898年，"中央研究院"近代史研究所编：《教务教案档》第六辑（一），台北："中央研究院"近代史研究所，1974年，第223页。

民教争讼因细事而起,细事官司审断的"安全阀"遭致破坏,"细事因而不细","小事因而不小",户婚土田等日常恩怨发酵而膨大,产生蝴蝶振翅效应,诚如论者所曰:"人但知闹教之起事甚细微,而不知其所积已非伊朝矣。"① "教案愈繁,民气愈嚣,芥蒂之细,能起轩然之波;毫末之微,猝兆无穷之祸。而于民教成水火之势,而于是中外嫌疑之祸起。"②

六、余 论

义和团运动从来没有淡出学术的视野。它震惊了世界,深刻地影响了中国历史的进程,给转型中的中国注入一剂强心针,义和团运动之后,中国现代化步伐向纵深迈进。

就义和团运动本身来说,"在中国近代史上,没有任何重大事件像它这样拥有如此众多的各家之说"③。对于参与义和团运动的农民,人们要么将他们"神圣化",认为他们"不畏强权",具有"强烈的反帝爱国的民族精神";要么将他们"妖魔化""贬低化",认为他们是"盲目排外""愚昧迷信""光怪陆离""易受煽动"的愚民,或者是"杀人图财"的暴民。

---

① 《论办理教案首重条约》,《申报》,1901年6月4日,路遥主编:《义和团运动文献资料汇编·中文卷》(下),济南:山东大学出版社,2012年,第734页。
② 《论民教龃龉之由》,《中外日报》,1899年9月6日,路遥主编:《义和团运动文献资料汇编·中文卷》(上),济南:山东大学出版社,2012年,第212、213页。
③ 〔美〕周锡瑞著:《义和团运动的起源》,张俊义、王栋译,南京:江苏人民出版社,1994年,英文版序,第2页。

近年来，随着农民学、人类学、社会学研究的不断深入，诸如斯科特的"道义经济学"与波普金的"理性的小农"等经典理论提醒人们，"小农是富有生存智慧的"①，"农民基于生存境况所做的选择常常是谋生最合理方式，农民在生存困境的长久煎熬中世代积累传承下来使其家系宗祧绵延不绝的岂只是理性，那应该称为生存的智慧"②。这些理论使我们反思对农民"愚昧无知""盲目排外""暴力残忍"的评价。换言之，义和团运动中，作为行动者的普通农民，他们的行动一定存在着"理性的成分"，有其自身的逻辑，研究者需要摒弃各种价值预设，力争回到历史的真实场景中倾听他们的声音，尝试站在他们的视角、以他们的行为逻辑分析问题，此正是本研究的基本取向。

近几十年来，一批法制史研究成果使人们看到，整个清代，乡村民众遇有口角纠纷、乡间龃龉时，"打官司"是他们维护正当权益的常见手段，也是雀角鼠牙争执中所产生的"小怨小忿"的宣泄通道。对于地方官府，如果民事官司处理不当则可能引发较为严重的乡村冲突。因此，民事细故司法领域实为乡村治理的敏感区，借用经典社会冲突理论，民事诉讼可谓基层秩序的"安全阀"。

西方传教士在不平等条约体系下，凭借"治外法权"，通过

---

① 参见〔美〕詹姆斯·C. 斯科特著：《农民的道义经济学：东南亚的反叛与生存》，程立显、刘建等译，北京：译林出版社，2001 年；Samuel L. Popkin, *The Rational Peasant: The Political Economy of Rural Society in Vietnam*, Berkeley and Los Angeles: University of California Press, 1979.
② 郭于华：《"道义经济"还是"理性小农"——重读农民学经典论题》，《读书》2002 年第 5 期，第 108 页。

给教民提供"政治庇护"的方式，介入中国乡村司法审断，以吸引乡民入教，保护所谓"弱势群体"。但同时他们是在对中国乡村文化习俗缺乏深度了解的前提下贸然行动的；他们习惯于将中国制度与文明置于与西方现代性的比较下评断，对中国基层司法制度存在一定的偏见。"打官司"虽然多数涉及户婚田土债等日常琐细，却历来为乡民十分看重。传教士频频干预民教争讼，不仅刺激了诉讼的增加，更造成了司法审断的不公，地方官员普遍偏袒教民，社会秩序的"安全阀"受到损毁。面对明显的"不公"，平民对教民、传教士产生了极大怨忿，却无以宣泄，小怨郁积为大怨，终至积不能忍，爆发了义和团运动。

义和团兴起之前，清朝大学士文祥曾对诸列强发出过警示："放弃治外法权……你们的传教士就可以到他们愿意去的地方居住和传教。"① 义和团暴力平息之后，赫德忠告在华传教士："最重要的是，他（传教士）应完全拒绝对司法和地方事务做任何形式的干涉。他应教他的人在尊重法律、支持地方当局和不做违法的事等方面胜过异教徒。"②

因此，西方传教士对中国乡村民事细故官司的不当干预应是义和团运动兴起的核心原因。细事争讼中，愤怒已极的农民其生存规则受到挑战，是非对错本末倒置，他们"冤抑"生成的逻辑相同，进而产生无法抑制的"共仇"情绪，表现出特有的抗拒方

---

① 转自〔英〕赫德著：《这些从秦国来——中国问题论文集》，叶凤美译，天津：天津古籍出版社，2005年，第130页。
② 同上注，第133页。

式。这一波及面甚广的血腥暴力事件冲突的结果，义和团拳民固然受到沉重打击，而对于西方世界而言，他们在中国也遭遇到前所未有的重创。

第二节 现代化的压力与乡村危机
——20世纪二三十年代乡村危机的一个分析视角

20世纪二三十年代中国乡村社会呈现出全面颓废态势，乡村经济破产，基层社会的整合失序，乡村文化的调节功能弱化，"无论从哪一方面去看——社会方面、经济方面、政治方面、教育方面都是一点生气也没有，简直可以说已经死了一半或一多半"[①]，整个乡村陷入了全面的社会生态危机，其波及面之大、程度之深、持续时间之长，使乡村社会几至陷入恶性循环。对于这一时期乡村危机的成因，以往学人已做了大量研究，其论点不乏真知灼见，但从总体看更多着眼于直接的、具体的层面，普遍缺乏一种宏观理论视角和历史视野的深度认识。不容忽视的历史事实是，20世纪二三十年代的"乡村危机"不只是乡村社会本身的问题，也不是这一历史时期的突发现象，而是近代以来中国社会在外力的持续冲击下，由传统向现代社会转型中社会经济、政治变革所引发的负面效应不断累积的结果，当然也是内部自身的演变与衰退："我国农民生活的疾苦，不是今日才发生的现象，不过

---

① 杨开道:《我国农村生活衰落的原因和解救的方法》，《东方杂志》1927年第24卷第16期，第5页。

近年以来，外受资本家及工商业的压迫，内受政治纷扰及贪官的荼毒，所以弄得越来越不堪设想了。"[①]笔者将民国时期的乡村危机置于现代化的分析框架中，试图对此论题有一个高度的理性认识与理论整合。

一、现代化的挤压与乡村经济危机

鸦片战争以后，在西方外来力量的刺激下，中国被迫开启了现代化的步伐。清末民初以来，国家谋求现代化的意图日益加强，现代化建构行为逐渐由被动转向主动，现代化资源的聚集力度随之大幅增加。作为素以农业为主要财政来源的大国，启动中国现代化的原始资本无可选择地由农业承担，"我国公家事业之荦荦大者，如教育也，行政也，海陆军也，警察也，市政也，其经费大多取自农人，而工人与商人之输纳者为数均属无几。国家岁收，以田赋、关税、厘金、盐税四者为最要，而田赋尤占大宗，就民国五年调查，占岁收者50%，至省经费与县经费则几完全出自农人"[②]。除了田赋之外，民国年间急速增加的苛捐杂税乃至摊款，几乎都与现代化的推进有直接关联："中国军阀时代的横征暴敛，固无待言，即以近年而论，虽然政治上渐上轨道，由是而整顿军备，改革内政，兴办实业，提倡教育等皆应运而起，但这些新政的实施，自不能不需要相当之经费，政府举办新政，

---

① 吴觉农：《中国的农民问题》，《东方杂志》1922年第19卷第16期，第2页。
② 邹秉文：《农业与公民》，《东方杂志》1922年第19卷第16期，第20页。

除借贷外,惟有增加各种捐税,以充急需,……对于农村的苛扰除田赋的增加与附加税的榨取外,更有所谓临时的摊款,因其不受法令之限制,故摊派之频与苛,较正税尤甚。"① 任何一个由传统农业社会向现代社会的转型,"都需要突破简单再生产,使农业经济剩余能有效投入扩大再生产。任何农业社会向工业社会过渡,都要求农业生产率的巨大提高,并能将农业和商业的经济剩余转移到工业部门"②。换言之,谋求现代化的建设对农业施加一定的压力是必要的,但其前提是农业生产力的大幅提高。中国现代化启动的基石却是一个生产结构没有变化、生产力几乎停滞不前的小农经济。

传统的农业经济结构没有根本的变化,生产力没有质的突破,使得农业生产率无法提高,从而不可能为工业提供充足剩余;有限的农业剩余在传统小农的经济结构与当时的社会条件下,往往被地主以地租的形式所占,随着国家向乡村聚集资源的增多,地主可以通过提高地租或其他多种方式将增加的农业负担转嫁到小农身上,结果导致仅维持糊口生活水平、实际上并不占有多少农业剩余的小农承担了现代化启动的大多数费用,"当此物质文明进化的时代,地主豪绅的生活也日渐奢侈,同时又因捐税的加重,地主豪绅乃加紧向农民榨取,以满足他们的私欲,榨取愈厉害,农民愈穷困,农村经济也崩得愈快"③。

---

① 张秀谷:《中国农村社会的特征》,天津《益世报》,1937年1月16日,第12张。
② 罗荣渠:《现代化新论——世界与中国的现代化进程》,北京:商务印书馆,2004年,第295页。
③ 归廷轾:《农村经济没落之原因及其救济方案》,《东方杂志》1935年第32卷第1期,第81—90页。

"富户可以贿税吏、造伪册、少报税田亩数,更为'飞粮','飞洒诡寄'田赋转嫁的事情。总之,土豪劣绅的土地多半是无税的,而农民的土地多却是有税的。"① 这样,处于生存底线的小农为中国现代化的启动购买了昂贵的入场券,其价值已大大超过了其偿付能力,客观上造成了对小农的过度挤压。而现代化的基础建设也成了农民的祸患:"目下公路建设与农村经济毫无利益。……土地的占用,民工的征集,经费的筹措,全盘都向农民身上索取,这才有今日布满全国的公路建设。但公路虽然建筑在农民的瘠骨上,它对农业运输却无多大用处……这并不是因为农产品不需要公路来运输,而是因为公路所收的运价过于高昂,以致一般商贩负担不起……它一方面侵吞农民土地,夺取农民工时,增加农民负担,他方面又招来洋货之大量的输入,使帝国主义更进一步统制中国。"② 现代化对小农有形和无形的挤压击穿了小农的防御底线,以致小农在天灾面前束手无策,面对世界经济危机的过剩产品倾销更没有承接与反击能力,生活陷入现代化所致的穷困深渊。

二、现代化的挤压与乡村政治危机

如上所述,20世纪初国家将启动现代化原始资本主要诉诸乡村社会,与此同时亦开启了以"地方自治"为主要目标的基层社会整合步伐,以适应现代化建设的整体需求。然而,从基层整

---

① 徐羽水:《中国田赋之一考察》,《东方杂志》1934年第31卷第10期,第55—65页。
② 田文彬:《公路建设与农村经济》,天津《益世报》,1936年3月21日,第12张。

合的实际效能来看,现代化背景下的"地方自治建设"实质上只是基层政权的官僚化过程而非真正意义的"民主自治",它不仅极大地忽视了传统固有的自治资源,并在一定程度上对"本土资源"形成强势挤压。

从国家对基层社会的控制上讲,传统中国的基层治理集中体现在很长的历史时期内推行某种形式的乡里制度,此亦成为强大的中央集权政府向乡村渗透的标志,然而,从总体上看,这一制度未能改变传统乡村社会的自治状态,其缘由主要归结于传统皇权受技术层面上的限制而无力将其权力的触角直接延展到乡村社会:"可以毫不夸张地说,中国的治理史乃是皇权试图将其统辖势力不断扩展到城外地区的历史。但是,除了在赋税上的妥协外,帝国政府向城外地区扩展的努力只有短暂的成功,基于其自身的统辖力有限,不可能长期成功。这是由统辖的涣散性所决定的,这种涣散性表现为现职官吏很少,这决定于国家的财政情况,它反过来又决定财政的收入。事实上,正式的皇权统辖只施行于都市地区和次都市地区。"[①]

因此,在专制王权无法到达的草根社会,社区内公共事务的运作必然要倚重于自身的自治功能。事实上,在长期的历史演进过程中,传统乡村社会逐渐形成了其特定的自治组织、自我管理的方式、社区伦理与纽带以及集体行动的能力,这一系列内容构成了传统社会固有的"自治资源"。其中,乡村自治组织主要包括以血缘为基础的宗族组织和以宗教为纽带的庙社组织,如氏族

[①] 〔德〕马克斯·韦伯著:《儒教与道教》,洪天富译,南京:江苏人民出版社,2003年,第77页。

组织与村庙组织，氏族长老、缙绅等乡村精英负责管理乡村自治组织的各项事务，基本不受官府的干涉。① 在传统乡村社会自治性的政治结构中，维持内在社会秩序的纽带是儒家所倡导的传统伦理以及乡土文化中长期演变积淀而成的习惯法。从传统自治资源的形成与内容看，现代化背景下的"地方自治"与传统社会的民间自治是有区别的：前者以法律为维系社会秩序的依据，而后者以儒家伦理道德为维系社区的纽带；现代的"地方自治"是宪政国家让渡给地方部分权力，而传统乡村自治的形成则是传统帝国无法达到乡村而不得不采用的"无为"政治；现代地方自治体内部实行民主管理方式，多数民众主动参与管理地方公共事务，而传统乡村自治是乡绅、家族长等乡村权威控制的乡村政治，广大民众由于物质的缺乏、知识的有限，基本处于被动与依赖的状态。

清末民国年间国家所倡导的近代意义上的"地方自治"主要源自西方欧美及日本等国，与传统的民间自治有本质区别，但基层社会的现代化整合中绝不能以此作为摒弃"本土自治资源"的借口，历史发展的"连续性"使得现代化无论具有何等强势的渗透力与扩展力，都无法完全割断与传统的纠缠情结，从传统资源中找寻现代与传统的"契合点"应当成为任何主动谋求现代化国家的必经之路；且在事实上，传统的自治组织中体现了民间社会极强的自主能力，蕴藏着丰富的自治能量，现代化的设计者理应从中汲取可利用的资源，使其转变为现代化的因子。然而，在

---

① 〔德〕马克斯·韦伯著：《儒教与道教》，洪天富译，南京：江苏人民出版社，2003年，第73—78页。

"地方自治建设"自上而下推进的过程中，国家不仅没有有效利用传统的自治资源，传统的具有习惯意义上管理功能的民间组织反而越来越受到执行国家行政命令职责的挤压："农村政治组织从最初决定农村福利和解决争端的政治和仲裁机构转变成了执行来自上面命令的行政管理机构。农村的领导在更大程度上被看作是行政官员，而不仅仅是农村事务的决策人。农村社区领导原有的受尊敬的地位消失了，他们仅仅是政府在社区的行政官员。"① 乡村内生的民间自治组织受到了严重的侵蚀，乡村原有的自治状态被打破了，乡村自有的宗教、宗族组织逐渐为新的闾邻、保甲组织取代，家族观念、宗教信仰在一次次破除迷信的运动中受到了持续的冲击。

从现代化的国家政权建置的结果上看，只是从形式上确立了县以下不同层级的地方自治单位以及各种西式现代办事机构，实质上是国家在现代化进程中重组和直接控制的编制，进而造成了县以下自治单位的行政化，"地方自治团体"变成了国家攫取资源的工具，而非真正意义上地方民众主动参与管理的"团体组织"，"水平低下的乡村社会中存在着如此庞大的省、县官僚机构，这并不能称为地方自治，而恰恰是它的反面——官僚主义化"②。将现代化的地方自治等同于官僚化，使国家对草根社会的控制变得容易，或许这正是国家进行"地方自治"建设的真正意

---

① 〔美〕米格代尔著：《农民、政治与革命——第三世界政治与社会变革的压力》，李玉琪、袁宁译，北京：中央编译出版社，1996年，第170页。
② 〔美〕艾恺著：《最后的儒家——梁漱溟与中国现代化的两难》，王宗昱、冀建中译，南京：江苏人民出版社，2003年，第120页。

图，但却极大地侵蚀了乡村原有的自治资源，乡村传统的自治功能被一步步削弱，旧有的权威日渐失去其独立性，而乡村的政治权力中心到处充斥着土豪劣绅，"顷闻人言各村董事人等，无论绅农学商，莫不藉执村事从中渔利，且往往霸公产为己产，肥己身家。村民多陋劣，敢怒不敢言。官又以若辈办公，且为袒庇"；"吾邑之害纷加，非但官吏肆虐，扰民不安，抑且有媚官殃民之绅士，借公营私之乡长，加之地痞、流氓，借仗官势，扰累闾阎，闾阎之人无人敢攖其凶锋，亦无人敢言其害"。①"地方自治"的"官僚化"给基层政权的"痞化"提供了肥沃的土壤，进而埋下了乡村社会动荡的种子，"村制大坏，于今益甚。各县之官对待村长照旧庇护，不加严惩，则必大失民心，而于国家之安危大有关系也。此为当时之大弊政"②。

"如果真心要改革社会，只有从民间的自治机构入手。"③而清末民国以来的地方自治建设忽视了传统的自治资源，甚至视其为"现代化"的反面不断攻击，以"现代"的西式的官僚机构对"本土自治资源"进行强势挤压，虽然在一定程度上强化了国家对乡村社会资源的攫取力度，但乡村原有的自治功能受到极大削弱，基层政权几乎为"土劣"把持，最终拉大了国家与民众的距离，使乡村社会陷入了行政整合的危机。

---

① 刘大鹏遗著:《退想斋日记》，乔志强标注，太原：山西人民出版社，1990年，第181、469页。
② 同上。
③ 费孝通:《乡土重建》，《费孝通文集》第4卷，北京：群言出版社，1999年，第350、359页。

三、现代化的压力与乡村教育文化危机

20 世纪初中国社会由传统向现代的嬗变中,国家不仅将现代化所需的巨量资本压在不堪一击的小农身上,亦将"官僚化"的行政权力轨道延伸至草根社会,同时,还试图把取自欧美国家的现代教育模式嵌入乡村社会,欲在与工业文明尚无多大瓜葛的地域上重塑一套与现代社会合拍的新文化系统。在推行现代新式的教育模式的实践中,国家视旧式传统教育为新教育的"绊脚石"与"敌对物",试图以各种政令予以摧毁,用新式教育征服旧式教育,"普通办理地方教育的行政人员和许多所谓教育专家,自然地把私塾忽略了,尤其是学校当局,当作劲敌看待,简直大有不共戴天之慨"[①]。然而现代教育的强大攻势并未将传统教育从乡村社会剔除,私塾等旧教育模式以其他隐性的方式顽强存活下来,如山东汶上县,"官府里的大人们只在那里出禁令取缔,办私塾者是用一种消极的方法在抵制,你来我返,你退我来,由明办而偷办,由偷办而社办"[②]。又如山西阳曲县,"西流村另有私塾一所,对外守秘密,有学生 40 余人"[③]。私塾在国家的强力抵制下仍得以生存的动力源自草根社会民众的心理认同,这种认同感固与传统的惯性不无关联,但更应归功于旧式教育模式与乡村地域

---

① 黄志成:《私塾在普及教育运动中之地位》,《中华教育界》1935 年第 22 卷第 7 期。
② 廖泰初:《汶上县的私塾组织》,天津《益世报》,1936 年 8 月 12 日,第 12 版。
③ 刘容亭:《山西阳曲县三个乡村农田及教育概况调查之研究》,《新农村》1933 年第 1 期,第 227 页。

文化经过长期的磨合而形成的和谐共融性，换言之，旧式教育模式所富含的许多乡土文化认同的有价值的文化因子使其不失存在的依据，与外来的新式教育相较，在乡土文化的土壤中极具适应性。

在乡土社会中，私塾教育不仅具有传播儒家经学的功能，事实上还负载着乡村文化的整合功能，"私塾组织不单是久已成为传统的识字中心，学而优则仕的台阶，而且在一个社区里，常常间接地占有了若干政治经济的力量，成为村活动的中心，对付一切日常或非常的事态"[①]。现代新式教育虽以国家强力硬生生地推压，但在具体实践中终难适应乡土文化气候。

首先，新式教育内容和模式与乡村实际不符。"现在的农村小学课程，太觉深泛，不切实际生活，应教的不教，不要教的反而去死教。"[②] "乡村小学校的教材，完全说些城里的东西，不合农村的需要。"[③] 遂有论者感叹道："村民认为（学校教材）不若四书五经有用，非四书五经适合于学校教材，实为学校取材不适合于当地情形。"[④]

其次，从教学效果看，新式乡村教育与乡村需求相背离。"许多农村小学毕业生，差不多成为一些专消费不生产的下等游

---

① 廖泰初：《汶上县的私塾组织》，天津《益世报》，1936年8月12日，第12版。
② 江问渔：《乡村教育》，《中华教育界》1930年第4期。
③ 毛泽东：《湖南农民运动考察报告》，《毛泽东选集》第1卷，北京：人民出版社，1967年，第40页。
④ 刘容亭：《山西阳曲县三个乡村农田及教育概况调查之研究》，《新农村》1933年第1期，第227页。

民。既瞧不起农民，又不能写出一篇较清晰的文字，甚至连写春联、文契、便条俱不动手。"① "小学毕业生，在社会办事，每不能游刃有余，甚至如家庭社会常用之便条账簿不能作。四年教育，等于未受，亦可怜也。"② 诚如费孝通所总结的："受新式教育的学生，一是他们并没有利用新知识去改良传统社会，一是产生了一批寄生性的'团阀'阶层，既不能从生产去获取生活，只有用权势去获取财富了。从这方面说，现在这种教育不但没有做到实现中国现代化的任务，反而发生了一种副作用，成了吸收乡间人才外出的机构，有一点像'采矿'，损蚀了乡土社会。"③

再次，乡村小学教师的都市化特征使其难以融入乡村。20世纪初中国所建立的金字塔式的教育系统将大学建立在省会，中等以上的学校建立在城市和县城，高等小学建在县城和城镇。学生在接受了完全小学教育后，习惯了城市生活的方便，接触了新思想，再也不愿回到社区去。

新式教育的地位无法在乡村确立，但在其借国家的强力推进中，乡村原有的传统教育模式受到了现代化教育的极大挤压，所承担的多种乡土文化功能再不能正常发挥，"频年的革命只是及于几个城市，内地仍然在换汤不换药的境况中。然而只这换汤式的政府严令下，已是使旧有的思想习惯日在破坏损毁，新的思想

---

① 邓准山：《农村教育的失败原因与改进途径》，天津《益世报》，1937年2月22日，第12版。
② 缪序宾：《乡村小学之缺点及其病源之补救法》，《中华教育界》1924年第4期。
③ 费孝通：《乡土重建》，《费孝通文集》第4卷，北京：群言出版社，1999年，第350、359页。

生活方式又不曾'换汤'的政策建立起来，是以乡间问题比城市来得更复杂可怕"①。新式教育未建立起来，旧式教育的功能亦处于失常情状，乡村文化调节机制毁损，乡村社会的文化生态失衡，乡村文化陷入现代性的危机中："自新政以后，农村社会生态就已经开始被破坏了，这种破坏，并不止于旧教育的毁去，新教育的不来，而是农村社会礼俗、社会规则和行为方式的紊乱。农村丧失了原有的调节机制，无法完成固有的循环和运转。民国以来，虽然乡村的风俗还在延续，但灵魂却已丧失，日见纷乱和无文，乡村的组织，从宗族到乡社，无不处于风雨飘摇之中，中国农村至少在文化层次上，已经陷入了现代化变革的深渊。"②

20世纪初中国由传统社会向现代的转型中，国家为实现现代化的企图开始近距离地与乡村社会全面接触，"皇权真正地下了县"。作为一个以农业为主的社会，国家将聚集现代化资源的重担压在了小农身上，使原本薄弱的小农经济更加脆弱，"贫而愈贫"；而现代行政力量的扩张和新式教育的移植通过压力型的权力形塑，以期在草根社会确立现代行政与文化的支配地位，与之相随的却是传统的衰竭与消失的阵痛，其运行结果大大背离了现代化的价值预设。因此，20世纪二三十年代的乡村危机正是现代化压力所带来的负面效应不断累积的必然结果。

---

① 廖泰初：《动变中的中国农村教育序言》，《益世报》，1937年1月13日，第12版。
② 张鸣：《教育改革视野下的乡村世界——由"新政"谈起》，《浙江社会科学》2003年第2期。

后 记

百年前,陶行知读了"古之成大事业的三种境界"大受感动,他说:"将那时正在徘徊歧路的态度打破了,立刻起来实施我的计划。"陶行知对"三种境界"的顿悟感叹何尝不是我敬仰的治学追求。

"昨夜西风凋碧树,独上高楼,望尽天涯路",这是王国维指的第一种境界。陶行知认为,第一种境界就是要先天下之忧而忧,要从高远处去望他。对于历史研究者来说,无论成就如何,有无悟性,都需要练就常年坐"冷板凳"的基本功,断舍离,耐得住"寂寞",但这并不等于做与世隔绝的"书斋学问"。恰恰相反,"先天下之忧而忧"的情怀须臾不能离心,此是一切学问的目的。当前社会,"三农"问题是关系国计民生的根本性问题,乡村振兴是中华民族伟大复兴的基石,也是现代化强国更为稳定的内在动力。用历史的眼光看待乡村的地位与作用,诠释乡村问题形成的原因,厘清乡村社会运行的机理,为"三农"问题提供历史借鉴,是乡村史研究者义不容辞的责任与使命。

"衣带渐宽终不悔,为伊消得人憔悴"是王国维所指的第二种境界。陶行知述评道:"这是说看清了人民的隐痛之后,要时时刻刻记念他,就是为他牺牲一切,终不懊悔。"陶行知所指的"看清人民的隐痛"、理解"人民的痛楚"并非易事。举例来说,在清末"民教冲突"中,数量众多的"平民"打官司遭遇了"冤抑",累积了多年的"怨怒",这些"隐痛"没有得到充分重视,因而对他们行动原因的解读缺乏与底层心灵的共振。再举一例,梁漱溟早在20世纪30年代就指出:"中国近百年史,可以说是一部乡村破坏史。"近百年来农村的"衰败趋势"主要是由中国社会结构性转型以及内外压力所致。但是,就这一现象总有人从农人的"落后"中寻找原因。例如,20世纪初新旧相交之际,"新式学堂教育"开始大规模嵌入乡村,试图取代"旧式私塾教育",对此,不少地区的乡民对旧式私塾表现出"留恋"态度,而对"新式教育"抱以拒斥。有人据此认为农民"愚昧"、"迷信"、"保守"、"麻木不仁"、"拒斥先进文化"、自我沉沦。事实上,"新式教育"是"工业社会"的产物,其人才培养模式与归宿并不是面向乡村,而是面向都市的,与乡土环境并不适宜。农民对待"新式学堂"的最初态度具有从自身实际利益出发本能抗拒的因素,而非仅仅简单定义为"落后"就能解释清此种历史现象的。

中国近百年的历史转型过程中,社会发生剧烈震荡,广大乡村为此付出了难以估量的代价,承受了不能承受之痛,直至今天,这种"转型隐痛"尚未完全愈合。无论通过阅读史料,还是走进乡村、与农人访谈,他们曾经的历史"隐痛"是不难感悟的。本书写作旨在理解近代的农村,但亦着眼于当代农村,以历史的眼光读懂农民,理解农村。因为懂得,对农民的"爱"更加深沉,对他们更加尊重;因为理解,对中国农村未来发展更加期待,信心满怀。书写有温度的乡村史,将"历史上农人的隐痛"寄托史实之中,此是我在书中虽未言明,但却想表达的心志。

"众里寻他千百度,蓦然回首,那人却在,灯火阑珊处。"对于第三种境界陶行知指出:"这是说,从各处各地要寻个解决,只有我们百折不回去找他,终有一天,出人不意的遇着。"对于乡村史研究者而言,不仅要发现问题,更要从复杂多变的历史现象与千头万绪的线索材料中探究"问题的缘由",给出令人信服的解读,在此基础上才能讨论解决问题的方法。

解释是历史生命的血液。重视历史的解释亦是梁启超倡导的治学态度。他在《新史学》一文中述道:"前者史家,不过记载事实;近世史家,必说明事实之关系,与其原因结果。"当然,历史的解释是"研究者"的解释,不可避免地带有研究者的"主观性",但是这种"主观性"并不是纯粹与绝对的,它必须依据"历史事实"而来。诚如英国历史学家爱德华·卡尔在《历史是什么》一书所论:"历史是历史学家跟他的事实之间相互作用的连续不断的过程,是现在跟过去之间永无止境的问答交流。"

解读历史,综合运用社会学、人类学、政治学、教育学等学科的概念理论是必不可少的,但更重要的体验是展开乡村现实与历史的对话,这一点可谓研究的活水源头。历史的功能是双重的,过去可以为理解现在提供借鉴,现在也是理解过去的有力工具。为了尽可能使历史问题解读"合理",减少"主观"成分,我对现实的乡村有长期的田野观察,同时亦将疑问、困惑带入田野,走进乡村,向农民请教,与农民交流。与乡村农民互动交流的过程贯穿了我研究的始终。一些所谓的"新观点""一个突然的顿悟",都是在与农民访谈交流中获得的。对现实的乡村与田野的观察,给了我许多写作的灵感。

值此书稿付梓之际,献上我对华南师范大学的真挚感谢。已知天命的我,尽己之力,做应做之事。我从北方一所高校入职华师,华师给了我人生一个新的选择与新的平台。岭南文化的包容、务实与简约,使我丝毫没有违和感。校方与华师历史文化学院提供了出版经费,特此致谢。

当然,还要感谢商务印书馆的大力支持,使本书有幸能够出版。

渠桂萍

2022 年 8 月 5 日于书斋